⊙ 房地产经典译丛

经济、房地产与土地供应

Economics, Real Estate and the Supply of Land

【英】艾伦·W·埃文斯 著
(Alan W. Evans)
徐 青 译

中国人民大学出版社
·北京·

总　序

中国的房地产业是一个既古老又新兴的产业。早在 3 000 年前中国就出现了田地的交换和买卖行为，到了封建时期，已经形成了一定规模的土地和房屋买卖、租赁等经济活动，从 19 世纪中叶起，上海、广州等沿海城市出现了房地产大业主以及房地产开发经营组织，房地产业在社会中的作用日益显著。但是，新中国成立以后，随着计划经济体制的建立，房地产市场消失了。改革开放后，外销房开发销售标志着新中国房地产业的起步，1998 年政府切断福利分房，把房地产业作为国民经济支柱产业来培育，房地产业得以快速发展。短短 30 年，中国的房地产业从无到有的过程也是房地产业不断发展、完善、逐渐成熟的过程，期间房地产市场也经历了起步、非理性炒作、萧条、逐渐调整和相对稳定等周期性的发展阶段。特别是步入 2008 年，一场由美国"次贷危机"引发的经济危机席卷了全球，我国的房地产业也进入了调整期，房地产业特别是住宅价格成为全社会关注的焦点。关于政府该不该调控房地产价格的讨论也是仁者见仁，智者见智，众说纷纭，莫衷一是。如何保证房地产市场、房地产企业的良性运行，如何运用好现代金融工具、现代企业管理、住宅政策以保证价格平稳，保障"人人有房住"，保持房地产行业的持续发展等问题摆在了全社会面前，更是房地产专业人士关注并需要特别研究的课题。

我国房地产业的发展繁荣带动了房地产专业人才的培养和房地产企业的发展。目前全国有近百所高校从事房地产相关专业的培养和研究。中国人民大学的房地产专业教育始于 1993 年，现有工程管理（房地产方向）本科专业、房地产经济学硕士专业和房地产经营管理博士研究方向，为了更系统地了解国外房地产学科经典知识，我们从国外数量众多的房地产书籍中，精心地挑选了在房地产理论与实践领域具有代表性的优秀著作，编成了这套房地产经典译丛。该套丛书的作者都是世界知名的专家、教授，他们的教材经过了美国等世界各国许多高校的检验，广受好评，已具备较高的学术价值。同时，该丛书具有较强的系统性、理论性、启发性和应用性，其中数本书已经多次再版，被许多高校指定为必修教材。我们组织了相关院校优秀教育骨干，他们专业英语知识扎实；在长期的教学研究和社会实践活动中积累了丰富的经验，具备较高的翻译水平，在翻译的过程中尽量保证著作原汁原味。希望本套丛书能帮助读者"走出去"，了解国外的房地产相关知识，通过消化吸收达到"请进来"的目的，促进我国房地产学科研究的繁荣。第一批所选书籍有：《不动产经济学（第五版）》、《房地产金融：原理与实践（第五版）》、《房地产投资（第三版）》、《房地产导论（第七版）》、《房地产市场营销（第三版）》、《房地产开发：理论与程序（第四版）》、《住房经济与公共政策》、《经济、房地产与土地供应》八部。

本套译丛由中国人民大学出版社策划和组织出版工作，在此表示诚挚的感谢。同时还要感谢挑选书目的各位专家学者、丛书的译者、校正者和出版社的编辑人员等。

由于制度、市场成熟度以及投资、消费背景的差别，翻译过程中难免出现误译甚至错误，望读者不吝赐教。

叶剑平

译者前言

本书由英国著名城市经济学家艾伦·W·埃文斯集 20 多年关于土地经济学的思考而著，作者分析了以李嘉图为代表的土地需求决定论的局限与不足，建立了以土地供应为核心的土地经济理论，在此基础上从所有权、投机、占有偏好、归属感等方面论述了土地所有者对土地利用的方式，同时探讨了土地市场的无效性、具有瑕疵等特征及其对土地所有者土地利用的影响，作者还从土地的异质性及毗邻性出发，阐释了土地市场中的博弈、土地产权调整等土地利用行为。在前述理论分析后，作者对土地税收与土地规划的政策含义及对土地利用的影响进行了分析。

从具体章节来看，第 1 章是全书的概要介绍，第 2 章回顾了传统的土地经济学理论，第 3 章仍以土地需求决定论为基础，讨论了要素价格与需求变化时土地利用强度的变化，第 4 章和第 5 章借鉴股票市场有效性研究成果分析了不动产市场的有效性及原因与结果。此后的章节转入对土地供应者行为特征的分析，第 6 章和第 7 章以特定用途土地的供给为例，分析了土地投机行为与土地投资的不确定性、土地所有者偏好及其对不动产归属感对土地供应的影响，第 8 章至第 11 章论述了土地所有权的各种特征及其对土地利用的影响，第 12 章解释了不动产市场瑕疵与不确定性对土地所有者土地利用的影响，第 13 章讨论了土地利用的可及性及公共部门与私营部门的土地储备行为。第 14 章至第 16 章从土地毗邻性角度阐释了土地利用集中化问题与政府对土地市场进行干预的原因。第 17 章和第 18 章论述了土地税收对土地利用产生的不利影响。第 19 章是全书的总结。

从全书来看，本书在论述时并未采用繁杂的数学模型，而是辅以图表和逸事阐述，增加了阅读的生动性，但是书中应用了金融、劳动力等部门经济学的研究成果以及博弈论等理论工具，也为理解作者的论述提高了门槛。

翻译国外学术专著是一件辛苦的事情，幸有来自各方的帮助，在此表示感谢。本书每章开头引用的披头士乐队歌曲名很好地契合了作者在每章要表达的思想，在此以第 1 章引用的歌曲名做结，以示对中国土地问题的希望：We can work it out.

徐 青
北京师范大学管理学院
2011.12

致克里斯托弗（Christopher）和雅德妮（Adrianne）、
斯蒂芬（Stephen）和丹尼丝（Denise）以及他们的孩子

目　　录

前　言 1
第 1 章　简介：土地及不动产市场 1
　　土地的供给 1
　　土地的需求 3
　　土地供给理论的发展 5
第 2 章　土地价值、地租及需求 8
　　简介 8
　　李嘉图地租理论 9
　　新古典主义地租理论 10
　　被记住的李嘉图理论 12
　　规划控制及地租理论 13
　　分级规划制度 16
　　城市地租理论 17
　　经济地租与商业地租 20
　　总结及结论 21
第 3 章　需求的变化 23
　　简介 23
　　广度边际 23
　　强度边际 25
　　资本期限及变化的不对称性 28
　　住房市场的变化过程 29
　　总结及结论 33
第 4 章　不动产市场的效率如何？ 34
　　简介 34
　　效率的经济概念 35
　　有效市场 35

根据 ·· 37
　　　市场效率的测试 ··· 39
　　　总结及结论 ·· 43
第5章　市场无效率：原因及结果 ··· 44
　　　简介 ·· 44
　　　为什么不动产市场具有瑕疵且无效率 ·· 44
　　　价格确定及"核"理论 ··· 46
　　　结果 ·· 48
　　　总结及结论 ·· 54
第6章　特定用途土地的供给：投机及不确定性 ······································· 56
　　　简介 ·· 56
　　　投机 ·· 57
　　　不确定性 ·· 61
　　　总结及结论 ·· 63
第7章　特定用途土地的供给：占有者偏好和住宅归属感 ······························ 65
　　　简介 ·· 65
　　　业主自用的归属感 ··· 65
　　　一些实证研究 ··· 69
　　　总结及结论 ·· 71
第8章　土地所有权及其变化 ·· 72
　　　简介 ·· 72
　　　租户、所有者占有及土地的供给 ··· 73
　　　所有权及其变化 ··· 76
　　　总结及结论 ·· 81
第9章　土地所有权、政治、社会 ··· 82
　　　简介 ·· 82
　　　社会与土地所有权 ··· 82
　　　所有权与租赁的其他形式 ·· 83
　　　一种自由主义的观点 ·· 87
　　　总结及结论 ·· 88
第10章　所有权与控制：垄断 ··· 90
　　　简介 ·· 90
　　　垄断地租与葡萄酒的生产 ·· 90
　　　垄断地租与购物中心 ·· 92
　　　总结及结论 ·· 95
第11章　所有权与控制：最低地租 ··· 97
　　　简介 ·· 97
　　　最低地租 ·· 97

城市环境中的最低地租 …………………………………………………………… 101
　　总结及结论 ………………………………………………………………………… 104
第12章　信息、不确定性及不动产市场 ……………………………………………… 105
　　简介 ………………………………………………………………………………… 105
　　建立信息搜寻模型 ………………………………………………………………… 106
　　信息、搜寻与不动产市场 ………………………………………………………… 108
　　现实中的住房搜寻 ………………………………………………………………… 111
　　住房市场 …………………………………………………………………………… 113
　　开发商与土地供给限制 …………………………………………………………… 115
　　总结及结论 ………………………………………………………………………… 117
第13章　土地的可利用性及土地储备 ………………………………………………… 118
　　简介 ………………………………………………………………………………… 118
　　土地的可利用性 …………………………………………………………………… 119
　　私人企业进行的土地储备 ………………………………………………………… 122
　　公共土地储备 ……………………………………………………………………… 126
　　总结及结论 ………………………………………………………………………… 128
第14章　毗邻性：地块集中 …………………………………………………………… 130
　　简介 ………………………………………………………………………………… 130
　　一个博弈论方法 …………………………………………………………………… 131
　　时间问题 …………………………………………………………………………… 134
　　总结及结论 ………………………………………………………………………… 135
第15章　毗邻性：强制购买与开发规模 ……………………………………………… 136
　　简介 ………………………………………………………………………………… 136
　　强制购买与购买速度 ……………………………………………………………… 137
　　规模经济、收购成本与历史 ……………………………………………………… 140
　　总结及结论 ………………………………………………………………………… 143
第16章　毗邻性：土地重划和土地价格 ……………………………………………… 145
　　简介 ………………………………………………………………………………… 145
　　土地重划或土地调整 ……………………………………………………………… 145
　　地块面积与土地价格 ……………………………………………………………… 148
　　总结及结论 ………………………………………………………………………… 150
第17章　土地税与开发利润 …………………………………………………………… 151
　　简介 ………………………………………………………………………………… 151
　　无所作为的土地所有者 …………………………………………………………… 151
　　增值 ………………………………………………………………………………… 154
　　经济理论与开发税 ………………………………………………………………… 155
　　英国近代历史上的土地税收 ……………………………………………………… 158
　　总结及结论 ………………………………………………………………………… 160

第18章　年度税收与土地的国有化 161
　　简介 161
　　财产税与房地产税 161
　　地块价值税 163
　　土地国有化 165
　　总结及结论 167
第19章　结论：主题与认识变化 169
　　概括总结 169
　　结语 170

参考文献 172
索引 180

前　言

本书汇总了过去 20 多年来其他学者以及我本人关于土地市场经济理论的观点。将这些观点汇总并系统化可以表明不同观点间相互关联的方式，从而描绘土地市场的运作方式。

我自己的思想是在很长时期内形成的。在早期的博士论文（Evans，1973）中，我以"城市区位理论"为主题强调了土地的需求方面，但忽视了土地的供给，实际上当时也不存在关于土地供给的理论。我第一次尝试使用新古典主义增长理论修正这种缺陷（Evans，1975），但是没有解决这个问题。不过由于我当时在环境研究中心工作，并在伦敦大学学院及伦敦经济学院教授课程，我可以接触大量比较激进的同事及学生，并与他们进行辩论。这种激进观点认为，业主及土地所有者可以并确实开发了他们的土地。我们不得不承认，将激进主义的观点融入到主流经济学中非常有意义。因此，从新古典主义及其对立面——激进主义来看，这两种观点的综合是对二者的改进。因此，我非常感谢以前的同事迈克尔·鲍尔（Michael Ball）、亚历克斯·卡塔兰诺（Alex Catalano）、多琳·麦斯（Doreen Massey）以及很多学生，因为他们的辩论形成了本书中所提到的很多观点，这些观点之前已经以论文的形式发表在《城市研究》（*Urban Studies*）上（Evans，1983，1995，2000a，2000b），还有一些发表在《土地经济学》（*Land Economics*）（Evans，1991）和《国际城市与区域研究》（*The International Journal of Urban and Regional Research*）上（Evans，1992）。

本书主要关注的是土地市场的经济理论，为了支持和提出观点，本书做了一些实证研究。但是，如果没有其他实证研究者的土地市场运行研究，本书不可能成稿，因此，我尤其要感谢古德柴尔德和穆顿（Goodchild & Munton，1985）、布拉姆利（Bramley，1993a，b）、亚当斯（Adams，1994，2001）以及基沃（Kivell，1993）。

本书的准备时间非常充足，对于读者来说这是一件好事，因为书中的错误很少。雷丁大学不动产及规划系（以前的土地管理系）的学生们对本书的内容进行了很多修正，对此我表示深深的谢意。在我第一次以本书为基础授课时，很多观点在课堂上已经得以阐述，只是没有以任何形式发表。也许这加深了人们的印象，但是学生们提出了很多问题，又迫使我对这些内容进行简化、增加或者重新思考。一些学生对书中所涉及的例子和内容的展开提出了建议，对此我表示由衷的感谢。

在课程讲授期间，我被授予"纽芬兰社会科学研究奖"，这使得我可以继续对书中的观点进行研究，而这些研究的直接成果就是我撰写了一系列论文，其中包括上文提到的论文，因此我非常感谢该奖项对我的信任。而且，通过讨论和批评，一些同事还提供了帮助。需要感谢的人非常多，我在这里重点感谢伦敦政治经济学院的保罗·切希尔（Paul Cheshire）、中国台湾地区台北大学的林子钦（Lin Tzu-Chin）、阿伯丁大学的杰夫·基奥（Geoff Keogh）和澳大利亚国立大学的迈克斯·纽兹（Max Neutze）以及我在雷丁大学的同事马克·安德鲁（Mark Andrew）、格雷厄姆·克兰普顿（Graham Crampton）、埃蒙·达西（Éamonn D'Arcy）、亚历山大·法詹（Alessandra Faggian）、菲尔·麦卡恩（Phil McCann）、杰夫·米恩（Geoff Meen）和迈克·斯特布勒（Mike Stabler）。

最后，在准备这些讲稿和本书的出版过程中，我还要感谢阿比·斯温伯恩（Abi Swinburn）在文字处理和制表方面（在这些方面我一无所知）的努力，以及雷丁大学空间与房地产经济学中心各位同事的不懈努力，我很高兴能成为该中心的一员。

第1章

简介：土地及不动产市场

"我们可以做到这一点"

土地的供给

在过去200年的经济分析发展过程中，一直没有形成关于土地供给的理论，乍一看令人非常奇怪。至于另外两种生产要素，即劳动力供给和资本供给的著作则车载斗量。造成这种结果的原因是，19世纪初李嘉图的分析模式占据统治地位，这种分析模式假设土地的供给是固定的。在大部分情况下，这种假设看起来是事实，因为世界可以划分为陆地和海洋，而通过填海造田等方式改变土地总量的努力对土地供给的影响微乎其微，因此，这种假设被广泛接受并且很少受到质疑。

虽然从全球层面来看这个假设是成立的，但是从小于全球的层面来看却不是那么明显，甚至是错误的。在一些面积小的地区中，这种假设很明显是错误的。中国香港地区有5%的面积是填海造田形成的，而在其他曾受殖民统治的地区这一比例更高，如新加坡是10%、中国澳门地区是33%（Glaser et al., 1991）。而且，这个假设忽略了土地的用途可以被改变这一事实，尤其是城市开发带来的土地用途改变。即使是在农用地的供给方面，这个假设也忽略了现有农用地范围可能发生改变的情况，例如中世纪英格兰排干沼泽地的水，非洲西南部在20世纪对半沙漠进行灌溉，20世纪世界各地清除岩石和树木等，这些都改变了农用地的使用范围。

一般认为，劳动力的供给就等于世界的总人口，但是认为在短期内世界人口固定不变的假设忽略了以下事实，即任何国家的人口都不可能全部作为劳动力，而且并不是所有劳动力都能符合特定岗位的要求。

在本书中，我试图描述土地供给理论，并且将这种理论置于对不动产市场的经济分析中。开始时，我们将关注特定用途土地的供给情况，尤其是城市开发用地的供给。如果我们认为土地的性质不符合李嘉图假设，那么很明显土地具有不同于其他生产要素的特征，这种不同影响了特定用途土地的供给。最明显也最重要的是，土地的位置是固定的。一块土地的价格或者价值以及其相对优势和相对劣势必须结合其区位进行考虑。而且，在杜能（Von Thunen）的农用地地租理论以及阿朗索（Alonso）的城市用地理论中，一块土地相对于其他土地的位置是确定其相对地租的重要因素。

在特定用途土地的供给方面，一个重要因素就是毗邻性。不同土地的空间关系、规模以及结构是否为一个整体非常关键。而且，在其他生产要素中，没有与"毗邻性"相对应的成分。一个人可以募集资本以建造铁路并且仅接受可以兑现的支票，一个人可以征聘劳动力并且在接受所提供的劳动力时进行严格挑选，但是一个人却不能征集用于建造铁路的土地。可供选择的土地非常少，并且必须具有特定的空间关系，尤其是毗邻性以及特定的相对位置。正是因为这个原因，很多国家都立法允许国家及一些公共设施能源公司强制购买土地，而劳动力和资本则不存在类似的问题，除非是在战争期间。

最后，土地所有权以及所有权形成的原因非常重要，即谁拥有土地、如何拥有土地。很明显，土地、不动产与其他类型的资产不同。例如，在英国历史上拥有土地的所有权和购买土地需要有一定的政治权力和社会地位，而其他类型的资产就不需要这些，这种特殊地位在英国的很多文学著作中都有所描述。因此，虽然在《不可儿戏》（*The Importance of Being Earnest*）中布雷克奈尔太太在与其未来女婿的口头交谈中否认土地的重要性，但是二者的交流以及作者所使用的讽刺手法已经表明了土地的特殊重要性。布雷克奈尔太太说："一个人在活着时与死后职责的不同之处在于土地不再是一种利润或者一种享乐。它决定了一个人的地位，并且可以防范一个人的松懈"（Wilde，1899，Act I，p. 224）。而且，由于土地的特殊地位，土地和不动产的所有者有时候可能以从经济上来说不理智的方式选择出售或者不出售不动产，而此时其他选择看起来可能更加有利可图。为了说明一个世纪之后与王尔德所处时代不同的土地处理方式，可以参见迈克尔·弗莱恩（Michel Frayn）在作品《迎头而上》（*Headlong*）中所描写的："我碰巧拥有这座不动产……我并没有要求拥有它，我只是发现自己与它在一起，就像人们发现自己有一个大脑袋或者一个羸弱的心脏、一个大乳头儿一样……我打算继续拥有它。拥有这座不动产是我降临在这个世界上的使命，这一点都没有错，任何东西都必须被拥有。这是赋予其生命、使其有意义并且在其上附加一个人类面孔的原因。如果说我们从共产主义者那里学到了什么，那么我们就会体会到这一点"（Frayn，1999，p. 30）。

土地市场的一个特征就是，不同的土地所有者对土地有不同的利用方式。英国自耕农与美国农场主拥有并耕种自己的土地，他们的独立性因其各自国家文化和风俗的不同而有所差别。英国的土地贵族是靠从租种他们土地的佃户那里收取地租而获得收入，这使得他们具有一定的独立性和政治权力。持有的不动产的总量非常重要，因为长子会继承这些不动产，而年幼的儿子们只能去教堂或者参军。但是，佃户的情况令人担忧。因为责任和权力是同时存在的，土地所有者的行为因此而不同于纯粹的投资者。纯粹的投资者会将不动产的收入最大化。他们的行为也不同于买入一块土地并预期土地可以在短期内以较高价格卖出的投机者。其中，每个术语——自耕农、农场主、土地贵族、投资者、投机者——都意味着他们将以不同的方式对待目前以及未来所拥有的土地。正如我们尽力阐明的那样，不同的态度将影响用途及开发的过程。反过来，这个过程还将与所有者的观点相互作用，并对后者造成影响。

土地的需求

地租理论的经济分析是古典主义经济学的核心。为了解释这个理论，亚当·斯密在其《国富论》(*Inquiry into the Causes of the Wealth of Nations*) 中使用了数章篇幅，纳索·西尼尔（Nassau Senior）、约翰·穆勒（John Stuart Mill）、卡尔·马克思以及其他经济学家也不例外，而且这些作者有时候认为土地所有者应该发挥独立作用。但是，至少在英国的传统中，大卫·李嘉图被认为真正找到了地租理论的主旨，并且后人认为他解决了这个问题。李嘉图理论的一个结论就是：土地需求是决定地租和土地价值的主要因素，也可能是唯一因素，而土地所有者的已知作用就是利用土地，或者允许其土地被利用，因为这样将产生最高的当期收入。

当然，古典主义经济学家关注的几乎都是对农业用途地租决定因素进行的分析，而不是对城市土地价值决定因素进行分析。李嘉图的分析基于两个假设：首先，所有的固定土地供给用于农业，因此任何城市用途的土地都可以忽略不计；其次，只有一种农产品，即玉米。因此，在这种情况下主要关注收入在社会不同阶层之间的分配以及土地的整体价格，而不是关注特定地块的地租就非常合理。

对不同区位、不同地租及价值进行解释的理论主要归功于杜能的著作《孤立国》(*The Isolated State*)。在一份被普遍认为是第一次应用微观经济学进行研究的论文中，他试图理解和解释他所在的东普鲁士地区农用地的价值模式。他发现，越是靠近主要城镇的土地，其地租及价值越高，因为那里有农产品市场，而随着距该市场距离的增加，土地的地租和价值急剧下降。而且，靠近主要城镇的农业类型与更远的地方有所不同，因为距离越远，产品的运输成本越高。在19世纪的其他地方，也同样存在这种模式，即农业的分布是以主要市场中心为圆心而形成的同心圆（Chisholm，1968）。非常明显，运输成本的不同影响了各个区域可以收取的地租。如果城市对土地的需求较低，则可以收取的地租就较低。然而，应该注意的是，与李嘉图的分析一样，在杜能的分析中对于土地的需求决定了所支付地租的多少。除了尽力从其所拥有的土地中获得尽可能高的当期地租，土地所有者没有发挥任何作用。

当20世纪开始出现对城市地区的经济分析时，使用的也是杜能理论，尤其是在阿朗索（1960，1964）和温戈（Wingo，1961）对城市地区住宅区位进行的初始分析中。在这些分析中，城市地区的中央商务区代替了杜能分析中的城市地区成为所有旅行的目的地。然而，与农产品向城市运输不同，此时分析的重点是人们向其城市中心工作场所的日常流动。通过这种分析，就可以解释随着离城市中心越来越远，土地价值越来越低。而且，随着这种分析的进一步发展，还对不同社会团体土地利用模式进行了解释（Muth，1969；Evans，1973）。这种分析方法的成果十分丰富，并且过去40年进行的大部分城市经济分析都在某个方面以这种方法为基础。

但是，正如我们所强调的那样，李嘉图和杜能都具有相同的软肋，即他们都认为对土地的需求决定了所收取的地租，而土地的供给并不重要。这是因为，在李嘉图的分析中，他假设土地的供给是固定的，不能改变；在杜能的分析中，他假设城市周边的土地已经全部用作农业用途，因此如果需求足够高，则土地就会被所有者使用或者被租户租赁。在任何一种情况下，除了从其所拥有的土地上将所获得的收入最大化（自己使用或者出租给租户）之外，土地的所有者没有任何特定作用。

在农用地的情况下，这种假设可能具有合理的现实性，因为选择很少，只能用来播种一种或者另一种农作物。问题是，当分析范围扩大到城市地区以及城市开发时，仍然使用这种假设就可能非常不现实。不过，在过去几年中，由于对土地市场经济分析的大量研究，这种状况开始改变，这些研究认为一块土地的所有者可以有所选择，土地所有者可以由于某种原因不将土地出租出去以获得最高的当期收入，以至于可能选择不向当期出价最高的投标人出售土地。

这些研究确定了一个被称为"土地供给理论"的主题，或者像迈克斯·纽兹所建议的那样更准确地称为"特定用途土地的供给理论"。李嘉图、杜能、阿朗索以及其他经济学家认为，在大城市地区周边或其内部，决定土地价值的一般模式中土地所有者的作用非常小，这种假设可能是正确的。但是，在分析特定地块的用途以及分析较小城市地区的土地用途时，土地所有者的作用就不能被忽视。

另外一个因素增加了正确理解土地市场的必要性，即土地利用规划。具体来说，英国的规划制度禁止在农村地区进行任何形式的大规模开发，并且对其他地区的开发往往也会进行限制。由于允许开发的地区相对较小，我们需要理解土地所有者的行为。例如，数年以前，一篇论文（Kaucz，1976）研究了20世纪50年代爱丁堡地区的土地市场。作者发现规划者已经在很大程度上指定了A开发商在前五年开发中所持有的土地，以及B开发商在第二个五年期间所持有的土地。A、B开发商占爱丁堡地区住房开发市场的70%。作者发现，规划者非常惊奇于看到土地开发没有按照他们规划的方式进行，因为规划者隐含地假设土地所有者甚至开发商不具有独立性而只是对需求做出回应。也许现在不会制定这么简单的假设，但是对土地所有者作用的理解仍然非常必要。例如，大卫·亚当斯（David Adams，1994）对废弃土地和闲置土地开发中土地所有者的作用进行了大量的实证研究。

因此，对规划制度运作过程的理解越来越透彻是更好地理解土地所有者作用及土地供给性质的一个重要原因，也可能是最为重要的原因。然而，本书的讨论通常是基于不存在规划制度这种假设。这是因为只有在假设不存在规划制度时才能理解其可能造成的影响。只有知道这一点，我们才可以更好地理解规划制度的经济和实际影响。如果读者对这个问题感兴趣，可以参考作者的另外一部著作《经济与土地利用规划》（*Economics and Land Use Planning*）（Evans，2004）。然而，本书的目标是汇总各种方法以从整体上分析开发用地的供给。

土地供给理论的发展

我们采用的方法是先让读者了解土地市场的经济意义，从最简单的以需求为导向地租理论开始，逐步展开。就好像先勾勒出一幅图的轮廓，画出几笔，逐渐添加颜色和细节，直到图画能准确地呈现实际情况。我们希望如此。所以，我们将在下一章介绍基本的地租需求导向理论以及土地价值，因为该理论由古典主义经济学家以及新古典主义经济学家提出。在第3章，我们会将土地价值理论与不动产理论结合起来，展示市区土地价值的升高如何导致土地集约利用的加大，从而必须在土地上投入更多的资本以建设更大的空间；同时我们还会介绍集约利用的几种形式，其中包括最大程度地扩展现有建筑物以及建造结构迥异的新建筑物。

由于有些土地重复开发，而有些毗邻的甚至是类似的土地却无人问津，因此造成无计划性。一部分原因可能是业主的态度和动机，这点我们已经提过。也有可能是因为缺乏市场、价格、替代用途方面的信息，而这对不动产市场取得经济效益非常必要。在竞争激烈的市场上，任何不动产的销售条件都是在市场上有许多买者、许多卖者、充分的信息以及同类产品。第4章和第5章将讨论当市场没有满足这些条件时情况又会怎样。

确定了土地和不动产市场具有瑕疵之后，我们将专门研究土地所有者的动机以及土地的具体用途。在第6章和第7章，我们探讨这种情况的主要原因：为什么业主拥有一块土地，却不利用或转让他人，以用于能产生最大当期收入的活动？在第6章，我们提出了两个原因。首先，业主可能预测以后能获得更大收益，为了获得以后更高的收益而放弃近期的高收益是值得的。其次，未来形势很不确定，哪种开发方式可获得利润也许并不明确。开发的成本以及永久性否定了其他选择。因此，业主选择推迟开发，这样有更多选择。

在第7章中，我们阐明土地所有者尤其是占有者，可能对其所拥有的土地产生归属感，就像房屋所有者之于其房屋。这种"归属感"可能导致他们不愿出售其不动产，除非他们为放弃该财产而获得补偿，并且他们所要求的补偿额度取决于归属感程度。这一点以及之前章节分析的意义在于，特定用途土地的供给是一个向上倾斜的函数。土地的供给与任何其他商品的供给一样，在任何给定期间，价格越高则供应量就越大，因此土地所有者确实可以发挥作用。他们不是简单地允许其土地用于当期"最高最佳使用"。在本书其他部分的分析中，非常明显的是特定用途土地存在向上倾斜的供给函数对于理解土地市场非常重要。

在第 8 章和第 9 章中，我们将考察土地市场与土地所有权有关的各种特征。首先，我们将在第 8 章中说明，在如下两种情况下开发过程将有所不同：第一种情况是土地被所有者出租给租户；第二种情况是所有权被分割并被更依赖土地的使用者占有。与所有者/占有者的情况相比，房东/租户情况下的开发速度会更快、土地价格会更低。其次，我们将以不同的方式考察所有权。美国的实例表明在相对缺乏规划、并且城市化进程持续推进的土地市场中，由于城市开发的可能性增加，土地所有权会从使用者（主要是农民）转移至投资者手中，投资者在持有土地一段时间之后，就会将其出售给实际的开发商。我们还将阐明，在其他情况下，由于存在更为严格的规划制度，将发生不同的流转流程。在第 9 章中，我们从政治角度考察了土地市场，并认为土地及不动产所有权通常与政治目标相关，且通常与政治权力相关。但是，我们也阐明，土地可以被某个团体以符合其目标的协议的形式共同持有。最后，我们讨论了自由主义的观点，即土地应该在权利、责任和职责方面没有任何约束地被所有者拥有。

土地所有者有时候可能不会简单地接受市场决定的地租，而是希望通过转让给出价最高的租户获得更高的地租，或者选择放弃一些土地的收入，甚至农用地的收入，马克思没有忽略这个事实。他注意到，如果土地生产的是垄断产品，地主有时候可以获得更高的地租。在第 10 章中，我们阐明了这样做地主必须限制其土地用途。我们还阐明，马克思所谓的"垄断地租"理论可以应用于一些城市类型的开发，尤其是购物中心。在第 11 章中，我们讨论了被马克思称为"绝对地租"的理论。他认为，地主不会以低于最低水平的"绝对地租"出租土地。我们认为，在现代经济分析中，这种观点也是正确的，尤其是存在交易成本、风险以及不确定性的情况下，并且这种理论可以用来解释当代土地开发中的一些特征。

在第 12 章中，我们再次分析了土地及不动产市场存在瑕疵及低效率的后果。在此前的章节中，我们已经知道土地及不动产所有者可能不是简单地接受为其不动产提供的价格。首先，正如我们在第 4 章和第 5 章中所讨论的那样，价格不是由市场决定的；其次，不动产的所有者可能因为某种非常合理的原因选择持有其土地或不动产，这种持有可能是在知道其他选择的情况下的积极持有，也可能是因为没有考虑出售而被动地持有。由于土地及不动产市场不仅具有瑕疵和低效性，而且这个市场的参与者缺乏关于其他选择的知识，尤其是缺乏他们能够获得的价格或者必须支付的价格等信息。实际上，正如我们所阐明的那样，很多土地所有者可能没有意识到其价值，因为拥有土地及不动产的大部分人只是对其用途以及连续使用感兴趣，这种使用可能是将其作为耕地，也可能是将其作为住房、办公室或者工厂。结果就是，希望买入或者卖出的人必须通过在市场中搜寻那些有意愿进行交易的人，从而认识到他们缺乏信息或者不确定性的程度以及他们愿意进行交易的价格。我们将在第 12 章中讨论这种不确定性的经济后果。

由于土地可利用的不确定性，即土地并非轻易获得，而是通常需要搜寻和协商，开发商就不可避免地会在实际需要土地之前就开始寻求购买土地。在第 13 章中，我们将讨论为什么开发商会参与土地储备，即在开发前一段时间就开始购买土地，以及这个过程如何受到现行规划制度的影响。

在第 14 章、第 15 章和第 16 章，我们将清晰地解释"毗邻性"问题。

我们认为，毗邻性确实非常重要，并且在相关章节中论述了毗邻性将会影响土地集中化的过程。毗邻性问题是在其他产品和要素市场中不存在的问题，这个问题解释了为什么会对土地市场进行政府干预，而这种干预的方式在民主国家的其他市场中是不可接受的。一些政府使用强制性权力购买土地以将不同的土地集中起来用于公共开发。而且，在一些国家和地区中，自耕农所拥有的土地可能非常少而分散，例如在德国、日本以及中国台湾地区，因此为了将不同的土地重新划分为较大且容易开发的区域，政府制定了对土地所有权进行重新分配的机制。

最后，在第 17 章和第 18 章，我们对土地及不动产税收的经济影响进行了探讨。根据对土地市场的分析，古典主义及新古典主义经济学家认为对地租或者土地开发利润进行征税不会以任何方式扭曲土地市场。开发的速度也不会发生改变，土地的价格也不会受到影响。我们的分析表明，这个结论是错误的。土地税收，尤其是对开发利润进行征税，将会导致较高的价格并放慢开发速度。这种观点是古典主义经济学家于 19 世纪提出的，被人们广泛接受甚至实践，但事实上这种观点却是错误的，因此，本书不再讨论该观点。

第 2 章

土地价值、地租及需求

"补上这个窟窿"

简 介

正如古典主义经济学家所提出的基本理论以及本章所介绍的那样，地租及土地价值完全是由需求方决定的。在李嘉图的经典理论中，假设土地的供给是固定的，并且只有唯一的用途，即用来播种玉米。根据这些假设得出：首先，土地的强制性税收不会提高地租或者改变土地的用途；其次，"土地价格会随着玉米价格的上升而提高，而不是玉米价格随着土地价格的上升而提高"。新古典主义分析的基本假设是土地还有其他用途，因此这些结论不一定成立。

我们认为，虽然新古典主义经济理论比李嘉图的理论看起来更接近现实，然而由于限制性规划制度可能导致出现李嘉图假设中的情况，因此李嘉图理论更接近现实。规划制度可能确定了用于某种用途的土地数量，并且可能只允许使用该数量的土地。由于英格兰的规划制度确实如上所述，因此李嘉图的结论成立，即土地价格将随着住房价格的上升而提高，而不是相反的情况。从而，我们还认为土地及住房价格完全由需求决定，因此用于住房开发的土地供给无关紧要。正如我们将要表明的那样，无论第一个结论多么正确，都不能想当然地得到第二个结论，这是因为它忽略了土地供给受到规划控制并且可以改变这个事实。另一方面，李嘉图的结论依赖于土地供给固定且不可变的假设。因此，如果规划允许增加用于住房开发的土地数量，则可能导致土地及住房价格的下降，如果推理正确，则该结论与李嘉图理论相一致。

在本章的结尾，我们将解释为什么包括很多经济学家在内的很多人都对基本的地租理论进行了误读、误解以及错误的表述。我们得出的结论是：首先，经济学专业的学生在这方面花费的时间很少，尤其是那些即将成为专业经济学者的人；其次，在经济学中广泛使用的"经济地租"理论是完全误导性的。这意味着，为一种生产要素支付的价格高于将该要素从一种用途转变为另外一种用途所需的成本，但是学生们错误地假设所有的地租原则上都是经济地租。

李嘉图地租理论

李嘉图地租理论假设：土地供给固定，所供给的土地仅仅用来生产一种产品。在最开始的分析中，这种产品被称为"玉米"，其经济分析可以用图2—1表示。地租使用纵轴表示，而土地数量使用横轴表示。因此，固定的土地供给使用直线 SS' 表示，即无论所支付的地租是多少都将按此数量供给土地（大于零）。对土地的需求可以根据对玉米的需求进行推导，在图中是使用向下倾斜的直线 DD' 表示，土地市场的均衡点就是需求数量与固定供给数量相等的点，而所支付的地租就是纵轴上的 OR。

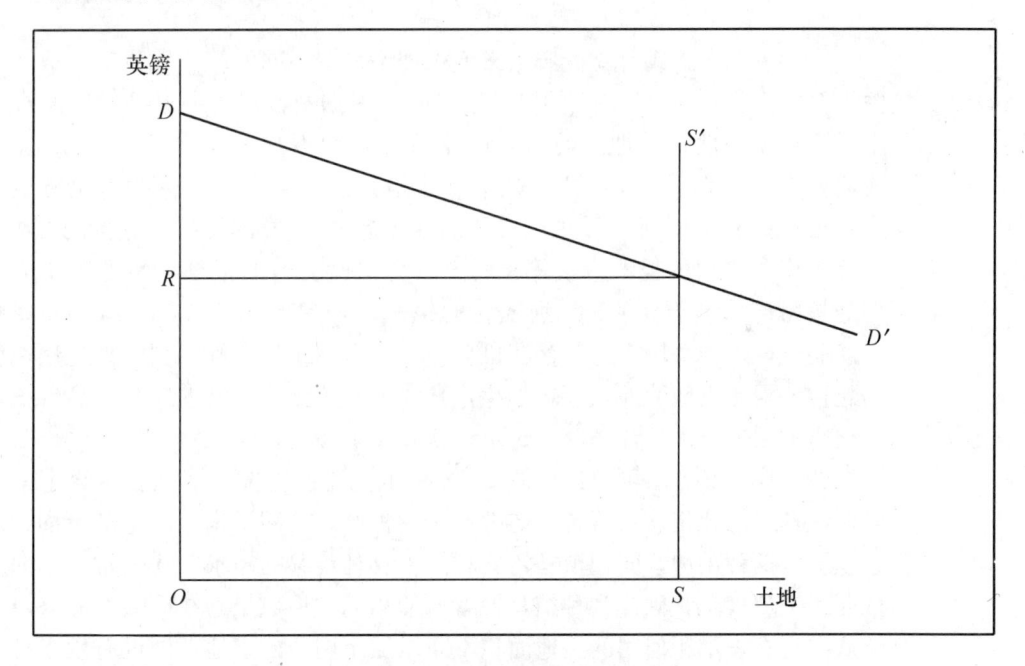

图2—1 李嘉图地租理论的经济分析

根据该分析可以得出两个结论。首先，地租完全由需求决定，因为土地供给固定不变，则地租的变化可能通过需求曲线 DD' 的变动实现，因此地租将随着玉米价格的上升而提高。反过来则不成立，因为对于土地的需求是通过对玉米的需求推导而来的。其次，对地租征税不会改变所支付的地租以及所供给的土地数量。因为无论所支付的价格是多少后者都是固定的，并且所支付的地租为 OR，它是由对于土地的需求决定的，与所征税的比例无关。根据这些结论，在土地差别征税或者地租方面产生了各种提议。著名的例子是由亨利·乔治（Henry George）在19世纪提议的单一税收运动，以及根据《1947年英国城镇及国家规划法案》所征收的100%土地改良税（Prest，1981）。

布坎南（Buchanan，1929）已经清楚地表明，李嘉图的分析形式是正确的，因为这种分析来自于具体的政治论战，即在19世纪早期对《谷物法》（Corn Laws）的争论。在拿破仑战争期间，玉米价格上升，土地所有者希望对进口玉米征税以继续维持较高的价格，而劳工阶级和新城市贵族则希望降低玉米价格。劳工阶级是为了降低生活成本，城市贵族是为了降低工资。因此，李嘉图及当时的其他经济学家对《谷物法》对收入分配的影响非常感兴趣。辩论的主题是，玉米的价格上涨是否是由土地所有者要求的较高地租引起的，李嘉图的答案是否定的。根据李嘉图的假设，地租不会传导至生产成本。

新古典主义地租理论

边际主义学派或者新古典主义地租理论是在不同的政治背景下形成的，因此关于《谷物法》的争论持续了50年左右。根据新古典主义经济学家的观点，地租只不过是一般物价理论的另外一个方面，而不是一个关于收入分配的问题。我们现在将李嘉图对单一土地用途和土地供给固定进行分析的简化模型放在一边。土地具有其他用途，并且与其他生产要素一样必须获得应得的报酬。"为马铃薯田所支付的报酬应该等于为三叶草田所支付的报酬，而为三叶草田所支付的报酬应该等于为芜菁田所支付的报酬，等等"（Jevons，1911，p. XVIII）。

而且，由于每块土地都存在机会成本，即用于最有利可图的其他用途所获得的地租，因此土地的地租会增加生产成本。"只要生产成本控制商品价值，工资必须与地租一样进行计算"（Jevons，1911，p. XVI）。

新古典主义方法可以使用图2—2表示。我们再次用横轴表示给定的土地供给，纵轴表示地租。与所有土地都用于一种产品（即玉米）的生产不同，现在假设土地有两种用途，即种植马铃薯和玉米。马铃薯的需求曲线通常使用向下倾斜的曲线 PP' 表示，因此为种植马铃薯所使用的土地数量是在横轴上表示，从 O 开始从左至右表示所使用的土地面积不断增加。剩余的土地，即没有用来种植马铃薯的土地，被用来种植玉米。由于可以利用的土地总面积是固定的，因此种植玉米的土地可以在横轴的相反方向表示，即从右至左，从 S 点开始。用于种植玉米的土地需求曲线也可以从右至左表示，如直线 CC'，即从右边开始向下倾斜，因为用来种植玉米的土地数量越少，则可以出售的玉米数量就越少，玉米的价格就越高，则为种植玉米的土地所支付的地租就越高。

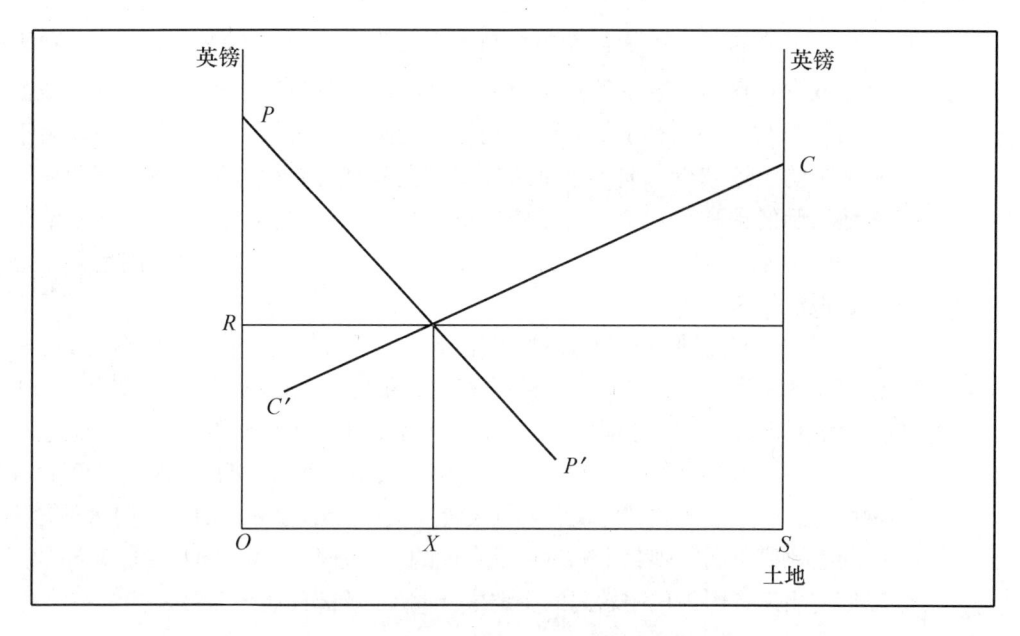

图 2—2 新古典主义地租理论的经济分析

在图 2—2 中，土地市场的均衡点是由两条需求曲线的交点确定的。在该点上，为每种用途土地所支付的地租相同，土地所有者之间的竞争可以保证这一点。而且，只有在该地租水平，土地的总需求才等于供给。在该图中，地租就是 OR，并且 OX 的土地用来种植马铃薯，而 XS 的土地用来种植玉米。

使用这种图形分析方法可以很好地表明，与李嘉图理论的结论相反，地租的增加可能导致产品价格的上升。假设因为某种原因对马铃薯的需求上升，而对玉米的需求保持不变，则在图 2—3 中可以通过需求曲线从 PP' 移至 P_1P_1'，表示种植马铃薯导致土地的派生需求上升。种植马铃薯的土地需求增加意味着之前用

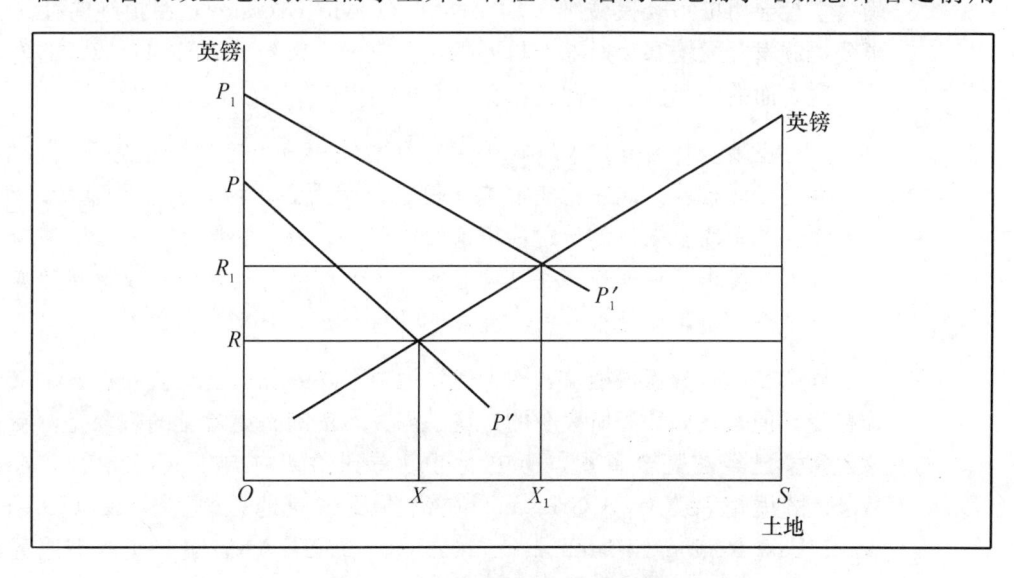

图 2—3 地租变化时产品价格的变化

作种植玉米的一些土地现在用来种植马铃薯，因此结果就是用来种植玉米的土地数量减少，在图中表示就是从 SX 移至 SX_1，而用来种植马铃薯的土地数量相应增加。当然，为所有土地支付的地租也会从 OR 增加到 OR_1。但是，由于用来种植玉米的土地减少，向市场供给的玉米数量就会减少，而其成本则相应增加，因为地租已经提高。因此，玉米的价格也会上升。现在，我们已经非常清楚，地租的增加不是由玉米价格的上升引起的，反之也成立。玉米价格因地租的上升而上升，但反过来却不成立。

因此，李嘉图的分析可能并不正确，甚至在大多数情况下都不正确，因为土地还有其他用途，并且可以从一种用途转换为另一种用途。特定用途土地的地租不是完全由对产品的需求决定的。而且，李嘉图分析所得到的第二个结论也可能不正确，因为土地税收可能影响土地的用途。从图 2—2 中可以清晰地看到，如果对两种用途的土地征收同样的税收，则可能不会有什么影响；如果对用途不同的土地征收的土地税不同，则其影响就不是中性的，而是会导致土地从税收较高的用途转为较低的用途，因为税率较高的土地生产的产品价格也会较高。

被记住的李嘉图理论

在本章的简介中，我曾经说到很多人有时候看起来只是记住了李嘉图对土地价值的分析。在 20 世纪 80 年代关于规划限制的辩论中，这一点更为明显，尤其是在英格兰南部限制房地产开发的政策。当时，为了证明房地产开发用地数量的增加不会影响土地或者房屋价格，有人引用了李嘉图理论。

大伦敦地区委员会前首席战略规划师、苏赛克斯大学区域规划系教授、伯明翰大学社会历史系教授戴维·埃弗斯利（David Eversley）在拒绝向社区开发有限公司颁发开发埃塞克斯郡吉林厄姆大会堂（Tillingham Hall）地区的许可时给出了这方面的一个例子，他说：

> 土地价格由开发商（建筑商）在某块土地上建造房屋的预期价格决定。经过时间检验，这一论述被有些理论证明是正确的，其中就包括地租理论，而且从本质上来说属于这些理论的一部分。150 多年前，李嘉图第一次以现代形式提出了该理论，并且被马克思、古典主义经济学家以及新古典主义经济学派采用，而且很少受到挑战。（Eversley，1986，p.22）

埃弗斯利的观点很极端，因为他认为李嘉图的分析已经被新古典主义经济学家接受，但是正如我们所表明的，这一点并不正确。更常见的现象是，新古典主义经济学已经被完全忽视，历史上可以看到的新古典主义经济学家的著作是 W. S. 格里格森（W. S. Grigson）在伦敦及东南地区规划会议（London and South East Regional Planning Conference，SERPLAN，英格兰东南地区地方政府的地区性规划组织）上发表的一篇论文，他写道：

房屋价格决定了土地价格，反之则不然，因为建筑商对于建筑物出售价格的估计很大程度上决定了其对于这块土地的出价，很多经济学家和从业人员都持有同样的观点。(Grigson, 1986, p.6, 原文中引号省略)

当然，这些作者都不是专业的经济学家，但是在伦敦大学贝伯克学院房地产经济学家迈克尔·鲍尔（Michael Ball）的文献中也发现了一些例子，他写道：

通常认为，土地的高价格导致了房屋的高价格，关于这种因果关系的普遍观点证实了价格确定的"内含加总"理论。其中，房屋价格是土地成本、建筑成本及开发者利润的总和。李嘉图地租理论及其衍生理论可能不同意这种观点，他们可能会提出土地价格的其他观点，即宅地价格取决于住宅开发项目的收益能力。(Ball, 1983, pp.112ff.)

发表土地经济学相关著作的经济学家通常更为认真，但是上述引用代表了当时很多不在该领域工作的经济学家的观点。我在 20 世纪 80 年代末对雷丁大学非空间经济学家进行的非正式调查证明了这一点。2/3 的经济学家认同李嘉图的观点，并且不认同新古典主义经济学家等其他学派的观点。

规划控制及地租理论

当然，李嘉图的观点如此深入英国人的思想是有一定合理之处的，即与新古典主义经济学家的地租理论相比，英国现代的规划控制制度使得李嘉图地租理论中的情景更符合现实。这些规划控制非常严格，并且确保了将土地市场按不同的用途进行分割。例如住宅用地就是允许在其上进行住房开发，在其特定区域的土地不允许建造办公楼、绿化带。因此，毗邻以及明显具有相同特征的土地可能以完全不同的价格出售，这取决于规划允许的用途。再比如，根据 2002 年秋季的《不动产市场报告》(Valuation Office, 2002)，英格兰东南部农用地的价格为每公顷 9 000 英镑，而住宅用地的价格在伦敦之外可能至少为每公顷 200 万英镑，甚至还有可能更高。

因此，可以认为每块土地都具有单一的用途，即当前规划允许的用途。在这种情况下，李嘉图理论看起来当然比新古典主义理论更符合现实。这种情况可以用图 2—4 表示。图中我们再次假定一个地区的土地供给固定不变，并且用横轴上的 OS 表示。其中，OX 是允许进行住房开发的土地，XS 是只允许农业使用的土地。推导出的住房开发用地需求曲线 HH' 从左至右向下倾斜，而推导出的农用地需求曲线是一条从右至左向下倾斜的曲线（与图 2—2 和图 2—3 中其他农产品用地的需求曲线相同，即马铃薯）。虽然该地区所有的土地都能用作住房开发或者农业种植，但是规划制度将这两个市场进行了区分，并且在每个市场上收取不同的地租，R_H 是住宅用地的地租，而 R_A 是农用地的地租。因此，当每种用途土地的供给在规划中固定不变时，土地价格由需求决定。

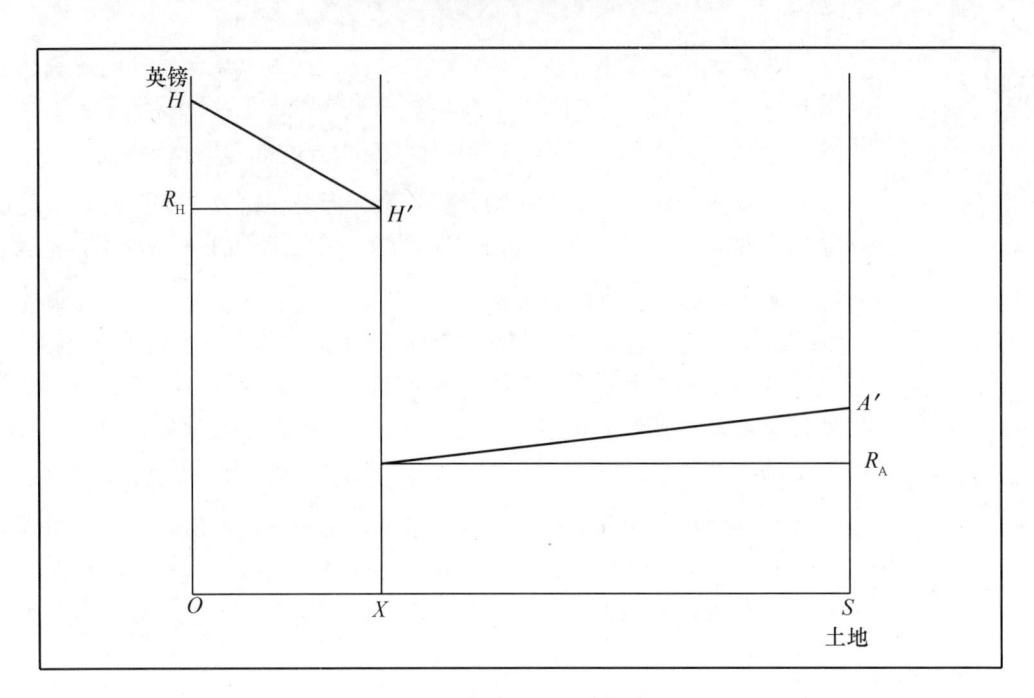

图 2—4　规划控制下的地租与价格

因此，可以得出如下结论：由于住房的价格较高，住宅用地的价格就较高，反过来则不成立。这一点确实是正确的。但是，我们不能因此认为需求水平是土地价格和住房价格的唯一决定因素。而且，也不能得出如下不合理的结论：土地供给或者规划对不同用途土地的配置不重要，并且不会影响土地价格和住房价格。

在前述引用的论文中，埃弗斯利和格里格森的做法相同。依据李嘉图地租理论的结论，他们认为，住宅用地的高价格不是由土地可用性方面的限制造成的，而是完全由较高的需求水平决定的。因此，他们认为没有必要将农用地转换为住宅开发用地，因为这不会影响住房或者住宅开发用地的价格。在20世纪80年代末和90年代初的一段期间内，这个结论被最高政府接受。因此，在上面提到的吉林厄姆大会堂调查结束时，部长的巡视员拒绝向提议的开发项目颁发许可证，并且写道：

> 无论最近的趋势是否表明出现了危机，我都认为不是由建设用地供给不足造成的。住宅价格的短期波动看起来主要是由住房价格决定土地价格这一财政因素造成的，反过来则不成立，专家的观点与我的观点相同。

在应用李嘉图的分析时人们忘记了一点，即土地的供给确实非常重要，即使是在李嘉图的分析框架内也是如此。而且，撰写教科书的大部分经济学家都试图明确这一点。例如，理查德·利普西（Richard Lipsey）在一篇关于李嘉图观点的文章中写道（这段话在他的书中一直没有变过）：

> 对只有种植玉米这一种用途的土地的考察可以解释李嘉图的观点。土地

供给是给定的，而且实际上也不能改变，即土地的供给曲线完全无弹性，且土地所有者倾向于将其土地出租出去以获取地租，而不是任其闲置。不需要采取任何措施防止土地用于除种植玉米之外的用途，因为根本就没有其他用途。因此，可以得到如下观点：土地报酬，即地租，是超过和高于其现状用途而投入的剩余部分。在土地供给给定时，该价格取决于对于土地的需求，而土地需求本身是玉米价格的函数。（Lipsey，1975，p.366，在原文中强调了这一点）

如果土地的供给可以改变，则土地供给确实会影响土地的价格，这种观点用图形很容易表示（见图2—5）。

在图2—5中，住宅用地的地租或者价格与图2—4中一样取决于当供给固定为 OX 时需求和供给相等的点，而住宅用地的需求曲线是从住房需求中推导的，在图中为 HH'。因此，住宅用地的价格为 OR。很明显，如果住房需求发生变化，则需求的增加将导致土地价格上升，而需求的下降则导致住宅用地的价格下降，即土地的价格或者地租是由需求决定的。现在，假设由于规划当局批准了一些新的住房开发项目，住宅用地的供给增加。在图2—5中，用横轴上的 XX_1 表示。住宅用地的土地供给从横轴上的 X 点变为 X_1，而新的均衡点就是使得需求和供给相等的较低地租水平 OR'。

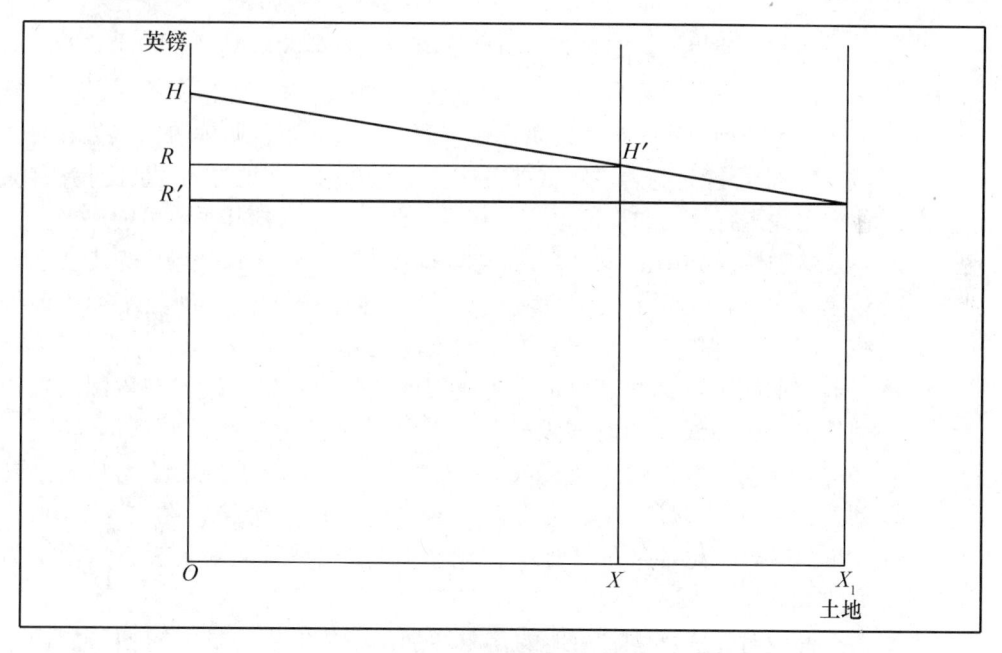

图2—5 土地供给可变时的地租

假设需求不变，通过增加供给，就可以达到新价格。因此，有人可能认为在需求曲线不变时价格由供给决定，在供给曲线不变时价格由需求决定。实际上，正如图2—5中所表明的那样，价格是由供给和需求共同决定的。为了简化和更符合现实，需要指出的是，我们在分析中假设农用地的价格在所考察的地区固定不变，在英格兰东南部这种假设可能是正确的。

当然，为了更符合现实，人们还应该知道需求的变动将影响住房和土地的价格，而且这种影响比供给变动的影响更快。利率的下降可能导致住房价格上升，这个过程可能需要几个月，也可能只需要几个星期，因为买方重新考虑其抵押贷款状况只需要很短的时间。另外一方面，住宅用地供给的增加对价格的影响可能需要几年。首先，在英国，开发之前必须取得规划许可以及其他相关法律文件，这可能需要一年或者更长时间。其次，建造房屋还需要大概一年左右。只有在房屋出售时，才能影响其价格。而且，如果开发项目较大，如吉林厄姆大会堂那样的项目，开发将在数年内分阶段进行，因为一部分土地由开发商用以储备。因此，由于供给增加而造成的价格下降很可能难以与在规划和开发过程中其他因素对价格的影响区分开来。当然，如果土地及不动产市场是完全高效的市场，则宣布增加土地供给的消息将导致房屋的买方和开发商立即降低其预期价格。但是，正如我们在第4章中所论述的那样，不动产市场不是高效的市场，因此虽然预期价格下降，但是下降的几率和幅度可能都很小。

分级规划制度

还有一种与李嘉图和新古典主义模型都有关的情况，而不是只与一种模型有关，即存在一些被称为分级区划的政策。例如，某个地区只有一部分土地可用于工业，但是整个地区都可以用作住房开发。该政策可明确表示（如在美国的一些城市），也可能是隐含说明（如英格兰东南部的一些地方）：将工业用地重新作为住宅用地进行开发的许可很容易获得，但是反过来却几乎不可能。

这种情况如图2—6所示。与以前一样，土地的面积用横轴表示，即 OS；地租或者价格用纵轴表示。从左至右向下倾斜的曲线 DD' 是工业用地的需求曲线，当前允许用作工业开发的土地数量在横轴上用 OI 表示。垂直供给曲线 II' 与需求曲线 DD' 的交点确定了工业用地的初始价格 OP_1。在该图的右边，住宅用地的需求曲线开始时假设较低，并使用从右至左向下倾斜的 HH' 表示，开始时用于住房开发的土地数量用 IS 表示，垂直供给曲线 II' 与从右至左向下倾斜的需求曲线 HH' 的交点 I 确定了住宅用地的价格，在右边的轴上标记为 SP_H。因此，此时存在规划限制，且李嘉图模型看起来是表示这两个市场的最好方式。

假设对住房及住宅用地的需求增加，则住宅用地的需求曲线将向上移动至 H_1H_1'。相对于工业用地的价格，住宅用地的价格会上升。与下降不同，现在住宅用地的价格高于工业用地的价格，因此将工业用地开发为住房将会有利可图，且通常都会发生用途的转变。一些土地将不再用作工业，且住宅用地的价格往往会下降，而工业用地的价格通常会上升。在该图中，长期的新均衡点用两条需求曲线 DD' 和 H_1H_1' 的交点 E 表示。

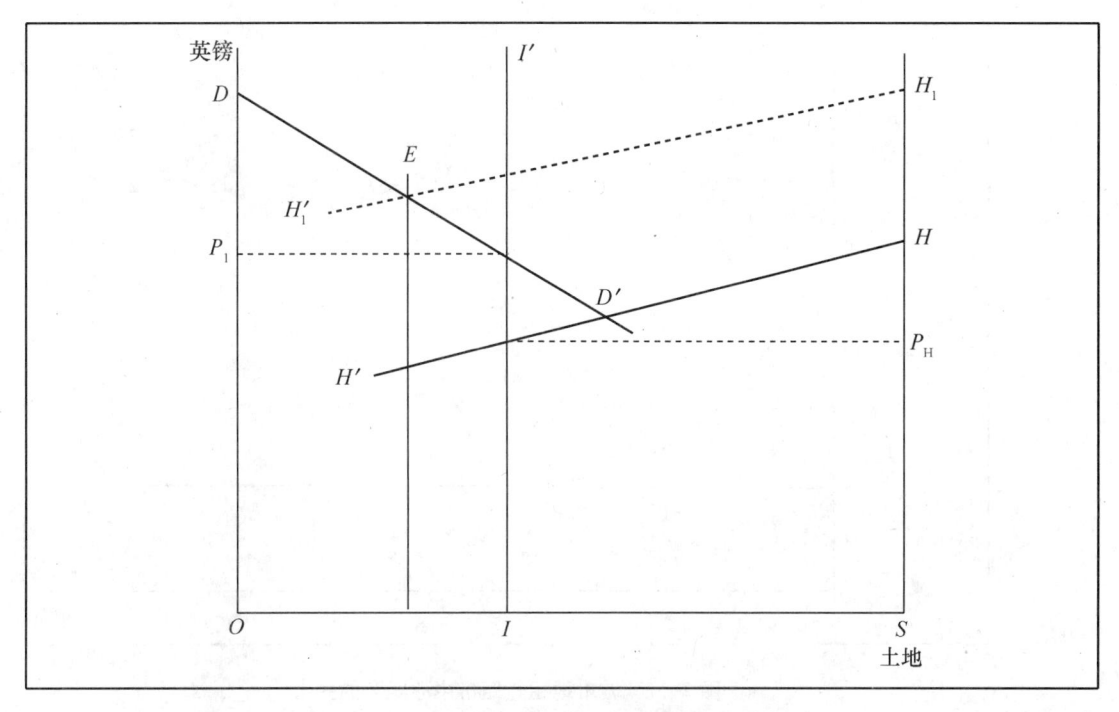

图 2—6　规划控制与地价变化

因此，该情况转变成由新古典主义模型表示更为确切的情况。对工业用地的需求下降也可能引起这种转变。在每种情况中，必须重新考虑精确的情景以及如何最好地进行经济分析。由于人们仅仅记住了一种方法并引用其结论，而没有考虑具体情况及该结论在这种情况下是否成立，因此 20 世纪 80 年代末讨论规划体系的经济性时出现了问题。

城市地租理论

如我们所述，对李嘉图及新古典主义地租理论的认识有助于理解地租及土地价值的确定方法。然而，这两种方法都有一个主要的缺陷，即这两种基本分析考虑的都是地租及土地价值不会发生变化的土地。但是，正如我们在第 1 章中所说的那样，自 20 世纪 50 年代以来形成的地租及土地价值经济分析主要基于杜能模型，即对远离主要市场中心的农村地区的土地价值和地租进行分析。当然，在杜能研究之后的 150 年间产品运输成本下降，农业地租实际上不会因为距离的变化而变动。然而，人们日常工作的交通成本仍然相对较高，而杜能分析是对城市地区进行经济分析的基础。

对于城市土地来说，随着距离市中心越来越远，土地价格逐渐下降，如图 2—7 所示。

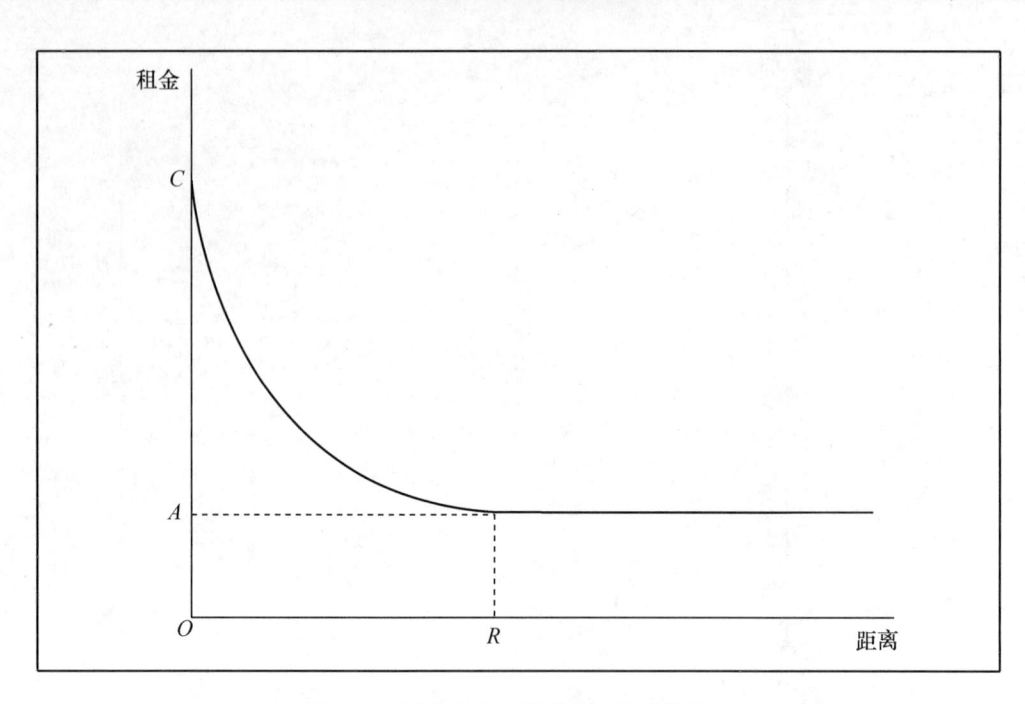

图 2—7　城市地租与距市中心距离的关系

　　距离市中心或者中央商务区（the central business distinct，CBD）的远近在图中用横轴表示，而地租（或者土地价值）用纵轴表示。市中心的地租显示在纵轴上，如 OC；城市周围农用地的地租为 OA。随着距离 CBD 越来越远，城市的地租将会下降，直至在城市边缘等于 OA，这样在不考虑地形影响的情况下，可以确定城市范围的半径为 OR。如果没有规划限制，各种活动在城市地区的位置可以通过前往市中心的交通成本与土地成本之间的"均衡"来确定。因此，在住房位置方面，英国或者北美的高收入家庭、多人口家庭以及希望购买带花园的大房子的家庭可能选择远离市中心，这是由于尽管交通成本很高，但空间成本的节省相对更高。较为贫困的家庭可能居住在他们的工作场所附近，因此可能在市中心居住。由于买不起更大空间的房子，居住在更远地方而节省的成本很小，因此交通成本就显得非常重要。这种理论和证据也可以在其他学者的研究中找到（Evans，1973）。为方便讨论，我们必须提及的是，理论分析中所隐含的地租或者土地价值都是均匀变化的，其中每种用途的地租在空间边界处相等，从市中心到城市边缘依次分布商业用地、工业用地及各种住宅用地。

　　很明显，对于土地市场来说，这种平滑过渡在现实中不可能发生。这是因为：首先，土地市场是有瑕疵的、无效率的市场，这一点我们将在第 4 章中讨论；其次，土地的用途将会受到土地所有者偏好和行为的影响，这一点我们也将在后文详细探讨；最后，土地用途受到规划的控制，因此会影响土地的价值，这一点正是本章所关注的。

　　如果规划控制限制了土地的可利用性，即限制了某种用途土地的供给，但同时需求增加并保持很高，则这种用途的土地价值就会上升。如果不存在规划控制，盈利能力相对较低的其他用途土地就会转变，这种转变可能是通过重新开发或者其他方式，以使得这些土地可以用作更为有利可图的用途。土地价值变化的均匀性仍然成立。由于规划限制不是很灵活，因此土地用途的这种转换不太可能。于是，一些土地的价值可能随着需求的增加而上升，但土地市场不能进行调节，结果就会出现如图 2—8 所示的土地价值或者地租梯度。在建筑物的边缘是一个绿化带，这使得已开发土地和农用地的价值之间出现了很大差别，且商业和工业用地方面的限制导致这些用途的土地价值高于住宅用地的价值。与均匀变化的土地价值梯度不同，我们得到的是一个锯齿状上下起伏的图形。

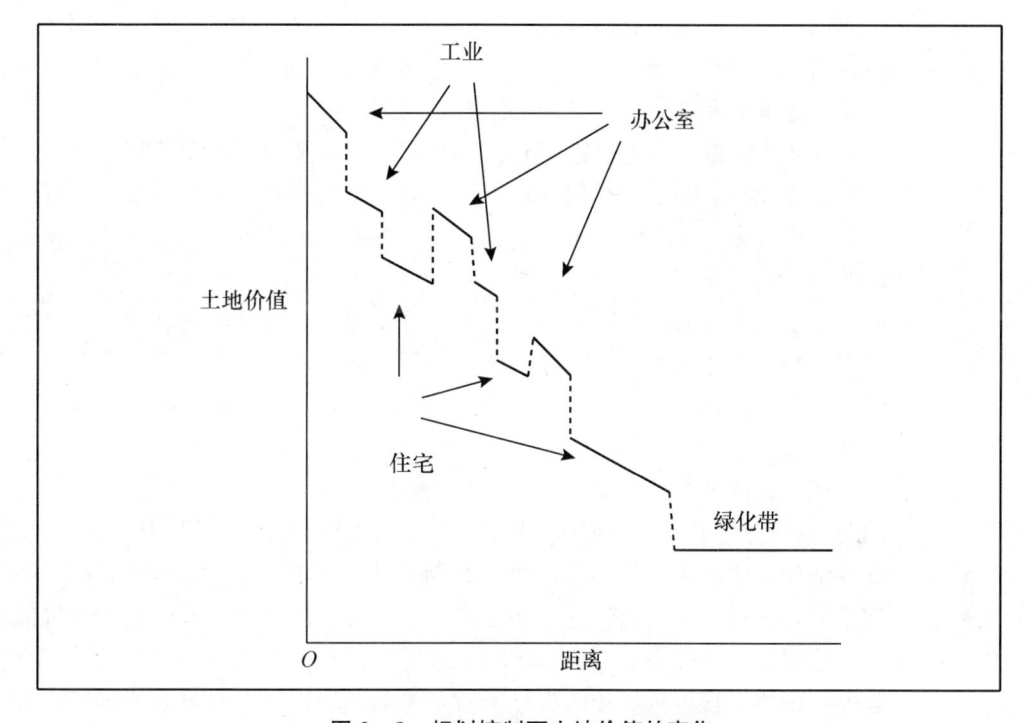

图 2—8　规划控制下土地价值的变化

规划控制的影响对杜能/阿朗索的土地价值梯度理论进行了修正，并且与简单的李嘉图和新古典主义理论相比，更能代表城市地区的情况。然而，根据我们对土地市场而不是城市地区的理解，实际上对该理论进行额外修正的效果很小。如果缺乏规划控制，在需求方面，该理论更接近于新古典主义；在存在规划控制并限制了土地用途的情况下，该理论更接近于李嘉图模型。当然，正如我们在上一节中所讨论的那样，如果规划控制在某一个方向上比在其他方向更为灵活，则该情景有时候类似于李嘉图情景，有时候类似于新古典主义情景。最后，如果该情景由于规划限制可以利用李嘉图模型更好地表示，至少现在可以理解为通过规划制度限制土地的可获得性将导致较高的土地价格。

经济地租与商业地租

在结束对土地价值需求理论的讨论之前，还需要回到我之前提出的那个问题，即为什么人们会把这个理论记错呢？我认为，李嘉图及新古典主义理论的适用性相当明确，且本章所要做的就是复述该理论。为了论述的清晰性，我们在此对其进行总结。首先，即使是土地的总供给固定不变，如果土地有两种或者更多种用途，则地租或者价值的上升也完全有可能导致该土地上一种或者多种产品的价格提高。其次，即使是由于规划的限制，使得一些土地仅有一种用途，该用途土地供给的变动（例如由于规划限制的变化）也将导致地租或者价格的变动，包括其所生产产品和服务价格的变动，尤其是该种用途土地供给的增加将导致此类用途土地地租及其所生产产品和服务价格的下降。

这两个结论具有普遍适用性。当然，假设一类土地面积不能改变且只有一种用途的情境非常困难。任何一块土地都会有两种或者更多种可能的用途，即使是只有一种用途，土地的单一用途也是由人为限制导致的，而这种人为限制是可以改变的。

也就是说，为什么即使是受过经济学教育的人们也坚持认为一个明显不适用的理论是普遍适用的呢？换种说法，他们为什么从大脑中将新古典主义理论完全抹去而仅仅记住李嘉图理论，甚至连其前提条件（土地供给固定不变）都忘记了呢？

我认为似乎有两个原因，一个是实务问题，另外一个是理论问题。至于实务问题，在确定为一块土地支付多少钱时，开发商会计算可以利用这片土地建造什么并估计这些建筑物的售价。为了获得利润，他们会将二者之间的差额最大化。如果允许获得正常利润，这个问题就变为估计一块土地价值的"剩余价值模型"。

很明显，这种估值方法意味着土地的价值取决于建筑物的售价，因此这与李嘉图理论相一致。从实务的观点来看，李嘉图理论很明显是正确的。但是人们往往会忽视的是，剩余法从本质上来说具有短期性。

第二个原因取决于经济理论及其术语的发展。在应用到经济学中时，很多学生（以及经济学家）经常混淆"地租"的两个意义。一种是为了使用土地和建筑物而确实需要支付的地租，即商业地租，这种地租是为了一般日常用途而支付的地租；另外还有一种是经济地租，即为特定用途要素支付并且高于将土地维持在该用途中所必要的转移收益的部分，这是经济学家使用的一个技术性术语。问题是，这个技术性术语实际上是李嘉图分析得到的结论。这种分析的一个结论是，由于土地供给固定不变并且只有一种用途，地租，也就是商业地租，无须支付，因为无论所支付的报酬高低，土地都会提供服务（生产单一的产品）。于是，当描述一种要素的报酬高于转移收益的部分时，使用"经济地租"这个术语就非常合乎逻辑。

虽然从商业地租类推这个术语看起来合乎逻辑，但是实际上却具有误导性。它导致学生们认为，由于经济地租是从商业地租中类推出来的，从而土地的商业地租就是经济地租。但是，只有一种地租理论与这种观点相一致，即李嘉图刚开始进行的分析。对很多人来说，在刚开始学习经济学时，最为复杂的就是这个理论，也是必须记住的理论。从心理学上来说，这种现象被称为认同感的下降（Festinger，1957）。

撇开心理学不谈，学生们仅仅记住李嘉图分析是相当合乎逻辑的。毕竟，如果商业地租不是经济地租，而是像新古典主义分析表明的那样主要是转移收益，为什么经济学专业的老师们说经济地租类似于商业地租呢？如果学生们因此而记住商业地租就是（类似于）经济地租，并且仅仅记住了可以证明这个结论合理的地租理论，那么我们就应该原谅他们。麻烦之处在于，对于专业经济学家来说，这并不是一个非常神秘的理论。它在实际中还具有一定的重要性。正如吉林厄姆大会堂调查一样，当在全面规划期间提出针对地租理论的相关诉讼时，皇家法律顾问、高等律师肯定对经济中的一些领域进行了大量的辩论，同时专家也进行了交叉审查。那么，是什么导致检察官得出了错误的结论呢？当然，这种情况在长时间内得到了阐释。其他规划调查也在有其他证人的情况下对这个问题进行了讨论，作者也曾经成为这样的证人。而且，数年之后环境保护部聘用律师撰写了一份报告，试图解决当时非常著名的争议，即埃文斯-格里格森（Evans-Grigson）争议（Department of the Environment，1992）。

在产生专家和律师费用方面，这一切都非常有用，但是如果根本没有产生疑问将会更好。在这个方面，可以采取的最有用的步骤就是放弃"经济地租"这个术语。因为，如果在所有几乎可以想象到的情景中，商业地租都不是经济地租，则这种类比又有什么用处呢？

当然，这个概念非常有用，但是如果其名称中包含"盈余"这个词将是最好的——毕竟在解释"经济地租"这个术语时，教师必须解释它是一种盈余，因此为什么不使用这个术语呢？最佳的替换似乎是"盈余收益"，这样就会非常清晰，即盈余收益和转移收益都是总利润的一部分，且二者的总和就是总利润。而且，人们至少可以认为地租分为盈余收益和转移收益，而不会产生"经济地租"是地租的一部分这种混淆。

总结及结论

在本章中，我们讨论了李嘉图和新古典主义关于地租和土地价值的基本理论，接下来我们将会表明规划控制可能使得李嘉图理论更加符合现实。由于规划限制固定了某种用途土地的供给，因此就创造了一种符合李嘉图理论的情境，即假设土地供给固定不变且只有一种用途。但是，我们还表明，这并不意味着土地价格完全由需求决定，因为供给实际上也可以改变，而且我们已经表明了由于规划制度变化而导致的供给变化将影响价格。

我们已经提到，还有一些可能称为分级规划的情景，有时候李嘉图模型适用，有时候新古典主义模型也适用，这取决于经济情景。我们还对城市土地价值的分级进行了基本分析，并且指出规划控制的存在如何对其进行修正。最后，我们讨论了经济学家因为使用"经济地租"这个术语表示高于一种要素转移收益的盈余收益而带来的混淆，因为这种不认真使得人们错误地假设为土地用途而支付的商业地租就是经济地租，而且导致人们仅仅将李嘉图理论作为真实的理论。我认为，使用"盈余收益"代替"经济地租"这个术语是最好不过的，并且可以避免混淆。

遗憾的是，这个建议被经济学专业教授采用的希望不大。首先是因为改变他们已经使用一个多世纪的概念名称很难；其次，很多经济学家认为关于土地市场和地租的经济学不重要，仅仅在土地经济学中澄清将会在一般使用时带来更多的混淆，因此不会加以改变。而且，基于以上原因，建议参与土地经济学研究和讲授的学者充分意识到发生混淆和错误理解的可能性，由于很多经济学家有时候可能在表示"经济地租"时使用"地租"这个术语，如"寻租活动"，这一点尤其重要。在研究土地利用规划的经济学中使用这个术语会使得土地及不动产专业的学生感到混淆，他们很可能不会意识到"寻租活动"中的地租是指经济地租而不是指商业地租。

在下一章，我们将从对土地需求的考察转向对空间供给的考察，即土地市场根据土地价值上升进行的调整，这种调整可能是通过将更多的土地投入使用和改变其用途，或者增加该土地的资本投入以建造更多的建筑物而增加空间范围。

第 3 章

需求的变化

"小屋中的比尔"

简 介

正如我们所指出的那样,上一章讨论的基本理论侧重于需求方面。土地的价值和地租由对土地和空间的需求所决定。但是当需求变化时,空间的供给量必须有所改变以适应需求的变化。上一章在探讨新古典主义方法时曾略微谈到这一点,我们指出对于一种产品需求的增长将导致对生产另外一种产品的土地需求量减少。

布坎南(Buchanan,1929)称这些变化为"边际变化",并指出变化可能在广度层面,也可能在强度层面。在第一种情况下,对某种用途空间需求的增长导致用于上述目的的土地数量增加。然而,在第二种情况下,也许会使用同等数量的土地,但是土地的集约利用程度会更高。

广度边际和强度边际既适用于农用地,也适用于城市用地,古典主义经济学家们花费更多的时间探讨了农用地的集约化使用。事实上,马克思构建了一整套基于两种不同地租概念的理论(Marx,1894/1962;Ball,1977;Evans,1992)。但是,与城市用地的扩张及集约化利用相比,农用地面积的扩展及其集约化利用显得并不重要。因此后一种情况就是一种调整的过程,即城市用地的集约化利用,这也是本章的重点。然而,为了论述更加全面,我们从广度边际的探讨开始。

广度边际

只有两种方式可以提高土地的使用广度,即把以前未曾使用的土地投入使用，或者转换土地的原始用途。

第一种情况可以使用杜能模型进行很好的阐释，如图 3—1 所示。在该图中，地租用纵轴表示，到城市地区即农产品市场的距离用横轴表示，最初的地租曲线用向下倾斜的曲线 AR 表示。到城市的距离在 OR 之间的土地可以耕种，更远一些的土地则是不可耕种的。对该地区农产品需求的任何增加（或减少）都将导致耕种范围的变化。很明显，城市地区人口的增长将导致对于农产品需求的全面增长，这一点在图中可以表示为地租曲线向上移动至虚线 BS。为了提供更多的产品，在已经耕种的土地边缘的其他土地也被开垦了，即耕种边际扩大了。可耕地半径从 OR 增加至 OS，因此 RS 之间的土地也被使用。当然，伴随耕种面积的增加，已耕种土地的地租将上升且土地利用的集约化程度将更高。

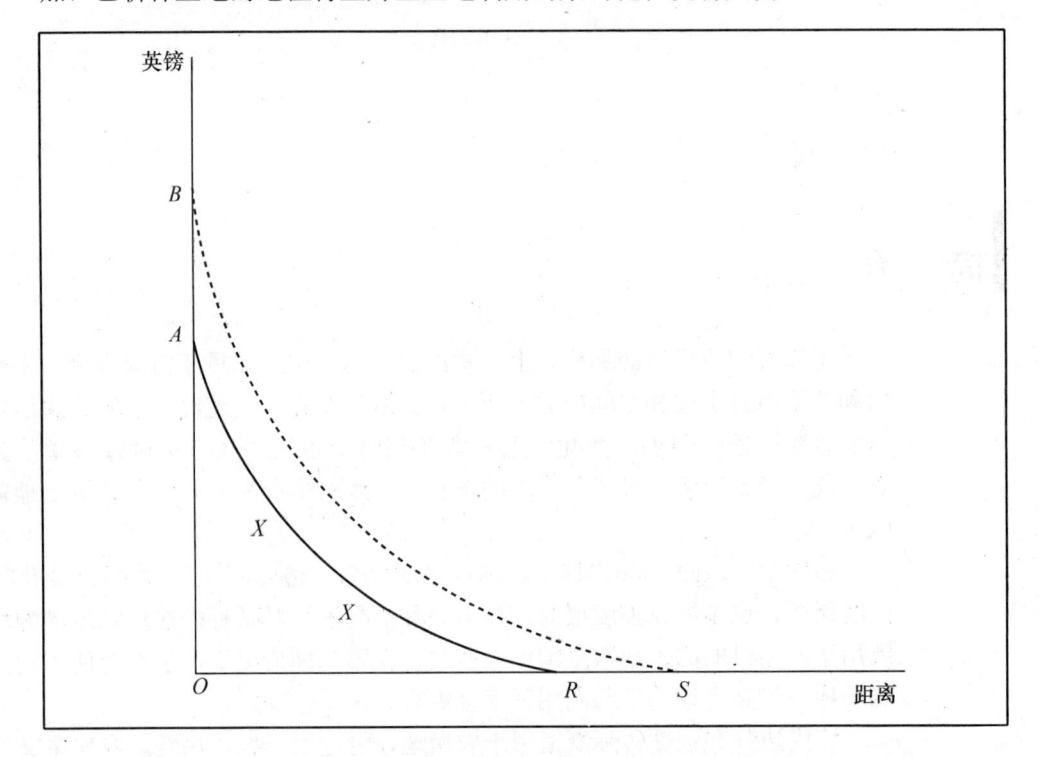

图 3—1 农用地的广度边际

这个模型也可能有所变化，我们已经使用杜能的农用地模型阐释了这个理论。另外，现代的阿朗索模型仅仅适用于城市用地，在该模型中，随着市中心就业人口的增长，土地范围的扩展变为建成区面积的增长。

即使在农用地方面，大多数的古典主义经济学家是以土地肥沃程度而不是以距离市场的远近为依据进行考察。如果横轴表示肥沃程度，而不表示距离，并且左侧表示肥沃程度最高，右侧表示肥沃程度最低，则图 3—1 可以很好地表示上述理论。最贫瘠的土地没有被耕种，而最肥沃的土地被耕种。由于人口或收入的增长，对于农产品的需求增长，这种增长将导致地租的上涨，即地租曲线从 AR 移至 BS。因此，在该图中，RS 表示的是以前未被开垦而现在已被开垦、不够肥沃的"边际"土地。

在上一章中，我们已经使用新古典主义模型分析了土地利用的广度边际，在此不再对细节做陈述。图2—3表明，对于一种产品（此时为马铃薯）需求的增长将导致土地从其他用途（例如种植玉米）转换为种植马铃薯。对马铃薯需求的增长导致了马铃薯的价格上升，较高的价格意味着使用土地来种植马铃薯可以比种植其他任何作物更能支付较高的地租。由于一些土地不再用作利润较少的用途，其他用途土地的价格就会上升，因为必须支付有竞争力的地租。其他用途（在图2—3中就是种植玉米）可以获得的土地面积减少，而且由于耕种面积减少，生产出来的东西就更少。玉米供给量的减少将导致其价格上升，反过来又可以为生产玉米的较少土地支付更高的地租。因此，一种用途土地面积的增加必然导致其他用途的土地面积减少，还将导致其他用途土地价值和地租的变化以及产品价格的变化。

如果我们考察的是对城市土地需求的增加，也会得出相似的结论。假设现有的地租曲线用图3—1中的 AR 表示，我们正在考察的是内部边界和外部边界之间环形部分土地的用途，在该图中就是 XX 所表示的范围。假设这些土地是工业用地。技术变化将导致对工业用地需求的增长，最初会导致工业地区内，即环形区域对土地需求的增长，并由此使那片区域的地租和土地价值提高。但是，这将很快影响毗邻地区，因为环形区域之外的土地也需要支付较高的价格，以吸引工业区边缘的土地不做其他用途，其他用途土地数量的减少将导致这些邻近地区的地租更高。这种结果将依次波及整个城市地区，地租到处上涨，整个城市用地需求增加，致使城市边缘的农用地转变为城市用地，最终使城市边际扩张。

土地市场不同部分之间相互联系是显而易见的，然而我们应该注意两点。第一，我们将在下一章指出，土地和不动产市场是不完善的，从经济方面来说也是没有效率的，因此上述变化不太可能非常顺利地发生，而是会时断时续地曲折进行。第二，由于城市地区土地价格的上升，创造土地的做法是值得的。当土地价格高的城市区域内有浅水区域时，这一点尤其具有可行性。在19世纪，填海造就了中国香港地区的大部分商业区。另外一个更极端的例子是中国澳门地区，在那里，1/3的土地是由填海获得的（Glaser et al., 1991）。还有一个不太突出的例子是19世纪伦敦的泰晤士河，当时其宽度是目前的两倍，由于建设堤防而变窄（Hibbert，1969，1980），这种广度边际的变化比想象中要常见得多。当土地价值高到可以为创造土地而投资的资本提供回报时，"创造"土地就非常有必要。在这个方面，土地的广度和强度紧密相关，至少在城市地区是这样，因为这些地区新投资创造的不是土地，而是新的建筑和空间。

强度边际

从强度边际着手，对于理解土地和不动产市场尤其重要。对广度边际的分析往往会忽视土地供给中的所有问题，我们将在以后讨论这些问题。另一方面，即使是受到供给问题的影响，城市土地使用的强度也可以被看作与当时的情境密切相关，例如在过去 50 多年里，英格兰土地的价格一直在强劲上涨。城市用地起初全部用来建造建筑物，这些建筑物可以有不同的结构和高度，因此提高强度的各种可能性都是存在的。由于未建设用地越来越少，土地使用的强度越来越大，地上建筑物也会变得更高。这些效应在任何一个大城市的中心都可以看到，尤其是将其和郊区相比较时。

根据生产要素理论，在空间生产方面，在土地价格越来越高时，资金替代了土地。我们可以用图表从两个方面来描述这一点。第一种较基本但稍微有些复杂的方法，我们使用图 3—2 表示。在该图中，土地数量用纵轴表示，资本数量用横轴表示。使用资金和土地获得的产物是建造空间，每种要素数量的增加都会建造出更大的空间。建造空间的数量使用 Q 表示，通过变换每种要素的数量可以得到 Q，其理论值用向下倾斜的曲线 QQ 表示，这条曲线叫做等量曲线。该曲线的斜率表明，如果一种要素的数量逐渐减少，为了生产同样的空间，另外一种要素的数量就必须逐渐增加。在任何情况下，不同要素之间以何种比例结合是由其相对价格决定的。在该图中，向下倾斜的直线 BA 表示一种可能的价格比率，这条直线叫做等成本线。在目前的价格水平下，OB 数量的土地可以使用 OA 数量的资本购买，因为二者的总成本相等，并且 AB 上任何一点所表示的资本与土地组合的成本都相等。

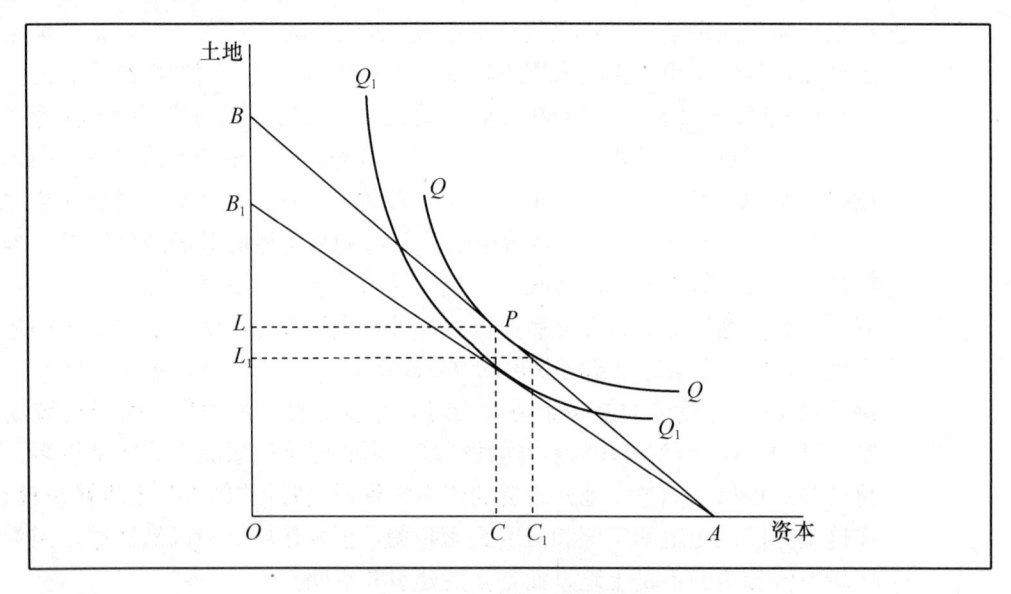

图 3—2　土地与资本的替代

我们可以很容易地看出，给定总成本时可以获得的最大空间可以用 BA 与等量曲线 QQ 的切点表示，即使用的土地为 OL，资本为 OC。然而，如果土地价格上升，则在该成本下可以购买的最大土地面积为 OB_1，则新的等成本线可能会更低，并且与另外一条较低的等量曲线 Q_1Q_1 相切。由于土地价格上升，在给定资本下可以建造的空间更少了。而且我们还可以看到，反映新价格比率且更低的新的等成本线和原来的等量曲线 QQ 的切点 P 将低于与原来的切点。这表明，仍然可以建造同等数量的空间 Q，但是成本会更高，最经济有效的建设方式是使用更少的土地（纵轴上的 OL_1）并投入更多的资本（横轴上的 OC_1）。

资本与土地比率的上升导致开发密度的增加，反过来开发密度的增加通常导致建筑物高度的增长。因此，简单地说，假设所有的土地已经被使用并且只考虑建筑物高度，价格变化对开发密度的影响可以用稍微简单的方式表示，如图3—3。在该图中，开发密度或者建筑高度用横轴表示，空间的出租价格用纵轴表示。就商业空间来说，这可能是每平方米的地租；就居住空间来说，可能是指一套标准公寓的地租。而且，每一单位空间的建筑成本也在纵轴上表示。建造的平均成本是开发密度或者建筑高度的函数，并且由向上倾斜的曲线 AC 表示。该曲线的斜率是递减的，因为这是根据经验确定的关系（尽管是根据经验得出的关系，但是这种关系不够平滑，因为建筑达到一定高度成本就会跳跃式增加，例如必须安装电梯）。

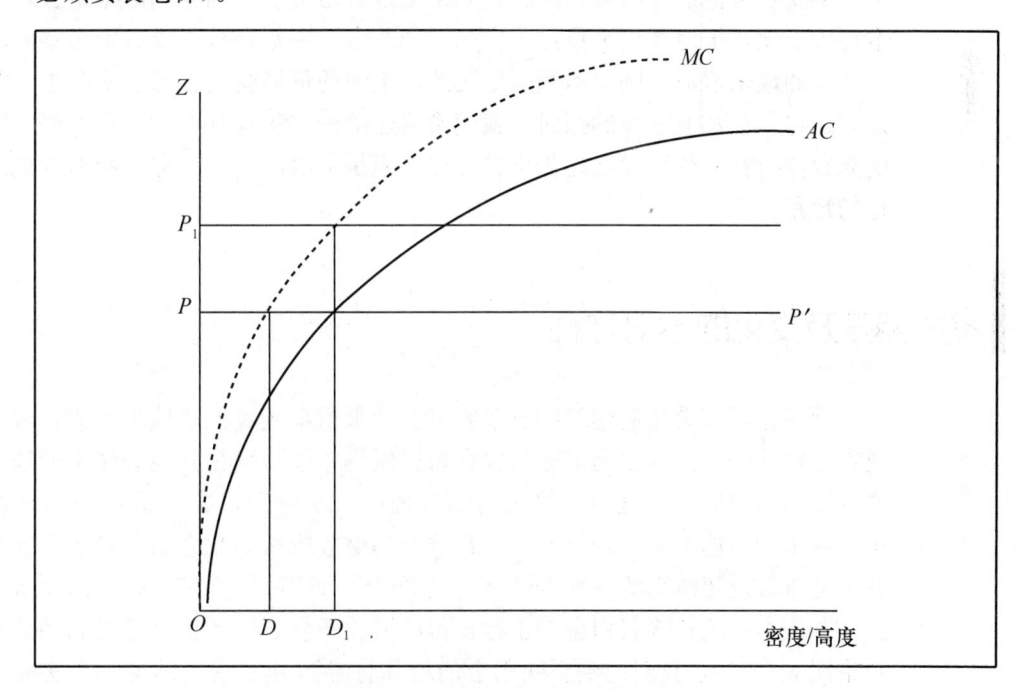

图 3—3 建筑密度（高度）与地租

给定平均成本曲线 AC，就可以推导边际成本曲线 MC，即在同一密度下每增加一单位空间需要增加的成本。这条曲线位于平均成本曲线上方，这仅仅是因为平均成本随着密度的增加而上升，其原因相当清晰。一幢建筑每增加一层，其成本要比较低楼层的平均成本高，因为不仅楼层本身需要建设，而且该楼层以下的所有楼层都必须加固以承受额外的重量。

每单位空间的市场租金在纵轴上用 OP 表示，假设（在第 15 章中该假设会有所变化）价格不随密度变化，则给定价格用水平直线 PP' 表示，而开发商希望将利润最大化。密度或者高度 OD 在图中由边际成本曲线与价格直线或"需求曲线" PP' 的交点得到。密度较高时，每增加一层的额外成本将大于收到的额外地租，因此不增加建筑高度会有利可图；密度较低时，每增加一层的额外成本将小于收到的额外地租，因此增加密度将会有利可图。由于在最有利可图的密度下，价格位于平均建筑成本之上，因此获得的平均地租与引致的平均成本之间存在一个差额，同样，地租总额与建筑成本总额之间也有一个差额。这样就可以使用剩余法推导土地的价值，即开发总收入与开发总成本之间的差额就是地块对于开发商的价值，而开发商对于地块的竞争有助于确保实现这一点。

很明显，如果在空间可以出租出去的情况下价格上升，即移动至图 3—3 中的 OP_1，则最佳条件、最大利润、密度或者建筑高度也会增加，即从图中的 OD 增加到 OD_1，当然使用剩余法确定的土地价值也会上升。

图 3—2 和图 3—3 的两种方法用不同的方式考察了同一个问题。在第一个图中，主要是从供给方面考察问题：如果土地价格上涨，则空间成本增长，随着资本替代土地，土地利用更集约。在第二个图中，主要是从需求方面考察问题：如果空间的地租增加，则土地利用更集约，土地的价格将会上涨。实际上，如上所述，通过本章及上一章的探讨，我们希望这两种方法是互补的。有时候，需求可能导致空间和某种用途土地价格的上涨，但是土地价格的上涨将影响其他用途土地的地租。

资本期限及变化的不对称性

上述分析假设建造建筑物非常容易。如果租金或者土地成本上涨，现有的建筑物将被新的、密度更高的建筑物代替。但是，如同我在其他著作中所描述的一样（Evans，1975），这是理想化的经济理论。实际上，在房地产和不动产市场中，资本的用途并不能随意改变。建筑物的财务成本如此之高，以至于在投资预算中通常假设建筑物的预期寿命至少是 25 年，通常是 30 年，以收回建筑物的相关财务成本。这意味着租金或土地价值的增长不会必然产生立竿见影的效果。在讨论图 3—3 时，我们说到空间租金的增加将导致开发密度的增加，实际上除了理想情况之外这并不意味着将立即进行再开发。是否以及何时再开发（当然必须符合规划控制的要求）取决于现存建筑物的使用年限和地租的增加程度。如果再开发后的租金大幅度增长，则与租金增长幅度较小相比，此时更容易导致拆除现有建筑物以建造新建筑物。

还需要认识到的是，变化是不对称的。租金的大幅度增加可能会导致现有的建筑被拆除，以及地块被再开发。而租金的降低，无论多大幅度，都不会产生同样的刺激作用。如果市场租金下滑导致最优密度低于目前的建筑密度，很明显拆除现有的高密度建筑并用较低密度的建筑代替通常无利可图，这一点可以用图

3—3 表示。假设空间租金由最初的 OP_1 降至 OP，最优密度从 OD_1 降至 OD。第一种情况下的总收入可以用长方形 $OP_1.OD_1$ 表示，而第二种情况下的总收入可以用长方形 $OP.OD$ 表示。然而，如果旧建筑仍然存在，密度将保持在 OD_1，则在租金下降后如果该地块没有再开发，总收入为 $OP.OD_1$，这个面积明显大于 $OP.OD$，显而易见，再开发将无利可图。因此，只有在原有的建筑物非常陈旧、正在逐渐废弃，并且维护成本非常昂贵的情况下，才有可能对其进行再开发。废弃建筑物在一个地区的连续存在有助于降低租金，因此往往会进一步推迟开发速度，这部分地解释了一些欠发达地区和相关建筑物的存在。因此，在某些情况下，陈旧建筑物的存在时间会长于其预期寿命，同时，在另外一些情况下，在经济急速发展的城镇和地区，它们可能会被快速拆除和取代。有时候，不进行再开发可能会被后代认为是一种福祉。将古代建筑物保存很好的地区往往是那些经济陷入长期低迷的地方。一个经典的例子是林肯郡的斯坦福德，它是从伦敦到爱丁堡的北方大道旁边的一个主要城镇，在 19 世纪初的四轮马车时代经济繁荣。由于当地大土地主埃克赛特侯爵（Marquess of Exeter）的反对，从伦敦到爱丁堡的铁路在斯坦福德及其附近都没有站点（Hoskins，1955）。结果，斯坦福德中心区域在以后的 150 年里大部分保持了 1840 年的原状，成为 20 世纪 90 年代拍摄电影《米德镇的春天》（*Middlemarch*）的理想场地。另一方面，英格兰东南部在过去两个世纪的大部分时间经济繁荣，因此几乎找不到未被改变甚至是部分未被改变的城镇中心区，因为再开发的进程实际上是连续不断的。

住房市场的变化过程

正如我们所指出的那样，对基于图 3—3 的分析进行了简化，因为该分析假设对价格变化的唯一反应是建筑物高度的改变。基于图 3—2 进行的分析更为现实，也更为复杂，因为它仅仅假设对较高租金及土地价格的反应是在建造过程中提高资本与土地的比率，资本与劳动力比率的提高可能有很多方式，而不仅仅是通过增加建筑物的高度。在郊区住房市场中可以非常明显地看到对空间及土地价格上涨各种可能的反应。在郊区，土地既被作为建筑地基，也被留作花园及车道。而且，正如在英国或者美国以及那些市场因素占主导地位的地区可以看到的那样，在向城市中心逼近及土地价格上升的过程中，土地总面积中没有用于建筑开发的比例在下降，花园越来越小，私人停车位也越来越少，简言之就是土地利用更集约了。

我们所关心的问题是如果土地价格上升，如何提高土地集约程度。由于上面所提到的不对称性，如果土地价格下降，则变化的幅度可能非常小。因此，与不断上升的土地价格相比，我们对不断下降的土地价格关注得较少。

通过对过去 30 年或者 40 年英格兰尤其是其东南部地区住房市场的考察，我们可以解释住房市场的变化。在截至 1990 年的 30 年间，虽然土地价格在 1974 年和 1979 年之后大幅度下降（即使是使用货币度量的绝对价格水平也是如此），但是住房价格一直在或多或少地上升。然而，从整体来说，与收入和物价相比，土地与住房价格上升得更多。在需求方面，这是由收入不断上升引起的，收入在该期间增长了一倍以上；在供给方面，规划制度对于住房或者其他开发项目用地进行了诸多限制。图 3—4 表明了除伦敦之外的英格兰东南部地区（"东南部其他地区"或者 ROSE）在这一期间土地价格、住房价格及收入的变化，以及全国零售价格的变化。

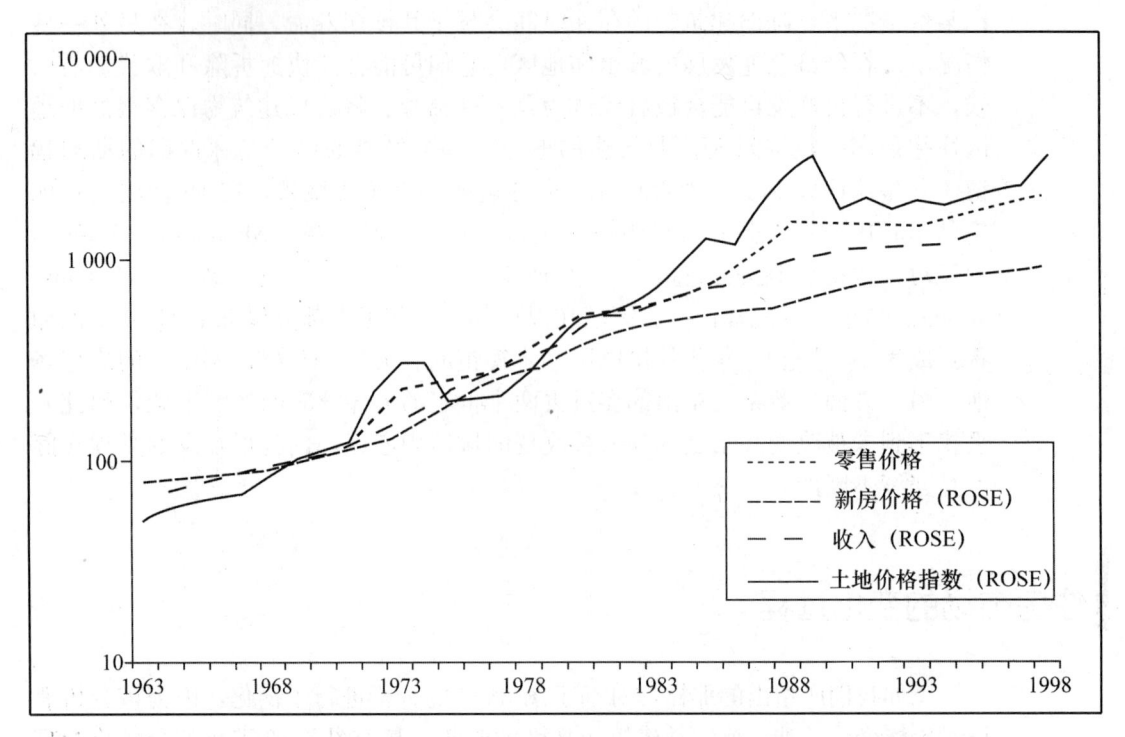

图 3—4　东南部地区（大伦敦地区除外）的新房价格、住房土地价格及收入以及零售价格（全国）

资料来源：*Housing & Construction Statistics*，*Family Expenditure*，*Economic Trends*。

图 3—5 中给出了其中的一种反应。该图表明了随着住房价格的连续上涨，英格兰和威尔士地区私营部门在 1969—1990 年期间，每年建造的各类住房占住房总量的比例，其中包括平房、独立式房屋、半独立式房屋、联排房屋以及公寓。变化的过程使用"土地利用强度"范围表示，起初，私营部门的新房只有 3％是公寓；截至 1990 年，这一比例上升到 15％。当然，这是因为（至少部分因为）1979 年之后公共部门住房建造数量的下降，当时撒切尔政府刚刚开始执政。然而，这不能解释私营部门住房建设中平房比例由 1969 年的 26％下降至 1990 年的 12％。建设方式从土地粗放型到土地节约型的变化是土地成本上升时供给面的反应。

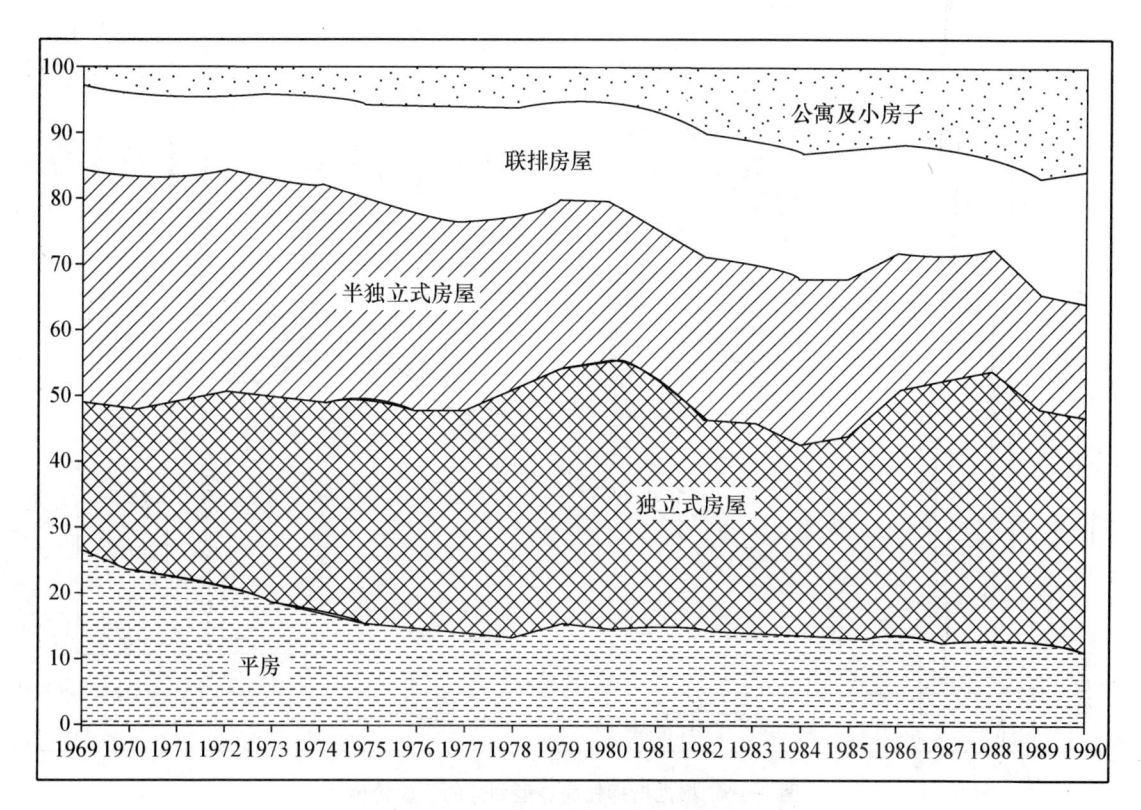

图 3—5 不同类型抵押住房的分布

资料来源：*Housing & Construction Statistics*。

当然，有人可能认为这种转变是需求面变化的结果。由于单身家庭越来越多、家庭规模越来越小，因此对公寓的需求开始增加，而对大型住房的需求则在降低。实际上，不同类型房屋在该期间的价格变化没有证明这一点。图 3—6 表明了每种类型住房的价格指数，其中 1969 年的指数都等于 100。该图清晰地表明，在长期内，平房及独立式房屋等用地粗放式住房的价格上升速度快于公寓等用地强度更高的住房，这类住房的价格在该期间大部分时间上升都较慢。如果建设方式的变化是对需求做出的反应，则随着对公寓需求的增加，我们应该看到公寓价格的上涨速度快于其他类型的住房。

在住房市场中，还可能出现其他的变化，并且在该期间内可以观察到这种变化，尤其是在伦敦的郊区。带有大型花园的独立式房屋可能被出售、拆毁，或者被公寓或联排房屋的开发代替。

有时候，如果可以在不破坏房子的情况下，实现花园的可达性，则房子本身可能会保留，但是花园的一部分则可能被出售，甚至在该场地上建造其他住房。然而，随着土地价格以及住房价格的上升，提高资本与土地比率的最常见方式是对现有住房进行扩建。这两种方式在财务上都是可行的，因为人们愿意为作为花园的土地支付的价格低于开发商愿意为开发用地支付的价格，这就是建造新住房的原因。这些新房子的花园比相似地区的老房子小得多。

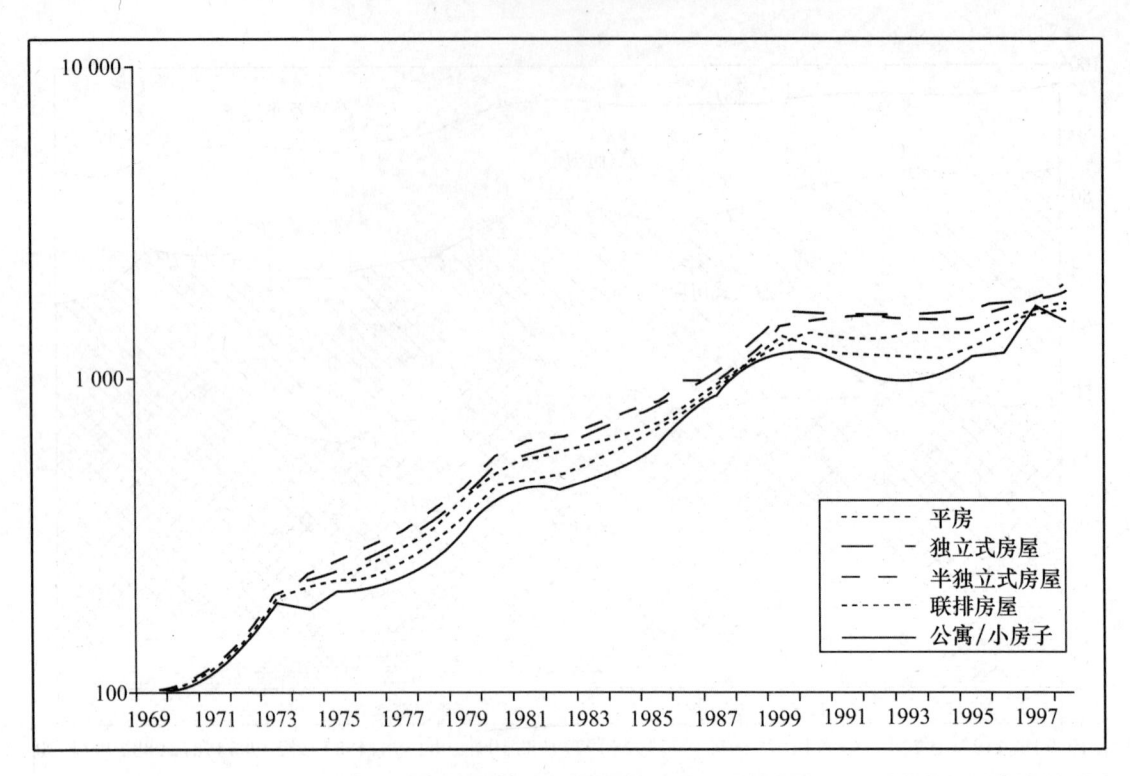

```
10 000 ┤



 1 000 ┤


                                                    ┌─────────────────┐
                                                    │ ········  平房    │
                                                    │ ── ─  独立式房屋  │
                                                    │ ─ ─ ─ 半独立式房屋│
                                                    │ ·······  联排房屋 │
                                                    │ ────  公寓/小房子 │
                                                    └─────────────────┘
   100 ┴─┬───┬───┬───┬───┬───┬───┬───┬───┬───┬───┬───┬───┬───┬───┬─
       1969 1971 1973 1975 1977 1979 1981 1983 1985 1987 1999 1991 1993 1995 1997
```

图 3—6　根据抵押住房类型划分的住房价格

资料来源：*Housing & Construction Statistics*。

在第一种情况下，财务计算过程为：花园的后半部分可能以 8 万英镑的价格作为开发用地出售，但是住房价格可能仅仅从 25 万英镑（带有大型花园）下降至 20 万英镑（不带花园）。在第二种情况下，财务计算的过程可能稍微复杂一些。一种可能的情况是家庭可能拥有他们在数年之前所购买的房子，该房子可能有三个卧室和一个洗手间，但是有一个相当大的花园，因此可以卖 20 万英镑。由于收入的增加以及/或者家庭规模的扩大，他们可能开始寻找更大的房子，例如带有四个卧室和两个洗手间的房子。在这个寻找的过程中非常明显的是，这种类型较新的、较易负担的房子，其花园面积会比他们以前所住的房子小很多。他们将进行一些计算，并且认为可以以 6 万英镑的成本将现有的房子扩建，并且其价值大于 26 万英镑的整体机会成本（没有扩建之前的 20 万英镑加上扩建成本）。如果确实是这样，那么其扩建后的估值就是 27 万英镑或者更高，则这个扩建过程就是可行的。扩建将使他们获得自己希望的较大的房子，尽管花园面积比原来稍微小一些，但是可以增加房子的价值，因此扩建过程中存在的麻烦和不便之处也是值得的。

另外一种情况就是，一个家庭同样发现较大的现代化房子的花园非常小，他们计划买一个较小的房子并对其进行扩建。根据英国规划制度，这种做法具有更大的风险，因为存在不能获得必要规划许可的可能，但是除了一些保护区之外，这种风险不高。我和我的妻子在几年之前就曾经这样做过。在我们位于伦敦远郊区的街道中，共有 11 栋房子，其中 6 栋在过去的 30 年间已经进行了 1/3 或者更大幅度的扩建，其中有些是分为两次或者更多次进行的，还有 3 栋进行了扩建，但是幅度较小，另外 2 栋都是由单身人士居住了 30 年以上，没有进行扩建。

这种现实中的证据表明，调整过程必须依赖于社会因素，因此房子是否扩建具有很大的随机性。如果房子的主人不希望搬家，并且不需要额外的空间，例如一对年老的夫妇，则在周围其他房子都进行重大改变时，他们将保持房子原封不动。如果不动产市场是完全竞争市场，则不动产价值的上升可能促使所有者出售房屋，在一些情况下也确实如此。同样存在一些现实证据，当居住在伦敦地区的人们退休时，他们有时候会将他们价值非常高的不动产变现，并搬到房屋较为便宜的地区。由此不动产可扩建或再开发。更为常见的是看不到搬家的理由，搬家可能带来的优势不易计算。房屋所有者不存在出售的压力，因为即使是现在不出售，投资于房屋的资本仍留存其中。如果有必要，这些资本可以在以后变现。而且，与继续待在熟悉环境中的优势相比，搬家带来的财务优势可能不是非常大。

然而，尽管变化的过程可能受到社会因素的影响，但是经济因素也会发挥作用。我们已经讨论过，土地价值的上升刺激了人们扩建房屋的想法。还有一些证据表明，在住房市场中，与价格下降时相比，价格上升期间进行扩建的情况更多。这正如人们所想（Gosling et al., 1993）。

总结及结论

本章我们分析了城市不动产市场应对要素价格和需求变化的调整方式。我们已经展示了基础古典主义及新古典主义开始时如何主要对农用地市场进行分析，并且指明了土地利用广度边际扩张的方式和需求变化引致的土地利用变化的方式。

我们最感兴趣的是土地利用在强度边际改变的方式，即在价格上升时土地利用更集约的方式。城市土地利用强度的变化需要以砖块和砂浆的形式增加或者改变在该土地上的资本投资，增加或者改变的方式取决于用地现状、社会因素、建筑物使用年限以及过去的历史等。这些改变不会一帆风顺，也不具有普遍性，并且通常只是局部的。因此，土地市场看起来仍然与以前一样，是一个存在瑕疵的市场。在下一章中，我们将更为密切地关注其瑕疵及低效的程度。

第4章

不动产市场的效率如何?

"山丘上的傻瓜"

简 介

在前三章中,我们讨论了土地及不动产市场的运作方式、土地供给的方式以及其用途随着对不同用途土地需求的改变而变化的方式,因为对不同用途土地需求的改变将导致土地价格的变化。在前面的章节中,我们已经具体考察了随着价格的上升我们将如何更为集约地利用土地。不仅土地的用途可能发生改变,资本与土地之间的比率以及劳动力与土地之间的比率也有可能增加。

这些调整是根据如下假设进行预测的,即土地所有者已经意识到市场状况的变化并将对其做出反应。反过来,这也可以假设他们意识到了价格的变化,即他们所拥有不动产的机会成本的变化,因此他们可以对这些变化做出反应。但是,土地及不动产所有者可能会不完全意识到其财产价值的变化。最常见的情况是,他们会意识到价格正在上升或者正在下降,即变化的方向,但是意识不到变化的程度,而且他们的反应可能较慢。如果他们完全意识到了这些变化并迅速做出反应,则可以认为市场具有充分的经济效率。但是,如果他们不能完全意识到这些变化并且不能迅速做出反应,则在经济术语中就是市场无效率。

在本章以及下一章中,我们将讨论效率问题,从考察市场有效所必须具备的条件开始。首先,我们认为很难满足这些条件;其次,证据表明土地及不动产市场不是完全有效的。在以前的著作(Evans,1995)中我曾经提出过这种观点,即事实上可以认为该市场具有90%的效率。从根本上来说,这种"无效"是不动产异质性以及其他原因所造成的结果,市场本身运作无效性的结果将在下一章中讨论。如果市场特征影响其效率,则反过来,市场效率低下也会影响其特征。

效率的经济概念

我们在提到市场效率这一概念时是什么意思呢？在过去的 30 年里，在分析和探索股票市场有效性方面已经进行了大量的研究。因此，毫无疑问，我们必须以这些研究中所使用的效率概念为基础开始我们的讨论。

有效市场的基本假设是，公司在股票市场发行普通股时，当前可以获得的所有信息都已经反映在交易目标的价格之中。反过来，价格是在市场中并由市场通过全体买方和卖方的活动决定的，买方和卖方掌握这些信息并根据这些信息行事。这种定义是"静态的"，因为它是指某一时点上交易目标价格的确定方法。然而，该定义还可能具有长期变化意义，因为新信息在出现时已经反映在价格之中。因此，正如我们将要看到的，对股票市场有效性的研究主要是关注价格在长期内的变动，其中的基本问题是价格变化对新信息的反映程度。价格看起来真的能够预测或者立即反映新出现的信息吗？还是价格的反映机制在长期内会出现重大的时滞？

然而，我们仍将基于此前的概念讨论：若当前可利用信息完全反映在土地或者不动产价格之中需要哪些必要的条件。

有效市场

有效市场如何运作？最原始的模型是基础经济学中所使用的需求和供给模型。在这种"完美"市场中，存在很多的买方和卖方，所销售的产品都是同质性产品（通常是以某一具体等级的小麦等农产品为例），市场中的参与者掌握替代产品的价格等全部信息。在这种模型中，商品的需求可以由一条向下倾斜的直线表示，即需求曲线，而在不同价格水平所供给商品的数量可以由一条向上倾斜的直线表示，即供给曲线。市场中的均衡点就是需求数量等于供给数量的价格点，因此价格和数量都是在市场中决定的。实际上，市场中的参与者（即买方与卖方）不能控制价格，价格对他们来说是给定的。该价格反映了参与者可以获得的信息，而价格本身反映在其需求和供给的进展中，因此市场是有效的。

在经济学术语中，这是一个显性市场模型。之所以说该市场是"显性的"，是因为商品本身在交易时非常明确。然而，该模型对于房地产市场不完全适用。因为对于土地及不动产来说，由于其位置固定，便会不可避免地出现如下情况：希望交易的是一种物质，即土地，而实际交易的是土地的一些特征。我们在第 2 章讨论的确定土地价格的两个基本模型中，这一点毫无疑问。在李嘉图模型中，土地的肥沃程度决定了为其所支付的价格，土地越肥沃，支付的地租就越高。在杜能模型中，土地的位置导致地租的不同，越靠近市场中心则为其支付的地租就越高。因此，为土地支付的价格可以表示为每公顷的地租。但是价格随着土地特征的不同而变化,即土地的肥沃程度或者区位,因此从这个特征来看土地市场实际上是隐性市场。

即使是在这种最简单的可能情况下,土地市场必须解决的问题要比由需求和供给所确定的显性市场要解决的问题更为复杂。后者只是确定所有进行交易的产品的价格,而土地市场需要确定的不是单一价格,而是基于土地及其特征的价格系列,而且这种价格通常是非线性关系的。例如,阿朗索(1964)的研究表明,地租或者土地价值斜率(即地租随着距市场中心距离降低的速度),是一条曲线。地租随着距市中心距离的增加而下降,下降的速度逐渐变小。即使知道距离市场中心一定位置的地租,我们也不能确定两倍于该距离的地租。然而,在显性市场中,将数量折扣的可能性放在一边,知道特定数量的产品价格就可以得出数量为两倍时的产品价格。

而且,即使是李嘉图、杜能和阿朗索分析的情况也过于简单,因为在他们的模型中土地只具有一种特征,即相对于某个点的位置或者肥沃程度。但是,在实际中,即使在农用地中,一块土地也会有几个特征,例如对应于不同农产品的肥沃程度以及相对于其他位置的区位等。然后,市场在确定土地价格时,应考虑到所有这些特征,并且实际上还包括每种特征的隐含价格。此外,对于大部分土地来说,还会在其上花费一些资本建造建筑物。由于这些必须作为该土地支付价格的一部分,这些建筑物的特征也隐含在为整个不动产所支付的价格中。

很明显,该市场必须解决的问题远远比确定显性市场的商品交易价格更为复杂,但是这并不意味着这个任务不可能完成。能够确定的是,从理论上来说市场可以解决特定问题并且可以确定每个具体特征的价格,因此可以确定每一宗不动产的价格。罗森(Rosen,1974)在关于隐性市场的权威文章中,使用图 4—1 对这个问题进行了分析。横轴对某一个特征进行定量表示,例如一栋房子中可以利用的中央供热系统数量的度量指标;纵轴表示成本。

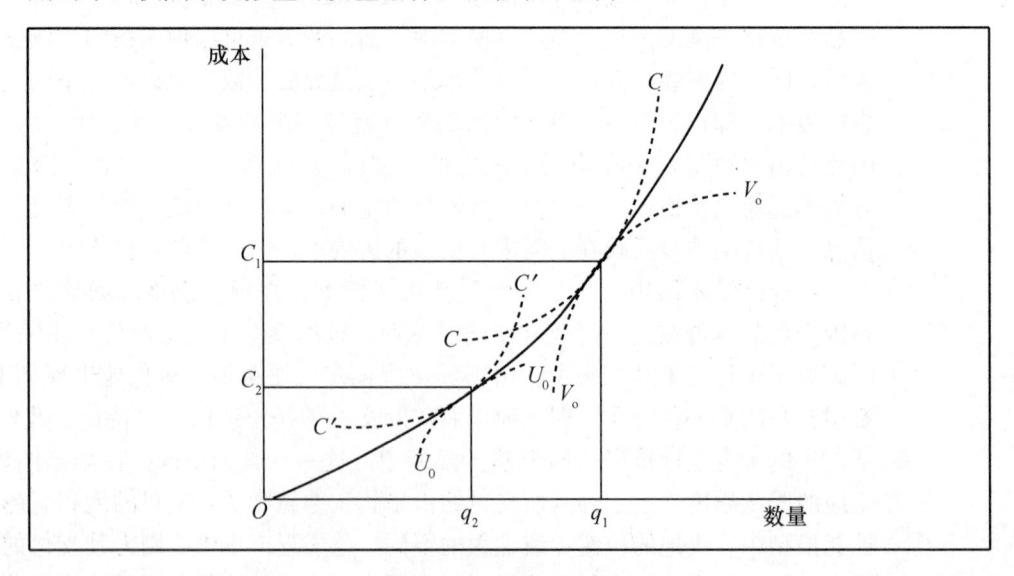

图 4—1 特征价格分析

第4章 不动产市场的效率如何?

我们继续分析中央供热系统的例子。很明显，可以通过几种不同的方式为一栋房子供热，在一个小型不动产中最为经济的系统对于较大的房子来说可能并不是最为经济的方式。然而，无论使用哪种系统，我们可以预期成本将会随着房子面积的增加而增加，也就是随着系统规模的增加而增加。因此，在该图中，标识为 CC 的向上倾斜曲线代表的是大型系统的成本，而曲线 $C'C'$ 代表的是较小规模系统的成本。很明显，在任一给定服务水平，不动产将使用最便宜的系统供热。因此，可以绘制一条曲线，这条曲线将那些代表随着整体规模变化为该不动产供热的最低可能成本点连接起来。因此，这条从原点 O 向上倾斜的曲线代表服务成本与系统规模之间的预期关系。

这些价格或者成本只能在市场中观察到，消费者通过购买不同规模的不动产反映出对产品特征的需求。在图 4—1 中，这些偏好可以使用几组无差异曲线表示，然而这些无差异曲线并不像传统曲线那样从左至右向上倾斜。很明显，任何家庭都倾向于以较低的成本获得更多的服务。因此，家庭的无差异曲线可以使用斜率递减并向上倾斜的曲线表示，而更为倾向的状态可以使用位置从左至右的较低的曲线表示。在给定成本的情况下家庭将试图选择最优的消费水平，而且他们的选择可以使用成本曲线与不同偏好、不同收入的家庭可达到的最高无差异曲线的切点表示，即图中的曲线 U_0U_0 和 V_0V_0。

在市场中，每种服务水平的成本可以通过参与者在市场中对于不同服务水平的选择显示出来，因此可以确定在市场交易中所隐含的价格明细，即从原点 O 向上倾斜的直线。从原则上来说，也就可以确定任何不动产每种特征的隐含价格以及隐含价格明细，而且为不动产所支付的总价格就由这些部分组成。反过来，这还意味着市场中的每个参与者都将了解到为每种特征所支付的价格，这是一组隐含在整体不动产价格之中的价格。而且，这意味着买方和卖方将根据这些信息确定其所支付或者所要求的价格。

因此，从理论上来说，每种特征的价格都可以由市场确定，因为这些价格都隐含在不动产的销售价格之中。而且，如果市场有效，则这些价格就可以由市场确定。然而，人们不禁要问，如果市场必须解决的问题都需通过这种方式求解，在实际中这是否非常困难。

根 据

然而，不论困难与否，其理论根据是不动产每一项特征的价格都可由市场决定，这就意味着市场的参与者会有意识或无意识地认识到这些价格以及由市场所决定的不动产交易的真实市场价格。那么，如果是这样的话，我们就有可能利用统计学理论，根据所购买的不动产的价格以及所售不动产的特征信息来确定特征的价格。从形式上来说，特征价格不为人知，但可以确定。

这就好像你想知道某一家超市某些商品的价格，但出于某些原因，你却不被允许入内。但是你可以站在店外，在顾客出来时，询问他们共花了多少钱以及都买了什么东西。在得到足够多的回答之后，我们就有可能确定每项物品的价格。从数学角度看，就是求解一组把物品价格作为未知数的联立方程。

如果不动产的价格完全由市场决定，且各种关系都是确定的、已知的，那么特征的价格也可通过这种方式确定，即求解一组联立方程。然而，各种关系却是不确定的且通常是未知的，所以必须采用统计的方法来找到最准确的估算价并指出误差幅度。举例来说，我们所面临的困难是，在很多情况下特征价格明细是曲线形的而非直线形的，比如租金随远离市场中心而下降。由此，我们必须找到这样的曲线关系，至少找到最接近这条曲线的近似值。然而，更困难的是影响价格的各种特征会交互作用。因此，中央供热系统的成本不仅取决于楼层面积，还取决于层高即需要供热的体积以及房屋是一层、两层还是三层高。这些不同的关系理论上都应考虑到，但真要完全做到这些会使计量经济学的分析变得极其复杂，甚至有可能因过于复杂而无法准确地获得任何可能的结果。

如果采用计量经济学的方法来确定不动产各种特征的价格并且用来预测不动产的售价，可以获得怎样的准确度呢？大多数对不动产价格决定因素的统计学分析可以"解释"90%左右的市场价格变动，这些变动往往是由不动产特征变动所决定或造成的。我们不妨从一个略微不同的角度来看待这个问题，如果特征价格体系可通过先前出售的不动产来确定，那么拟出售的不动产价格可根据这些特征进行计算和预测。有证据表明，不动产的预测售价与实际售价之间有平均10%左右的差异（Wilcox, 1979; Meacham, 1988）。

该误差幅度是否缘于统计学方法的缺陷呢？如果采用更加先进的统计学方法或者对不动产的特征有一个更加全面的了解，该误差幅度能否缩小呢？答案也许是"不能"。当我们邀请不动产估价师用他们的专业知识和经验来评估不动产的出售价格时，他们所评估的不动产出售价格与实际的出售价之间也有平均10%左右的差异。因此，这就明确了似乎并不是统计学的分析方法无法确定那些市场特征，尽管这些特征对市场参与者，甚至是职业估价师这样的专家来说是直观的或是有启示性的。

问题的关键就在这里。没有证据表明改进所使用的统计方法在准确性方面能获得显著提高，也没有证据表明不动产估价专家的估价有更高的准确性。我们得到的调查结果是任何预测价格与实际价格之间都有可能存在平均10%左右的差异。需要注意的是，即使是这样的误差幅度，仍然要比它听起来小。一处不动产可能售价为100 000英镑，其先前的评估价格可能会比该价格低，也可能比它高。评估价格为90 000英镑或110 000英镑都代表了10%的误差。但一处售价100 000英镑的不动产的评估价格范围是从大大少于90 000英镑一直到大大超出110 000英镑。麦卡里斯特（McAllister, 1995）在一项研究中发现在对米尔顿·凯恩斯（Milton Keynes）57宗商业不动产的评估中，60%的评估价格与实际价格之间的差距在±10%以内。但这也意味着有40%的评估价超出了10%的误差范围，而实际上其中有10%的评估价与实际价格之间的误差超过了30%。

如果事先估价的准确度无法比它更高的话，那么就不能认为不动产市场在所要求的情况下是有效的，这就是说没有理由假设所有得到的信息都反映在了不动产的价格上。同样，我们也不能认为不动产售价是在市场内且由市场所决定的。职业估价师采用最好的统计方法可以预测到一个价格区间，该区间就是不动产实际售价的范围。事实上，以下结论似乎是正确的：没有真正的市场价格，不动产市场在很大程度上是无效率的。

市场效率的测试

我们之前提到关于股票市场的效率问题已有大量的研究成果，其中一些相同类型的研究已用于不动产市场效率中。该研究首先关注的是这些市场价格随时间变化的动态性问题。有人认为如果市场在资产中是有效率的，那么该市场应确保将任一时间获得的所有相关信息资本化于该项资产的价值中，并且其根据应在价格随时间而变中得以体现。这种观点是否正确有待讨论，我们也将在本章的稍后部分加以讨论。

在这些测试的最初级形式即所谓的"弱测试"中，有人认为好信息与不良信息的获取具有随机性（Fama，1970）。进一步说就是如果市场是有效率的，那么新信息将立刻资本化于资产价格中而不会有任何滞后。当出现新信息时，价格即达到它新的水平，而不会经数天、数周、数月才调整到新的位置。因此，有人认为，既然信息是随机而来的，那么价格也将随机上下波动。而且，如果市场是有效率的，它一定对新信息立刻做出反应。因此，一段时期内价格的变化与先前一段时期的价格变化并没有太大的关系。这种市场效率的"弱测试"已通过多种方式应用于全球股票市场。总体而言，股票市场成功地通过了这项效率测试。

还有人提出其他两种测试股票市场效率的方法。第一，"半强式测试"，检验某些特定的可确认因素对于公司股票价格的影响。比如，公司可能宣布"红利股"或"股票分股"，也就是说对于股票持有者所持有的每一股股票，该股票持有者将免费获得一份同样份额的股票，即他所持有的总股数将翻倍。在没有任何进一步消息的情况下，股票的价格预计将会减半。但是这样的股票分股只有公司才能执行，如果公司预期未来的收益将会增加，该公告本身就是公司董事会对于公司未来充满信心的信号。在该测试中，人们所争论的问题是股票的价格是在公告之后有所反应还是在发布公告之时就有反应，或者在考虑到其他消息的情况下，它会不会事先做出反应从而导致该公告并不能给人带来惊喜。

总体而言，股票市场通过了"半强式测试"。例如关于"红利股"和"股票分股"的问题，结果发现，一般而言股票价格会在认为公司经营状况将趋好的情况下先于公告做出反应。因此，在一般情况下，实际的公告对于股票价格并没有影响。公告并不能给人带来惊喜，公告中所含有的信息已经转换为资本体现在公司股票的市场价格上。

然而，测试的第三种形式，即"强测试"则连股票市场也无法通过。"强测试"要求市场在处理信息时效率极高，使得那些拥有内部消息的人也没有任何优势。因为当非业内人士得到这么零散的消息后会对其做出反应，这就使得业内人士没有了任何可能的优势。事实上，有根据表明业内人士的确具有优势，这使得他们运用专业知识进行的内部交易能够赚取"超额"利润。实际上有人质疑是否有一个市场可以通过由法马（Fama，1970）提出的该项"强测试"以及其他两种形式的测试。格罗斯曼和斯蒂格利茨（Grossman & Stiglitz，1980）说明了只有在信息是免费的情况下，市场才可能完全有效率。由于信息不是免费的，也不可能是免费的，因此没有市场可以做到100％的有效率，问题也就转变为市场效率可以达到什么程度。

格札夫和底柯格路（Gatzlaff & Tirtiroglu，1995）最近调查所得的有关不动产市场的证据显示，尽管有些不动产市场能通过市场效率的"弱测试"，但其他许多不动产市场却无法通过。也就是说在很多情况下，当前时期的价格波动与先前一段时期的价格波动是存在某些联系的。而且，即使是在通过该项测试的不动产市场上，它所通过的"弱测试"的测试难度也要远低于该测试应用在股票市场上的难度。在股票市场效率测试中，记录价格变化的时间周期非常短，通常是一天；而在不动产市场效率测试中，其时间周期很长，通常是一年，因为它是记录时间变化的唯一周期。因此，不动产市场的弱式效率是要求其连续年度的价格变化间没有联系，这是"弱测试"中非常低的一种。很多研究都表明不动产市场没有通过"弱测试"。对此，一种可能的回答是无法确认不动产市场每天的价格变动。这并非一种辩驳，事实上与股票市场相比较不动产市场没有效率。

然而，有人认为对这种情况进行修正是有可能的。由于信息获取本身需要时间和金钱，因此没有市场是100％有效率的，那么可以另外选择一种将此因素考虑在内的效率定义，那就是：允许经销商以考察过去的价格变动预测未来的价格趋势为基础赚取利润，利润用以抵付必要的交易成本。如果通过这种与简单的效率"弱测试"相比更易通过的测试，不动产市场便被描述为是有效率的。在某些情况下，人们发现市场允许经商者赚取利润，但在大多数情况下，这些利润被完成交易的成本消耗殆尽（Rayburn et al.，1987；Case & Schiller，1989）。

然而，即便通过该测试说明了不动产市场是有效率的，该结论还有一个深层次的限定条件。这类测试大多数是关于北美不动产市场的，在该市场中不动产经纪人所赚取的佣金是交易价的5％～6％。而在其他一些国家中，尤其是英国，不动产经纪人收取的佣金远远低于上述比例，为1.5％～2.5％。我们必须问这样一个问题，如果交易成本如此之低，相类似的测试或是同样的测试是否仍然能够说明不动产市场是有效的。可能不行，但我们并不确定，因为这样的测试还从未在交易成本很低的市场中进行过。

最后，能发现这样的情况，即在不计入交易成本的情况下可以赚取利润，这意味着那些不用向自己支付佣金但能使用自己的账户进行交易的不动产专业人士能够赚取利润。但这仅仅意味着不动产市场很可能无法通过市场效率的"强测试"。股票市场同样无法通过这样的测试，因此我们似乎没有理由认为就连通过"弱测试"都存在困难的不动产市场可以通过"强测试"。

但这些关于市场效率的测试本身就是一个好的测试吗？当我们在本章前面部分讨论市场效率的时候，我们是考虑市场在确定价格上的准确性，不论它是在一个特定时间内还是随时间给人某些暗示。然而众所周知的是，测试股票市场的效率是与价格随时间的波动联系在一起的。由此我们可以推断，如果这些变动能有一定的形式，那么这就是市场有效率的证据。纵然是这样，市场价格可能仍然是不准确的。随着越来越多的研究揭示了市场价格的不准确性，这类观点在过去10年左右的时间内逐渐引起了人们的注意，其中的某些部分还十分著名。例如，对于那些资产仅是其他公司交易的股权的投资信托（或封闭式基金）公司，其股票价格通常是其资产市场价格的折让。那些只进行不动产交易的公司大体上也是如此——其股票价格与其预计的资产净值相比是要打些折扣的。人们几年前就发现了一些与此类观点相违背的现象，但也仅仅是把它当作异常现象而已。但那些相信股票市场是有效率的人们，已把这些异常现象同其他一些难以解释的例证联系起来。也许最清楚的一个例子就是荷兰皇家石油公司（Royal Dutch Petroleum）与壳牌运输贸易公司（Shell Transport & Trading Company）股票价格之间的关系了（资料来源：Froot & Dabora，1999）。

荷兰皇家石油公司与壳牌运输贸易公司是分别位于荷兰和英格兰的独立的企业。荷兰皇家壳牌由1907年两家公司的结盟协议发展而来，在那份协议中两家公司同意以60：40的权益比例进行合并，同时保持独立的经济实体。出于公司税负和权力控制方面的考虑，所有的现金流都进行了调整并根据该比例进行有效的分割。人们可以从多种渠道获得有关两家公司相互联系方面的澄清信息。荷兰皇家石油公司与壳牌运输贸易公司的股票在欧洲和美国的9个证券交易所进行交易，但荷兰皇家石油公司主要在美国和荷兰（它跻身美国标准普尔500指数以及荷兰股票的各种价格指数）交易，而壳牌运输贸易公司大部分在英国（它位列伦敦金融时报全股指数或100种股价指数之中）交易。

由于这家公司的一切都是以60：40的比例在这两家公司间划分，因此这两家公司的股票市值也维持在60：40这个比例，也就是说荷兰皇家石油公司的股票总市值是壳牌运输贸易公司股票总市值的1.5倍。而且，我们也能由此得出结论，如果出现任何重大的背离情况，那么随着套利者高位抛出，低位买进，这种现象将迅速消失。从长远看，投资者不论何时愿意投资荷兰皇家石油公司或壳牌运输贸易公司，他们都能以相对较低的价位买进其股票。

然而，这并非事实。偏离60：40的比例通常影响深远且持续时间相当长，依据可见图4—2。从这张图上，我们能清楚地看到，实际上该比率经常严重偏离60：40而不是接近它。这表明，不论通过研究价格随时间变动而得出有效率的间接证据是什么，股票市场还是无效率和不完美的。如果他们连像荷兰皇家石油公司与壳牌运输贸易公司那样被广泛持有与交易的股票价格都无法准确估计,那么人们似乎没有理由认为他们能够准确地估计那些无法进行稳定性分析的股票价格。因此,我们得出的结论是,所有可得信息并不是必定资本化于公司普通股的价格上。

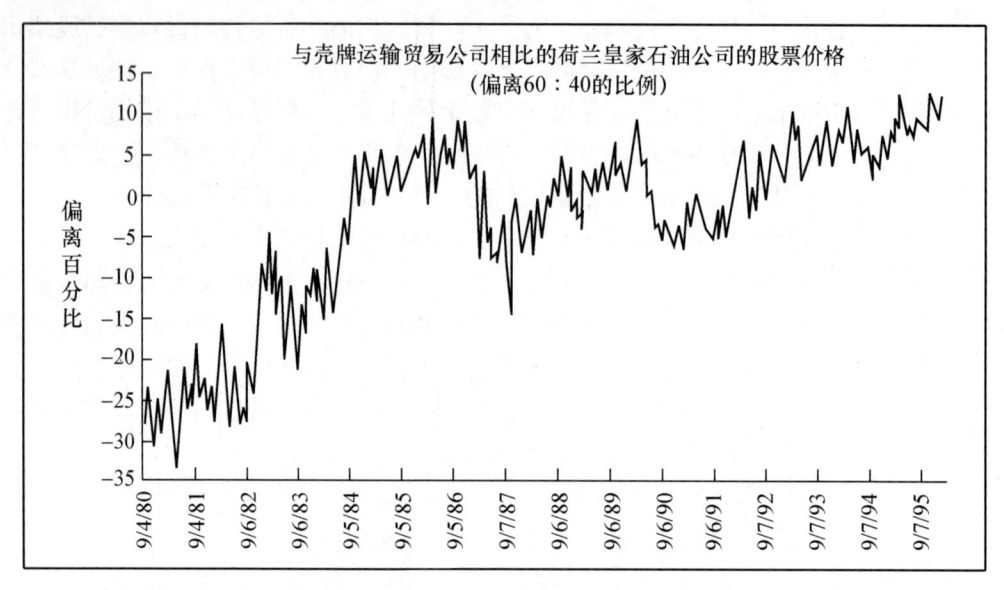

图 4—2　荷兰皇家石油公司与壳牌运输贸易公司股票价格的对数偏差

资料来源:*Froot & Dabora*,1998。

为什么会出现缺乏稳定性或准确性的情况仍然有待研究。施莱弗(Shleifer,2000)认为市场的不完美很大程度上是因为股票和债券的交易——如果不是最多的话——较多地是由个人投资者而不是由专业人士完成的。在他看来,这些是"噪声交易者",他们是对不断变化的因素(噪声)而不是信息做出反应。他们寻找那些上涨的股票和债券进行投资而从下跌的股票和债券中撤离资金。从心理上说,他认为这些投资者会低估那些与他们预先估计相反的信息,或对那些信息毫无反应。因此,如果关于某一只股票,有四条信息是正面的,一条信息是负面的,那么负面的信息将被忽略。同样地,如果有四条信息是负面的,一条信息是正面的,那么那条正面的信息将被忽略。因此,噪声交易会使一只股票的价格高于或低于其理性价格。

施莱弗还认为由噪声交易者带来的压力是无法抵抗的,即使专业人士已认识到价格被扭曲。套利者本身并不能纠正市场波动,并且他们也没有金融资源来抵抗或平稳度过由噪声交易者带来的压力。让我们回到荷兰皇家石油公司与壳牌运输贸易公司的问题,从图 4—2 中我们发现,在 1980 年买进荷兰皇家石油公司的股票而卖出壳牌运输贸易公司的股票似乎是个很好的主意,因为前者与后者相比其价值被低估了 10%。但是从套利的角度看,该数字表明要想获得利润必须要等上四年的时间,而在这四年中,套利者可能要承担相当大的损失。

最近一个有关"噪声交易"的例子是在 2000 年春季达到顶峰的网络公司的

繁荣。在1999年年末2000年年初，对于大多数专业投资者而言，即使还有一些网络公司宣称是盈利的话，总体而言网络公司的价值也是被高估了，这还是说得最轻的。然而股票价格持续上涨。不论基本面分析说明了什么，都存在这样的事实，即股票价格被高估了，卖出这些股票是亏钱而不是赚钱。这一论断在网络公司2000年3月到达繁荣顶点前的各个阶段都是正确的。只有通过投资那些价值上涨的股票并打算在市场到达顶峰之前将该股票出售才能赚得利润。

当然，不动产市场也会受到类似的繁荣与萧条的影响。在市场繁荣且不利信息可被忽略的情况下，不动产价格会被高估。诸如在20世纪80年代双双达到顶峰的英国房价暴涨和日本价格泡沫现象都是很好的例子。

总结及结论

我们没有理由认为不动产市场比股票市场更有效率。最近的研究表明，股票市场已不像当初人们想象的那样有效率了。当然，考虑到采用价格随时间变化的分析方法，不动产市场显然不如股票市场那么有效率，在很多情况下，独立的不动产市场甚至经不起市场效率的最小考验。

关于准确预测不动产价格的静态统计学证据表明，不动产市场无法通过这样的测试，即准确预测不动产的出售价格，这与股票市场所要面对的测试有所不同。就股票而言，价格由市场决定，经纪人只需盯着屏幕做出判断即可。但预测不动产的销售价格更像是预测首次公开发行股票公司的股票价格。这里的依据是，参与公开发行股票的股票经纪人和商业银行家发现，预测一个合适的价格的确非常困难。就像20世纪80年代，英国很多私有化的公用事业单位公开发行股票，股票转手后的价格远远高于发行首日的交易价格。

但这个难题是那些估价师一直试图解决的问题，问题在于为何它如此复杂。因此，我们暂时不评价价格随时间变化的效率，下一章，我们将回到市场是如何决定不动产价格的问题上来。或者更准确地说，是市场决定价格机制的缺乏，因为估价师、统计学的一揽子方法以及计算机在预测不动产销售价格时只有90％的准确率。我们将在下一章讨论这种无效率的原因及其后果。

第5章

市场无效率：原因及结果

"救命啊！"

简　介

在上一章中，我们考察了不动产市场如何运作才被认为是有效市场。我们得出结论：该市场首先必须解决的问题是确定不动产各项特征的价格，然后由此确定不动产的价格，可以说，这个问题非常困难。然后，我们考察了一些例证，揭示出不动产市场不满足很多有效性测试。具体来说，是不动产代理机构难以准确估计拟售不动产的价格。对于股票市场，无论股票在市场上的出售价格是否准确地反映了其预期收益（而且证据表明并没有做到这一点），股票价格是在市场中确定，并且在短期内是可以预测的。在不动产市场，价格似乎不是在市场中确定的，并且不能准确预测，即使是在短期内。

在本章我们将考察为什么不动产市场具有瑕疵和无效率（尤其是所售不动产的异质性），然后，我们将考察这种无效率的后果、代理机构在确定价格方面发挥作用的方式以及买方和卖方行为及心理影响价格的方式。

为什么不动产市场具有瑕疵且无效率

经济学家认为完美市场必须具备的条件是：存在很多买方与卖方、同质性产品以及全面的信息。现在具备了很多出售和购买不动产的人，而且什么时间有什么不动产待售及其各类特征的可得信息量似乎也不是不充分。然而，不可否认的是，不动产不是同质商品。

不动产市场无效率的主要原因在于所售不动产的异质性。在上一章结束

第5章 市场无效率：原因及结果

时我们讨论了对一个上市公司进行估值的问题，正如每个公司都有所不同一样，每宗不动产在某种程度上也或多或少有所不同。正如商业银行发现估计股票价格非常困难一样，不动产代理机构也发现估计不动产的出售价格非常困难。

造成这种异质性的原因是什么呢？主要原因就是不动产的基本特征，即其位置是固定的。在其他市场中，商品通常可以汇总在一起并且在单一市场中进行交易。但是，相似甚至相同的不动产不能聚集在一起并在单一的市场中进行交易。而且，虽然在其他市场中相同产品的价格通常相同，但是其他各方面相同的不动产将因为其位置不同及不可变而价格不同。因此，在比较不动产及其价格时，通常需要根据其位置的差异进行一些调整。

但是，位置仅仅是需要考虑的唯一特征吗？诚然，在一定程度上是这样，但是异质性程度较高的第二个原因是不动产的特征价格可能根据位置的不同而变化，这使得位置问题更加复杂。例如，对于居住区旁湖泊或公园的景观估值，富人高于穷人。因为穷人为风景等"奢侈品"的支付意愿要比富人小；相反，飞机噪声等不愉快事物对富人住房价值的降低程度高于穷人的住房。以下是这方面的一个例子，一段时间之前，对提议中的伦敦第三机场经济影响进行考察的研究者发现，较高程度的噪音使昂贵住宅价格降低超过20%，而对廉价住房的影响不到10%（GB Commission on the Third London Airport, 1970, Table 20.3, p.375）。

上一章给出的经济理论表明，为了准确确定不动产的价格，在这个过程中市场必须准确确定不动产特征的价格。但是，这些特征的价格可能随着地区和位置的变化而有所不同，因此市场必须解决的问题就显得非常困难。这是因为第三个问题的存在，即所有不动产在某种方式上都会有所不同，其中包括不同的特征集合。

但是，如果所有的不动产都不相同并且其特征的价格也各不相同，则定价问题就无法解决。为什么会是这样，我们可以按几种不同的方式进行讨论。从专业估值人员的角度来说，具有可比性的价格和不动产数量非常少；从统计学角度来说，可以利用的数据数量可能不足以按一定的可靠程度确定估计值。而且，由于同样的原因，市场规模可能不足以使得参与者知道他们应该为某项不动产支付或收取的价格，也不足以通过其交易确定不动产的价格。

这个问题已经非常困难，但是第四个问题使得这个问题更加复杂，即该市场中的大部分交易不是经常发生。因此，人们在买入一栋房子之后会在这栋房子中居住很多年，然后才会搬到另外一栋房子中。虽然在美国等国家平均居住时间可能短些，但在意大利等其他国家平均居住时间会很长，据称在英国人们居住在一栋房子里的平均时间为七年。在商业不动产行业，无论是自身占用还是以出租为目的对不动产进行投资，公司买入或者出售办公室、仓库或者工厂的行为也不是经常发生。在这个方面，不动产市场与其他大部分市场完全不同，包括股票市场，其他市场的同质商品可以由买方或者卖方等大部分市场参与者每天进行交易。由于不是经常进行交易,大部分参与者不能获得长期的信息,而只是在希望买入或者出售不动产时才获得这些信息,从而获得信息的成本相对于交易成本来说就非常高。因此,在进行交易时参与者对于其他选择的成本不是非常了解,因为通常他们认为不值得为获得这些信息而付出高昂的成本,所以没有任何理由假设市场参与者本身可以确保不动产的定价是有效率的。

由于价格在长期内会发生变化,因此加剧了交易不是经常发生的复杂性,即正在交易的市场参与者上一次收集的信息会变得无用。由于总体的物价变化(价格型通胀)以及相对价格的变化,都会使得不动产价格发生变化,相对于另外一个地区来说,某个地区的价格可能上升或者下降。

这两种类型的价格变化意味着,不经常交易的交易者在上一次交易时所获得的信息通常在下一次交易时毫无用处。可以预计的是,1980 年出售价格为 10 万美元的不动产在 1990 年可能以 25 万美元的价格售出。看起来价格上升非常显著,但是总体物价水平在该期间上升了多少?全国范围内、该地区、临近地区不动产价格平均上涨了多少?这些信息当然非常有用,但是很少有市场参与者能够获得所有这些信息并进行必要的计算。

最后,相对价格的任何变化都有一部分是由经济变化造成的。这一部分变化是连续的,因此随着城市经济根据已经发生或者正在发生的经济变化进行调整,相对价格也一直在发生变化。例如,穆勒(Mill,1970)研究表明,城市经济需要五年时间到达距离任何新"平衡点"的中间位置。由于经济及技术变化经常发生,这种"平衡点"本身也在不断变化,因此城市经济通常都处于尽力接近平衡点的过程之中,但是实际上却永远达不到。

即使学术研究机构事后可以确定由于整体经济变化造成了相对价格变化,但是市场参与者可能永远无法意识到他们身边正在发生的变化。例如,埃文斯和比德(Evans & Beed,1986)发现,1978 年之前墨尔本郊区的价格相对于市中心来说一直在上升,但是随着当年汽油价格的上涨,随后几年郊区的价格相对于市中心来说一直在下降。然而,当时在墨尔本地区,几乎没有人发现相对价格正在发生这些显著的变化。

价格确定及"核"理论

根据上述讨论,我们认为,不动产具有异质性且参与者不是经常进行交易,因此一个交易相对于其他交易在某种程度上来说是独立的。对于确定不动产价格来说,这些结论的意义可以从经济学分析中获得,该理论被称为经济学的"核"理论。完整的分析需要大量的数学知识,但是可以根据图 5—1 对其原则和意义进行简化分析。

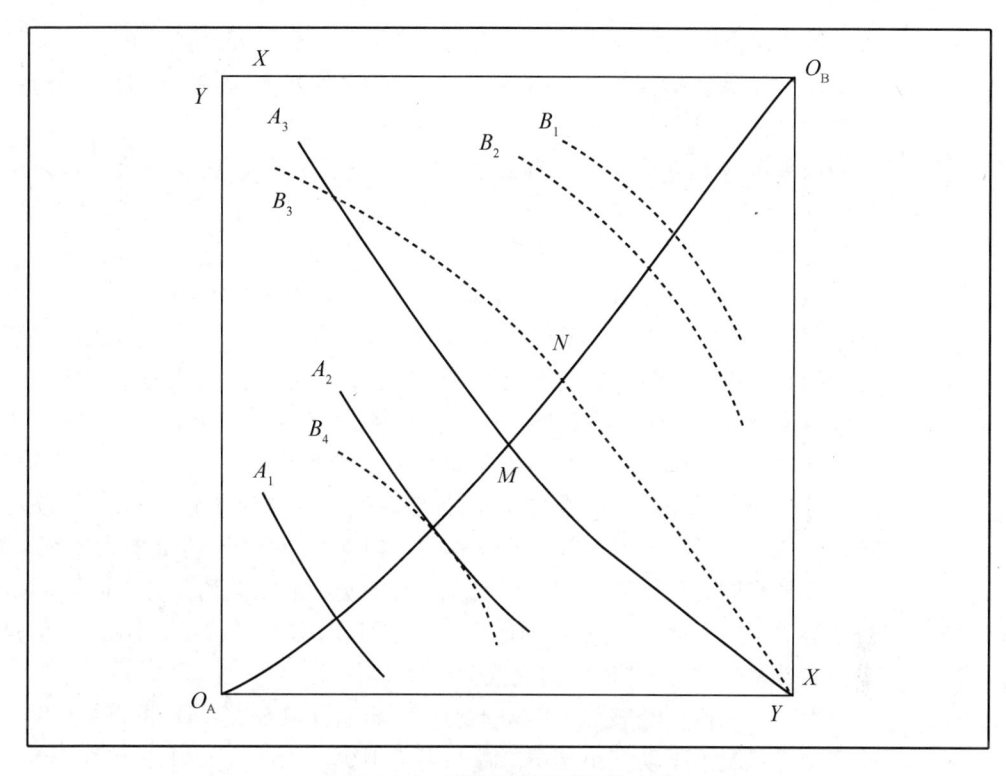

图 5—1 价格确定及"核"理论

该图表示的是只有两个人、两种商品参与的简单经济，这两种商品分别为 X 和 Y，并分别使用横轴和纵轴表示。第一个人 A 对这两种商品的消费量为从左下角 O_A 到该曲线的距离，该人的偏好可以用传统的无差异曲线表示，即凸向原点 O_A 的曲线。同样，第二个人 B 的消费量可以使用到右上角 O_B 的距离表示，而 B 的偏好可以使用凸向 O_B 的无差异曲线表示。

为了简化讨论，我们假设全部商品 X 刚开始时都是由 A 持有，并用横轴上的 X 点表示，其总数量就是使用横轴上的距离 $O_A X$ 表示。同样，我们假设全部商品 Y 刚开始时都是由 B 持有，并用右边纵轴的垂直距离表示，其总数量就是纵轴上的 $O_B Y$。因此，右下角的点表示分别由两个人持有的 X 和 Y 的初始数量。他们此时从这些点开始进行自由交易，我们的问题是首先他们是否会进行交易，其次根据进行的交易，这两种商品最终会在这两个人之间如何分配。

与第二个问题相比，第一个问题的回答更具有确定性。假设右下角的点表示初始分配情况，如果他们可以进行交易，则很明显他们会这么做。A 和 B 经过这个点的无差异曲线已经画出，并形成一个椭圆形。很明显，任何经过椭圆形内部点的交易都会使双方受益，因此可以预期他们会进行交易。

在第一次交易之后，他们会继续进行交易吗？事实上，只有两种商品在二人之间的分配使得无差异曲线经过连接 O_A 和 O_B 的对角线时，他们才会停止交易，此时对角线将经过两组无差异曲线的所有切点，该对角线被称为契约线。如果分配结果偏离契约线，则他们会继续进行交易，因为交易可以改善双方的状况。通过该点绘制出的无差异曲线将形成一个椭圆形,且朝着椭圆形内部移动将会使双方受益。如果分配点位于契约线之上,则不会使双方受益,此时从任何点开始进行的交易都会使得一方或者双方状况恶化。

如果从右下角所表示的初始分配点开始进行交易,则交易会在位于两组无差异曲线中间并通过该点的契约线上停止,而不是在契约线上的其他任何点停止,因为这样会使得双方中的一方状况恶化。图中契约线的这个部分称为简单经济体的"核心",而双方进行交易的结果就是形成了一些分配组合。

现在,我们可以通过数学方法表明,随着经济体中人数的增加,"核"将会变得越来越小,此时人们将会有更多的机会讨价还价并组成联合。随着经济体的规模越来越大,"核"将趋向于一个点。也就是说,如果正在交易的人数很多,则分配就由市场决定;但是,如果交易者的数量很小,则核心的规模就会很大,最终的分配不是完全由市场决定,而是依赖于双方讨价还价的地位以及协商技巧。在图5—1所表示的简单经济体中,如果 A 的讨价还价能力很强,而 B 很差,则最终的分配结果可能位于代表核心的契约线东北角部分。同样,如果 B 的协商能力很好,而 A 很差,则最终分配很可能位于"核"的西南角。但是,随着参与者数量的增加,"核"的规模会迅速缩小。

但是,我们已经表明,由于不动产的异质性以及交易不是经常发生,在任何给定交易状况下不动产市场中的参与者都很少。因此,如果对不动产感兴趣的人很少,则试图出售的卖方就很难进行交易,并且"核"的规模会很大。其意义在于,在任何交易、分配中,价格仅在一定范围内是唯一的决定因素,而不是由市场决定。在确定不动产转手的价格时,其他因素也会发挥作用。

"核"理论从理论上解释了估价师为什么不能准确评估不动产的出售价格,以及为什么估价错误机会会很大。从本质上来说,不动产市场具有瑕疵,因此市场只能确定实际销售价格所在的范围,且不动产的价格并不是完全由市场决定的。

结　果

如果市场不能完全决定价格,而是确定某个价格区间,则在确定最终价格的过程中其他因素就会发挥作用,买方和卖方势必会达成一个最终价格。这影响了他们的行为,反过来他们的行为也可能影响价格。每个买方和卖方都会根据市场中的其他不动产、所采取市场策略的成本以及他们的讨价还价能力和地位,使用一些技巧来完成他们可能达到的最佳交易。因此,最终会有很多的结果。

● 买方和卖方寻找市场

首先,买方和卖方都不知道不动产的交易价格应该是多少。每个人都必须以某种方式寻找市场,来获得有助于他们确定接受或者支付价格的信息。我们将在

第12章中全面考察信息的缺失问题，即不确定性问题，此处只是列出买方和卖方寻找市场所采取的策略。

例如，卖方通常会雇用一个代理机构，该机构将根据其经验和专业知识提供关于不动产可能以什么价格出售的指导。如上所述，由于这种估计可能不准确，因此卖方必须确定一个战略以尽力通过指导获得可能最好的价格。所采用的策略随着不动产特征的不同而变化，且往往与市场所采用的策略一致。例如，在英国房地产市场中，通常的程序是不动产以"要价"进行出售，而要价会稍微高于预期价格，然后"等着"买方出价。然而，在英格兰的一些地方，不动产出售广告中的价格通常会低于预期销售价格。因此，买方的出价便会高于卖方的要价，而不是像往常那样低于要价。在苏格兰的一些地方，不动产出售广告就没有标明价格。当然，在每一种情况下，第一次出价不一定就是接受的价格。之所以采用各种策略，目的是引诱很多买方出价，从而选择最高的价格。

在一些情况下，如果不动产在某些方面非常特殊，则可以通过拍卖的方式出售。此时，虽然拍卖师可能建议一个数字，但是卖方不会标明指导价格，并且卖方可能会有一个"保留价格"，低于这个价格就不会出售该不动产。拍卖将潜在的买方聚拢在一起并使他们相互出价，在这一过程中便可以获得一个交易价格。在英语国家使用的英国式拍卖，以较低起叫价开始，但不动产是出售给出价最高的买方，在其他出价人放弃之后，就会留下最高的出价，因为其他人不打算出更高的价格。因此，不动产的出售价格就是高于其他叫价的最高价格。也有可能使用荷兰式拍卖，此时拍卖师以较高的价格给出不动产的出售价格，并且"要价"会稳步降低，直至一些人表示愿意接受该价格，这是荷兰花卉批发市场中所使用的方法。从理论上来说，这种方法可能导致高于英国式拍卖的价格，因为买方被迫表明其保留价格，而保留价格可能高于其他出价人的必要价格。当然，在英国式拍卖中，出价人在与别人竞价时可能非常激动，并使得出价高于他们来到拍卖场所时所预定的价格。

买方也必须寻找市场，但是他们不太可能获得代理机构的帮助。至少在住房市场中，他们必须考察其他不动产以获得关于市场中不动产特征和质量以及不动产已售和待售价格的信息。在这样做时，他们必须确定是否对有兴趣的不动产出价，以及他们应该出多少价格（包括他们在所有议价中愿意出的报价）。买方搜寻信息的情况比卖方更为明显，因为买方进行了很多书面和实际的搜寻工作。为了正确地进行搜寻工作，他们需要在其感兴趣的地区考察（可能是步行或者乘车），拜访不动产代理机构，看报纸广告，浏览相关网站等。

● 买卖双方的心理状态

不动产市场具有瑕疵和无效率的第二个结果就是，市场参与者的心理状态和讨价还价的地位将影响不动产的出售价格，这是对上一节"核"理论分析的扩展。如果最终的分配是在核内，则只能将价格确定在一个范围之内。如上所述，契约线的最终位置将会受到交易者讨价还价能力的影响。

实际上有时候只是心理问题。我认识一个人，她非常憎恨挑选房子的整个过程，所以她和丈夫就按照要价购买了他们看到的第一个房子。在另一种极端的例子中，我还认识一个人，他同时与五个不同的潜在卖方协商，每个卖方都认为他将要购买自己的房子，直至与他认为是最佳交易的卖方签订书面协议。通过这种做法，他充分利用了英国法律在购买和出售不动产方面的规定，即口头协议不具备法律约束力。而且值得指出的是，他作为一家公司的律师，其工作本身就需要与人协商，因此对他来说，在购买房子时使用他的专业技能一点都不奇怪。

这两个例子是人们心理范围的两个极端，而大部分人的心理都位于这个范围的中心。因此，他们的协商地位可能更多是由环境决定的，而不是由其心理或者其专业知识决定。例如，从某国一个地方搬到另外一个地方的人可能是为了从事新的工作，并且是与家人住在一起，有些人在购买房子之前可能需要租赁公寓或者住旅馆，因此这些人与另外一些人相比便处于不利的讨价还价地位，因为另外一些人只不过是想搬到其所在地区之外的一栋房子中去。在最终搬家之前，后者可能会用长达几年的时间搜寻市场，而前者必须在几个星期之内解决搬家问题。

再次说明，对于卖方来说，希望搬到同一地区较大房子中去但尚未找到这样的房子的人将处于较为强势的地位，并且会等到一个好的出价再出手；而如果某人已经死亡，则其不动产的执行人就会处于相当不利的地位，因为房子必须出售，同时必须支付房子的维修成本，且对其进行的投资不会使其受益人获得任何回报。实际上，最渴望以任意价格出售的人可能是作为无亲属人员执行人的银行等机构，这些人的不动产在死后捐赠给了慈善机构。执行人没有任何动力将它持有很长时间以获得较高的价格，因此他们往往会急于接受第一个合理的出价。

个人关系也会影响人们协商的方式。与可能永远都不会再见的陌生人相比，人们不可能与朋友进行非常激烈的讨价还价。针对这一社会关系进行研究的学者很少，佩里和罗宾逊（Perry & Robison，2001）对美国俄勒冈州林恩县（Linn County, Oregon）农场用地的出售进行了研究，他们发现与根据不动产的特征推导估计价格不同，一些人是以折扣的形式购买土地，尤其是亲属之间，此外还包括邻居之间，而其他人则需要支付很高的溢价。后者包括从其地主那里购买土地的租户，通过广告或者不动产代理机构购买土地的外乡人。

最后，合同状况也会影响人们的行为。根据苏格兰地区的规定，出售不动产的口头协议具有法定约束力。因此，在报出价格之前需要进行调查，且交易可能非常迅速。我个人就曾遇到过这种事情，当我数年前想购买位于格拉斯哥（Glasgow）的房子时，一个星期二的上午，我看到这栋房子在《格拉斯哥通信》（*The Glasgow Herald*）上刊登了广告，于是在星期二的下午参观了这座房子，并聘请建筑测量师在星期三的上午进行了检查，然后在星期三的下午达成了具有约束力的口头协议。最后，我在一个月之后搬了进去。

另一方面，如前所述，根据英国的规定，人们可以达成口头协议，但是需要"随后签订合同"，并且口头协议不具有法定约束力，因此在交换合同之前任何一方都可以收回其意愿。由于律师准备合同需要一段时间，这意味着如果价格不断上升卖方可能撤销以前的要价从而要求获得更高的价格；如果价格不断下降买方可能降低出价。而且，如果他们希望以任何原因收回以前的意愿，任何一方都可以收回。当然，一些人认为他们的承诺应当对其有约束力，他们会遵守协议，但是其他人可能不这样想。下面给出另外一个例子：

> 当我希望从苏格兰搬到英格兰以在10月开始一项工作时，我开始在3月考察伦敦并达成购买一栋房子的协议。5月，房主收回协议，因为他改变了出售的主意。因此，我不得不在5月再次考察伦敦，并达成了购买另外一栋房子的协议，8月卖方说由于价格一直上涨他希望多获得20%。在进行一些协商之后，我们达成加价10%的协议，并且卖方同意在12月腾空房子，比他原来同意的时间晚了两个月。

这只是一些案例，并且来自于个人与房地产市场有关的经历。但是，这些案例足以表明不动产的出售价格不仅取决于其自身特征，还取决于买方和卖方的地位以及出售时的环境。由于在确定不动产的价格时无法纳入这些环境因素，而这些环境因素也确实在影响价格，因此这也解释了估价师为什么不能准确预测公开市场上不动产的价格，而只能给出一个范围。

● 市场成交时间

一旦认识到市场的无效率，就可以解释不动产市场的另外一个特征，即必须将不动产置于"市场"上一段时间之后才能"发现"其价格。可以预料，如果卖方对不动产的"定价过低"则可以快速卖出去，而"定价过高"的不动产会一直无人问津。当然，当价格处于上升趋势时，不动产往往可以快速卖出去，因为原来的要价看起来较为便宜，但是，当价格处于下降趋势时，不动产往往会较长时间卖不出去，因为卖方不愿降低其要价。

然而，这种状况并非那么简单，因为市场成交时间本身也是确定不动产最终出售价格的一个因素。下面介绍另外一个个人案例：

> 我最近成为一宗不动产的执行人，附属于该不动产的房子已经出售了四次，但是买方都因各种原因改变了主意。在每种情况下，律师都得到了通知并告诉其他可能的买方该房已经售出。由于在调查中没有发现这栋房子存在明显的缺陷，并且潜在的购买者也没有因为这一原因而收回其意愿，然而给人的印象就是这栋房子因为存在明显的缺陷才迟迟未售出。因此，潜在的购买者往往会假设它存在结构性问题，其实只要他们花费一些资金进行调查就能发现是否有这些缺陷。于是他们甚至不愿看一下这栋房子，它的价格不得不大幅降低。由于某种原因而在市场上长时间未成交的房子最终将以比迅速成交的房屋较低的价格售出。

然而，一些证据表明市场成交时间在某种程度上可能受到不动产特征的系统性影响。标准类型的不动产可以非常容易地与其他相似不动产进行比较，因此与其他非标准类型、各不相同且个性化的不动产相比可以更为快速地卖出去

(Haurin, 1988)。这个发现看起来非常合理。对于标准化不动产来说,买方和卖方可以从其他可比性销售中发现价格的可能范围,因此他们可能相对快速地达成协议。另一方面,对于非标准化不动产来说,它们具有更少的可比性特征,因此买方和卖方不知道可以接受的价格是多少。

还有一种可能,即对于非标准化的不动产来说可能的买方更少,其结果是在任何给定期间愿意为这类不动产出价的买方可能少于"标准化"不动产。因此,与标准化不动产相比,非标准化不动产在市场中停留的时间更长,因为标准化不动产的潜在卖方都会收到相同数量的买方出价,且获得同样数量的信息。

经纪人的作用

不动产的卖方通常雇用一个经纪人,我们在前面讨论市场寻找过程中已经提到了这一点。经纪人履行两种职能,第一个职能是因为卖方通常不经常参与不动产市场,因此经纪人可以在不动产能够出售的价格以及出售的最佳战略方面提供建议,即要价应该是多少、如何为不动产刊登广告等。第二个职能是经纪人的办公室或者场所在某种程度上可以作为一个市场,至少在住房不动产方面是如此。在那里可以获得在售不动产的信息,潜在的买方会到那里搜寻这些信息并安排看房。当然,房子的卖方也可能不通过经纪人,例如通过在当地报纸上为房子刊登广告出售房屋。但是这需要他们自己选择要价,并且亲自处理咨询。在商业领域,卖方通常都会雇用经纪人,但是不同的不动产市场有所不同。例如,在英国出售用于开发的土地,任何卖主都可能雇用数量有限的大型公司作为经纪人,而且都会在周刊《不动产报》(*The Estates Gazette*)上刊登广告。

雇用经纪人值得吗?对于住房市场来说,一项美国研究(Jud & Frew, 1986)的一些证据表明,雇用经纪人的卖方可以为其不动产获得更高的价格,然而,差别不大,只有大约2%。由于美国房地产经纪人会收取5%或6%的服务费用,因此可以认为卖方不雇用经纪人会更好,此时忽略了处理咨询以及其他事务的机会成本以及刊登广告的实际成本。不雇用经纪人可能非常耗时,这个事实当然也是商业公司使用经纪人的一个原因,他们不能分散管理的时间用于销售不动产,因为这些时间的成本可能很高。但是,房屋的卖方可能有时间,并且这些时间成本很低。

因此,以上证据不是结论性的。尤其是我们不知道英国市场是否会同样存在2%的差别,而该市场上的经纪人收取的费用为2%;另一方面,在出售不动产及帮助潜在买方方面英国的房地产经纪人比美国的经纪人做的要少。因此,虽然我们可能认为雇佣经纪人会以较高的价格出售不动产,但是我们不能认为卖方的收益会因此而更好。而且,虽然一般来说卖方可能会从代理机构更高的效率以及更为集中化的信息中实际受益,但是买方表面看起来不会受益,因为他们所支付的价格较高,虽然一般来说经纪人相比业余的卖方具有较高的效率,且可以为买方提供更为集中化的信息让其在实际中受益。

然而,无论卖方或者买方谁会受益,研究确实提供了一些经纪人可以影响价格的证据，而这足以证明不动产市场是无效率的并且价格不是完全由市场决定的观点。如果不是这样，经纪人的活动将不会影响价格。

由于价格不是完全由市场决定，因此经纪人的行为可以影响价格，不过这会有负面影响。如果不能确定价格，卖方和买方都不知道价格应该是多少，那么缺乏职业道德的经纪人就可能为了其自身利益操控市场，从而牺牲其客户（即不动产卖方）的利益。

例如，英国消费者协会（British Consumers' Association）进行的一项刊登在其每月发表的杂志《哪一个？》（Which?）上的研究发现，经纪人存在数种不合法或者不道德的做法，这些行为虽然不普遍，但是说明确实发生过。

第一种做法缘于经纪人的佣金通常占销售价格的一定比例。尽管经纪人确实有动力最大化销售价格，但是只有在这样做的成本不超过增加的佣金时他才会最大化销售价格。例如，如果不动产可以以9万英镑的价格轻易地卖出去，而卖10万英镑有些困难，并且佣金为2%，则第一种情况下佣金就是1 800英镑，第二种情况的佣金为2 000英镑。但是，从刊登广告的努力和成本、带买房人看房等方面考虑，第一种情况下的1 800英镑可以非常容易地赚取，而额外的200英镑可能非常难赚。因此，从经纪人的角度来说，以较低的价格快速出售好于以较高的价格出售，而且后者的成本以及为此付出的努力更大。这意味着在本来可以获得更高的价格时，经纪人可能建议房屋所有者接受较低的价格从而快速将房屋卖出去。

第二种做法缘于经纪人既向潜在买方提供服务，又向卖方提供服务。如果有两个买方，第一个买方愿意支付现金和较高的价格，第二个买方出价较低但说他需要安排抵押贷款并且要求经纪人提供便利，则经纪人可能倾向于推荐第二个买方。因此，如果不动产以较低价格出售，则经纪人获得的佣金总额会更高。消费者协会发现，一些经纪人向卖方推荐较低的出价、隐瞒现有的较高出价或者找出一些原因拒绝较高的出价。

一些经纪人的第三种做法是分配潜在的买方。如果两个人都对一处不动产感兴趣，则通过让他们相互叫价以最高的可能价格卖出不动产，就可以将卖方的利益最大化。但是，这样做会需要一段时间，最后其中的一个潜在买方会失败并感到不满。如果允许一方以低于可能实现的价格购买不动产，同时鼓励另外一个买方购买经纪人代理的其他不动产，则更符合经纪人的利益，因为这样做可以获得两份佣金，而不是一份。

消费者协会进行的研究表明，经纪人的不道德行为影响了不动产的价格，这种行为使得不动产的出售价格低于原本可以达到的价格，从而使经纪人获得较高的回报。我们认为，这说明了不动产市场的无效率以及不道德行为发生的可能性。由于价格不是由市场决定的，而仅仅是被确定在一个范围之内，则不道德的经纪人可以在影响价格时侥幸得手，因为卖方意识不到价格应该是多少。

这种无效率或者价格的不可确定性是该市场的一个特征，该特征允许经纪人这样做，同时也使得不动产经纪人臭名昭著（例如"不动产经纪人就是那些不胜任销售二手汽车的人"或者"如果受欢迎程度的分数为0～10，则不动产经纪人的得分为-5")。甚至业内人士都接受这种看法。在我对一家公司一些人的不道德行为发表评论时,一个经纪人告诉我:"经纪人就是经纪人!"因此,虽然无可辩驳,但是这种情况也可以进行解释。在其他更为有效的市场中,参与者可能同样不道德,但是他们不能这样做,因为价格是由市场决定的,而不能被操控,至少不能以与不动产市场相同的方式被操控。

影响住宅经纪人的问题同样也会影响该市场中为办公楼、商业地产和工业建筑物市场提供服务的注册测量师公司,这里没有证据表明这些公司存在不道德行为,但是由于其不能为商业不动产提供绝对准确的估值,我们自然感到他们并不像在金融和投资领域的其他人那样受人看重。如果股票经纪人可以为股票组合提供准确的估值,注册测量师为什么不能以相似的准确性为不动产进行估值(Hager & Lord, 1985)。

然而,如前所述,这种批评忽视了以下事实,即测量师是在为独一无二的资产估值。正如我们在上一章中所指出的那样,有实际意义的是与商业银行家设定公司浮动利率股票发行价格的行为进行比较。证据表明,在进行这种比较时,金融专家的表现并不比不动产专家好,而且可能更为糟糕。后者的任务非常困难,这种困难是由不动产市场的特征、无效率和瑕疵决定的(Evans, 1995)。

总结及结论

在上一章中,由于市场不能确定不动产的价格,我们认为不动产市场是"无效率的"。我们指出,该市场需要解决的问题非常困难,并且举出了一些证据表明不动产市场比股票市场更加无效率,市场决定的价格也并不是必然有效。然而,无可否认的是,无论股票的价格是否代表其真实价值,其价格确实是由市场决定的;无论不动产的价格是否代表其真实价值,不动产的价格只能确定在一个范围之内。

正如我们在本章指出的那样,"核"理论可以用来表明为什么会出现这种情况。实际上,不动产具有异质性,并且买方和卖方不是经常进行交易,因此市场具有瑕疵,其他因素有助于确定不动产的出售价格。更为重要的是,价格会受到买方和卖方议价能力及其谈判地位强弱的影响,而且市场的这种瑕疵还有其他影响。尤其是,它使得经纪人可以发挥作用。不动产经纪人向其当事人(即不动产的卖方)提供信息,并通过公布预期出售的不动产来帮助市场的运行。然而,我们注意到,由于不动产的价格不能完全确定,导致出现以下两种结果:首先,经纪人可能通过从事不道德的甚至是违法的行为来增加其收入;其次,不能准确预测价格的经纪人也反映了他们的能力大小,他们可能被认为是无效率的,而不是市场本身是无效率的。

但是,一些人可能将市场的无效率看做一种优势,因为市场无效率意味着信息非常值钱，那些愿意承担风险的个人便有可能看到并利用这些机会——可以快速地获得信息，在更加有效的市场中是不存在这些机会的。很多人在不动产市场行业发家致富，并且其比例远高于其他行业，这绝非偶然，但是历史真相通常很难被人发现。对这个方面感兴趣的读者可以参考奥利弗·马里奥特（Oliver Marriott）的《房地产行业的繁荣》（*The Property Boom*，1967），该书详细描述了很多英国房地产大亨在20世纪五六十年代的发家史。

第 6 章

特定用途土地的供给：投机及不确定性

"明天永远都是未知数"

简 介

  经济学家以及大多数人经常假设土地所有者倾向于尽力确保其不动产处于获得最大可能当期收入的使用状态。按照估价人员的专业术语，他们总是预期土地以"最高最佳使用"方式使用。但是，这种预期没有意识到土地市场与其他商品市场之间的区别。如果农民不是寻求按当前可以获得的最好价格出售其产品，则他可能被人认为很古怪。但是，土地并不是必须在当前出售，而且一旦在当前出售，就不能在以后再次出售。实际上，正如我们将要在本章以及以后各章中所指出的那样，土地所有者可能有非常好的理由不在当前出售土地，因为当前出售不会从这块土地上获得最大可能的当期收入。因此，与其他可能用途所产生的当期收入相比，这块土地可能继续以某种只能产生较低当期收入的方式使用。而且，这种情况可能发生在所有者充分了解及完全意识到的情况下。

  因此，我们暂时不考虑上一章所尽力确立的观点，即土地市场是有瑕疵的市场和无效率的市场，且土地所有者实际上不了解其土地可以用于其他用途。而且，这种知识的缺乏不仅对于目前的所有者是真实的，对于可能购买和使用土地的人也是真实的。然而，在接下来的 6 章中，我们假设所有者确实完全了解其土地可以用作其他用途。因此，我们可以更为有力地表明，即使是具备这些知识，他们也可能明确地选择比可能获得的收入更低的当期收入。在论述土地所有权确实会影响土地供给之后，我们在第 12 章将会重新讨论不确定性及信息缺乏

第6章 特定用途土地的供给：投机及不确定性

问题。

"特定用途土地的供给"是由纽兹（Max Neutze，1987）提出的，并且与本章及下一章的主题有关。我们将探究上文提到的土地所有者将土地推迟入市的原因，进而解释他们为什么会受到高价的激励而出售其土地。因此，在特定用途土地（通常是城市开发）的供给方面，其供给曲线向上倾斜。

在本章中，我们将首先讨论投机，即预期未来的价格会上升，这将导致土地的所有者推迟出售；接下来我们将讨论未来的不确定性，这可能导致所有者推迟开发，直至不确定性问题得到解决。

投 机

土地所有者为什么会有意选择接受地块可能收入中的较低收入，投机可能是最广为人知的原因，也可能是最臭名昭著的原因。"投机"一词最初和最主要的意思是指"思考"或者"猜测"，这种用法现在已经相当过时，但是人们仍然可以对下一届美国总统是共和党人的可能性，或者对下一次英国大选之后保守党将会组成政府的可能性进行"猜测"。后一种情况下，也可能是前者，人们甚至可以以在彩票销售点下注这种稍微不同的方式选择有可能成功的人选。

当然，从这个意义上来说，投机包括对不确定性程度和市场特征的评估，我们在这里将忽视这一点。因为，我们这里是想表明，即使是我们摒弃不确定性问题并假设未来是已知的、具有完全的确定性，则关于未来的思考也就是为未来进行规划，实际上也可能会使土地所有者在短期内接受较低的当期收入。

本章使用的方法来自于纽兹（1973，1987）。通过使用他的图形分析法，我们发现房屋所有者对于未来的规划或者投机行为都会导致在一定时间内将不动产用于较低收入的用途，直到他们认为进行开发或者再开发成为最优选择。

我们将使用两种相关的图表，如图6—1（a）和图6—1（b）所示，横轴表示时间。在图6—1（a）中，纵轴表示的是土地的年租金或者在所有者占用下的使用收入。由于这些收入随时间而得，假设贴现率固定，则在该图中就可以计算在任何给定时点预期未来地租的资本化价值，即在当日以及未来所获得全部地租的现值，使用这种方法计算的土地资本价值在图6—1（b）中用纵轴表示。因此，图6—1（a）表示地租或者收入是时间的函数，图6—1（b）表示资本价值是时间的函数，且图6—1（b）的信息来自于图6—1（a）。

为了简化分析，我们假设土地刚开始时没有被开发，而是用于耕种。直线 R_F 表示耕种土地的收入（或者地租），我们假设耕种土地的收入在长期内保持不变，

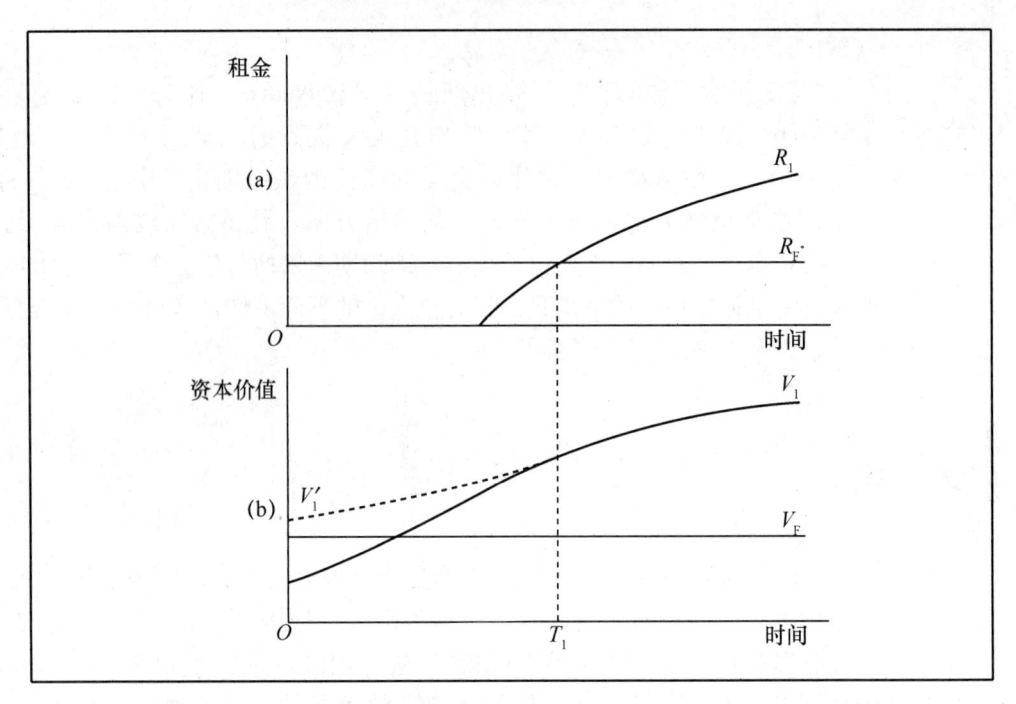

图 6—1　单一建设用途的开发时机分析

因此该直线是水平的。与此相关，水平直线 V_F 表示的是当期耕种土地并预期在可预见的未来一直耕种下去所得到的资本价值。

然而，此时我们假设一个地块位于城市化进程可以预期的区域内，该进程不是直至未来的某个时点才知道。以建造住房等形式开发这片土地的收入用曲线 R_1 表示，这条向上倾斜的曲线开始时低于 R_F，但是在横轴上的 T_1 时刻就会上升至 R_F 之上。因此，在 T_1 之前耕种这片土地的收入大于其他用途开发所获得的任何收入。在该时点之后，开发收入将大于耕种收入。因此，在 T_1 时刻应该进行房地产开发。

虽然土地开发的最优时点在上面的图中非常明显，但是在下面显示资本价值趋势的图中却不是那么明显。由于有一条直线表示该土地永久用作耕种所获得的资本价值，因此曲线 V_1 就表示这片土地不再作为耕种使用，而是闲置，直至可以用作城市住房开发而获得收入的资本价值。

对于图中所显示的大部分时间来说，曲线 V_1 明显高于直线 V_F，且在进行开发时也是如此，这是因为在该时点进行房地产开发的预期未来收入明显高于农业收入的预期价值。而且，即使是在开发时间之前，这一点也成立。因此，V_1 也位于 V_F 之上。

当然，在实际中，人们往往预期土地所有者会在任何时间内都允许将其土地用于最有利可图的用途，从而在 T_1 时刻之前用于农业耕种，之后用于房地产开发。在图 6—1（b）中，虚线 V'_1 表示在开发前期总是用作"最高最佳使用"时土地的资本价值。该虚线总是位于 V_F 之上，因为可以预期到将来会进行城市开发，但是在城市开发开始、农业耕种实际上停止的 T_1 时刻，该曲线将趋向 V_1 并与之重合。

地租趋势与资本价值趋势之间的差额非常重要，但却不是非常明显。在开发

第6章 特定用途土地的供给：投机及不确定性

土地合算之前，农用地的价格会一直上升，这对于仅仅希望耕种土地的想要成为农民的人来说过于昂贵。正如我们将要在第8章中所指出的，此时美国的经验是，在自由市场中，"投资者"（即本章中的投机者）会进入市场并购买土地，因为他们预期该土地能够在以后作为开发用地出售，同时他们也可能会将这些土地出租为农用地。

即使是在经济上可行时立即开发，此时土地的价格也将明显高于简单农用地的价格，这一点容易产生误解。由于开发一般开始于城市用途的地租等于并开始大于农业用途的地租之时，因此很容易错误地假设此时开发土地的资本价值也等于或者开始大于农用地的价值，这是一个易犯的错误。我曾经看到过这种报道，虽然不是以出版物的形式发表，但至少是一位德高望重的专业土地经济学家犯下的错误。

当然，对这种价格差异的经济学解释可能并不使其更易为人们所接受。如果某个地区预期会进行城市开发，从而存在价格差异，则这种价格差异很可能是由于城市中投机者和龌龊之人造成的，他们意图挤垮和分化农业社会并将农民从其土地上赶走。虽然我们关注的是经济问题，但是对于经济事件的预期将引起负面的强烈的社会影响。在本书中，我们主要关注分析为价格差异作出了解释。

在以上分析中，土地通常用于产生最高的当期收入，即实现"最高最佳使用"。在对投机行为进行的分析中，我们更为关注的是图6—2这两个完整图形所表明的情况。与图6—1一样，在其上下两图中，时间都用横轴表示，图6—2（a）的纵轴显示的是年租金，而图6—2（b）中的纵轴显示的是资本价值，即未来地租资本化后的现值。

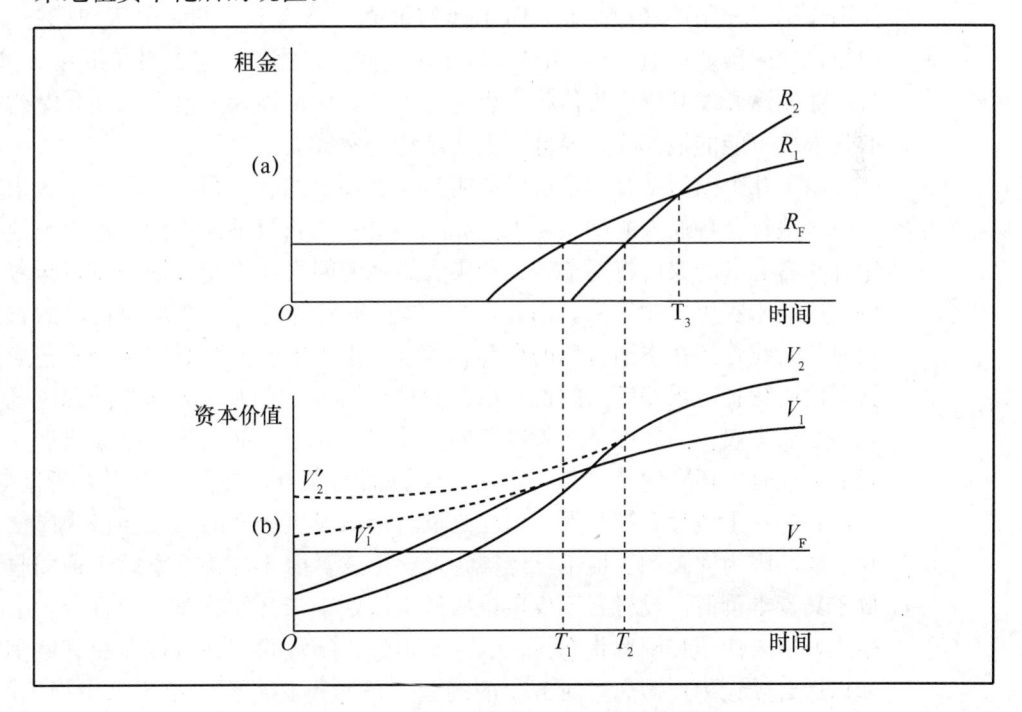

图6—2　两种可能建设用途的开发时机分析

与图6—1一样，农用地的收入在上面的图中用直线R_F表示，相关的资本价值在下面的图中用直线V_F表示。然而，在这种情况下，假设土地存在两种城市用途，一种用途与以前相同，我们称之为住房，这种用途的可能收入在上面的图中用曲线R_1表示。同样地，在T_1进行住房开发将有利可图，因为在该日期之后住房开发的收入将大于农用地的收入。然而，城市土地也可能存在第二种用途。例如，该场地可以用来建造购物中心，但是只有在周围土地已基本完成开发并且已经销售出去时这种用途才会有利可图。因此，只有在较晚于T_1的时刻将该土地用作商业才会有利，并且在较晚于T_2时，其收入才会大于农业用途收入，在更晚于T_3时，其收入才会大于住房开发的收入。一种可能的开发时序是在T_1时刻进行住房开发，然后在T_3时刻进行商业用途的再开发。然而，这可能不是最经济或者最有利可图的方式，因为还存在另外一种可能，即在T_1之后将土地作为耕地，而在T_2时进行开发，如果住房开发的成本很高，并且T_1与T_3时刻之间的间隔不是很长，这当然是最好的选择。无论是从公共或者私人观点来看，建造出一座建筑物不久之后就拆除都不是一个很好的主意。因此，对未来进行投机或者为未来作规划都表明，在地块宜进行商业用途开发的T_2时刻之前，该地块应用于耕地，甚至空置。

在这个方面，表示资本价值的第二个图，即图6—2（b）就非常有用。在该图中，水平直线V_F也是表示在可预见的未来仅用作农业用途时土地的资本价值，V_1表示的是仅用作住房开发时的价值，与图6—1（b）一样，其中虚线V'_1表示在T_1时刻进行开发之前用作农业用途所产生的价值；同样，V_2表示的是将土地仅用作第二种用途（即商业）时土地的价值，虚线V'_2表示在T_2时刻开发之前用作耕地的预期价值。V'_2和V_2位于V'_1和V_1之上，这表明如果在T_2时刻作为商业用途开发其资本价值将会更高。而且，即使该片土地在T_1和T_2之间获得的收入比可能的最高收入要低，上述结论仍然成立。

以下几个因素结合起来可以说明为什么投机的名声很坏，即使土地未充分利用明显地符合普通人的利益时也是如此。第一，我们已经提到，作为土地初始使用者和占有者的农民将逐渐丧失购买农用地的能力，因为预期开发意味着其价格将远远高于农用地的价格。因此，"土地投机者的行为正在迫使贫困的农民离开土地"。（我曾经在中国台湾的台北县考察，想了解农民有时候是否不会通过保有其土地留待日后预期较高的价格出手而进行投机。有人认为这个问题离题了，但是一般认为农民的天性是"善良"的，他们绝对不可能成为一个投机者，而投机者的天性是"坏"的。这是一个语言学方面的观点，并且为很多人所接受。）第二，若这片土地没有被开发，即使是没有任何投机思想的人也会认为应该开发这片土地，因为周围的土地都已经被开发。第三，由于等待开发时土地的收入可能低于其资本价值，投机者不仅应该放任土地处于未开发状态，而且实际上也应该使之处于未使用和闲置状态。让这片土地处于闲置状态还可以避免某些困难，例如以后必须让租户搬离时所产生的问题。正如我们将要在第8章中指出的那样，租户与所有者的地位不同，他们不能从土地的出售中获得任何好处，反而会失去一些东西,因为他们必须搬走。当然在某些情况下,他们也会取得政治斗争的胜利。

上述行为听起来可能符合经济规律,当土地的所有者和投资者(投机者)为公共部门服务时,上述行为被认为是完全正确的。因此,当20世纪60年代在苏格兰中部建造坎布尔瑙特(Cumbernauld)新城时,开始是在市中心建造了一个小型购物区。然而,该商业中心周围的土地一片空白,更远处是一片住宅楼。当然,这样规划的意图是当该镇的人口增加之后再开发这片土地,且该地区商业中心面积的增加可以满足更多人口的需要。这种有计划的开发与通过市场进行的投机行为具有相同的结果。在一段时期内,两种情况下的土地都没有用于其当期"最高最佳使用"。

当然,有计划的开发与市场状况之间存在一些差别。英国新城规划当局对自己的地区非常了解。由于正是它本身进行了这种规划,它知道哪些土地将会被用作商业。然而,在自由市场中,即将进行城市开发的土地所有者并不是无所不知,用"投机"最初的意义表示就是,他们是在对城市未来的开发模式进行猜测。不同的土地所有者会进行不同的假设,因此会有一些人猜错,从而导致资源的浪费。至少在这个方面,公共部门非市场的规划行为与市场中各个土地所有者以及开发商的行为有所不同。

但是,规划当局仍然有可能犯错,它可能为不同城市功能提供过多或者过少的空间。然而,这种错误不是很明显。供地不足可能导致地租上涨,以及对空间使用更加集约;供地过多,可能出现未出租空地,但也可能仅仅导致比正常市场条件较低的租金和集约利用程度。

不确定性

投机行为或对未来的规划行为至少会暂时导致土地不是用于收入最高和利用最佳的用途,在对这种影响进行分析时,我们采用了纽兹的假设,即投资者可以准确地预测未来。采用这种假设的一个原因是这种情况确实会发生,即未来可以完全被预测,由此可以单独对未来不确定性的影响进行分析。但是很显然,未来是不确定的,并且不能被完全预测。同一块土地可能有很多用途,最终选择哪种用途将取决于事情如何演变。

土地所有者的问题是现在应该如何做。是应该以这种方式开发该土地,还是以那种方式开发,或者应该不开发直至最有利可图的方式变得明朗?蒂特曼(Titman, 1985)对这个问题进行了分析,他关注这个问题有既定的动机,即在洛杉矶时他看到一些空地没有被开发,而是用作停车场,而且看起来是打算长期用于这种用途。他很奇怪,为什么会这样不充分地利用如此昂贵的土地呢?在英国,最可能的解释是,所有者正在与地方当局进行复杂的谈判以尽力获得最有利可图的规划许可。即使在美国,也有可能是土地已经被出售,新的所有者正在等待建筑师、工程师以及其他专业顾问的建造计划。对于大型建筑物来说，不可能一夜之间建成。

蒂特曼还提出了其他可能的解释，而且他的背景是金融不是房地产，即未开发土地的所有权就像持有股票的期权。该土地可能以多种方式开发，并且开发的时间可能是现在也可能是以后。什么是最有利可图的开发方式以及什么时候应该开发取决于未来未知的经济状况。但是，在最后的分析中有一点是确定的，即土地的开发将摒弃其他选择，这等价于执行期权。他认为，由于这种相似性，我们可以使用相似的分析方法，尤其是我们可以使用布莱克和斯科尔斯（Black & Scholes, 1973）在进行股票期权估值时所使用的方法对空地的价值和不确定性的影响进行分析。

正式的分析需要使用很多数学知识，但是给出总结性的观点就相对容易。例如要在一片土地上建造住宅，令 p 表示开发产品的单位价格，其土地的价格 L 将取决于住宅的出售价格，所以 L 是 p 的函数。如果当前的住宅价格为 p_0，则当前已开发土地的价值就是 $L(p_0)$。为了简化分析，通常假设另外一种情况是，在未来的某个日期开发，而预期届时的这套住宅价格可能会或高（p_H）或低（p_L）。例如，当前的房地产市场可能处于衰退期，但是如果在开发时经济衰退结束，则开发时住宅的价格会更高；如果在开发时经济衰退没有结束则价格会更低。因此，未来土地的价值在房地产市场已经复苏时为较高的 $L(p_H)$，在没有复苏且住宅价格较低时将为 $L(p_L)$。

当然，未来住宅的价格是多少并不知道，但是可以进行概率评估。我们假设，出现较高价格的概率为 x_H，出现较低价格的概率为 x_L。由于还假设经济必须处于其中的一种状态，则我们有 $x_H + x_L = 1$。

该期间的无风险贴现率为 R，也就是说如果该期间是一年，则 R 是一年期的贴现率；如果该期间是两年，则 R 就是两年期的贴现率。如果未来地租较高，则土地现值为 $L(p_H)/(1+R)$；如果未来地租较低，则土地现值为 $L(p_L)/(1+R)$。如果我们考虑它们出现的概率，并且最终必须出现其中的一种状态，则这些未来可能性的现值就是：

$$V = \{x_H \cdot L(p_H) + x_L \cdot L(p_L)\}/(1+R) \tag{6—1}$$

$x_H/(1+R)$ 和 $x_L(1+R)$ 被蒂特曼称为"状态价格"，并且以 s_H 和 s_L 表示，则式 6—1 就可以改写为：

$$V = s_H \cdot L(p_H) + s_L \cdot L(p_L) \tag{6—2}$$

开发时机决策取决于该地块现在开发的价值 $L(p_0)$ 与由式 6—1、6—2 确定的开发现值 V 之间的比较。很明显，如果 p_H 和 p_L 都明显大于 p_0，则推迟开发有利可图。但是，即使 p_L 小于 p_0，推迟开发也可能有利可图。因此，何时开发取决于相对价格、概率以及由 R 表示的等待成本。

假设 V 大于 $L(p_0)$，则推迟开发获得的价值就会更大。但是，还存在一些风险，即可能会出现最坏的情况。那时未来的价格为 p_L，p_L 小于当前的价格

p_0，这样土地的未来价值实际上就会更低。因此，即使推迟开发可能会产生一些成本，从均衡各种情况的概率看，推迟开发看起来也会有利可图。实际上，如果住房在未来有市场需求，则可以避免这种风险。蒂特曼表明，如果可以提前购买和出售住宅，也就是说在建造之前出售并在以后交付，并且如果没有建造就由开发商买回，则通过延迟建造而进行提前交易也有可能获利，即使未来的状况恶化并且最终价格为 p_L 时也会有利可图。这是因为，在该期间结束时交付的住宅的当前价格也取决于状态价格，即以后交付的住宅的当前价格为 $s_H \cdot p_H + s_L \cdot p_L$。开发商可以以这个价格在现在出售，而在以后交付。如果经济状况恶化，则可以以较低的价格 p_L 买回一些房子，但是如果价格上升就需要交付。

虽然这种类型的交易在股票市场中可行，但提前交易在房地产市场中却很少见。正如我们在第4章中所指出的，不动产市场不是非常有效的市场，并且为了进行提前交易需要房地产市场在很大程度上与股票市场同样有效。实际上，即使是在股票市场上，期权交易也很少发生，当然，一些被普遍接受的大型公司的股票除外。在房地产市场不会发生同样的事情，因为不动产的交易不是非常频繁，并且交易次数通常小于股票交易所最小公司交易的股票次数。

抛开这些细节不谈，蒂特曼的分析表明了关于土地及不动产市场的几个问题，而这些问题如果从直觉上来看并不明显。第一，对未来状况的不确定本身可能导致土地闲置相当长的时间；第二，不确定性本身可能导致土地延迟开发，因此不确定性的增加可能导致开发的土地更少；第三，通常假设对于地块的需求不断上升、土地的价值不断上升、关于未来的不确定性也在增加，因此开发的比率实际上可能下降，所以即使其他的选择使得开发有利可图，土地价值的不断上升也不会必然导致增加开发的比例或者重新开发；第四，相反的是，如果未来的经济状况更为确定，则确定性的增加本身就会导致开发比率的上升。

最后，对于本章中的一般观点来说，我们的分析表明这片土地可能被有意地用于当期收入低于其他可获得收入的用途。

总结及结论

在本章中，我们已经以两种方式考察了未来开发的可能性将会影响现在处理某一地块的方式。这两种情况都表明，由于非常合理的经济原因，与其他用途获得的收入相比，一个地块当前可能用于产生较低收入的用途，也就是说该地块没有用于"最高最佳使用"。

在第一种情况中，当我们对投机行为进行分析时发现，所有者意识到一个事实，即不远的将来，土地的一些其他用途会比当前用途更加有利可图。鉴于开发过程中以及在短期内将该土地用于当前有利可图的用途可能发生的建造及拆除成本，所有者可能认为将该土地闲置或者保留现有用途更为妥当。

在第二种情况下，关于未来该土地最有利可图的方式的不确定性可能导致所有者推迟开发，直至不确定性得到解决并且最有利可图的用途非常明确。在过渡期间，不对土地进行开发或者保持其现有用途，并在过渡期间接受较低收入以预期未来可以获得更大利润的做法从经济上来说更加合理。

第7章

特定用途土地的供给：占有者偏好和住宅归属感

"我的爱不能买"

简 介

投机以及未来的不确定性有助于解释为什么土地所有者关于未来的看法会导致他们将其土地远离市场，或将土地用于当期收入低于最大可能收入的用途。长期来看，预期的利润上升大于目前的收入不足。本章我们将考察虽然出售可以获得更高的收入，但是土地及不动产，尤其是住房不动产，仍然远离市场并继续用于现有用途的其他原因。如果土地由所有者占有，尤其是由所有者居住，则其将对该土地产生归属感，这种归属感可能使所有者不愿出售，即使出售也希望可以获得相应的补偿。实际上，即使是再合理的价格，有些所有者也不愿意出售，戴纳斯基（Dynarski, 1986）将这一点称为"住宅归属感"，他在1983年首先提出这一说法是为了解释土地和不动产市场的各种特征，后来在我和其他一些人（Evans, 1983, 1986; Wiltshaw, 1985, 1988; Neutze, 1987）的一系列论文中得到发展。

业主自用的归属感

在开始时我们先提出一些论据，在以后我们会回到这些论据并进行更充分的探讨。20世纪70年代早期罗斯基尔委员会（Roskill Commission）针对伦敦第三机场的位置进行了调研，其中询问了业主自用者一些问题，包括需要支付多高的价格他们才愿意出售他们的房屋并搬到其他地方。实际上就是想了解他们到底需要多少补偿才会搬离,从而为新机场腾出地方,虽然这点并没有在调查中提及。一般认为,大部分人当时都不愿意搬走,因此可能要求补偿。调查结果表明,虽然也有10%的住户愿意接受当时的市场价格,但是大部分人需要获得大大高于市场价格的金额,这样他们才会觉得自己获得了足够的补偿。

这一点很容易理解。他们所购买的房屋已成为家了,房屋已经装修,如果有花园,他们对花园也投入了大量的劳动。在居住一段时间之后,对房屋已经有了感情,对于老年人来说尤其如此,因为房子是其家人成长的地方,并且已经和社区的其他人建立起了社会关系和经济联系。

当土地被用于农业并且为农民占有时,在确保某些"归属价值"方面,这些经济联系可能更重要。因为他们已经积累了关于这片土地存在及潜在问题的知识,这些知识经年累月才能累积起来,如果农民出售土地并搬迁到别处,他们不得不在另外一片不同的土地上重新积累这些知识。这种观点也同样适用于商业。在一个关于加的夫(Cardiff)强制购买小型商业的影响的研究中,伊姆里和托马斯(Imrie & Thomas,1997)发现,人们一致认为在其他地方找到并搬到和原来相当的房屋非常困难,并且割裂了经营的连续性。

在某种意义上,一种商品的使用价值与其价格不同,这个事实已经被古典主义经济学家充分探讨过了,例如史密斯(Smith,1776,1910)和马克思(Marx,1894,1962)。我们想知道的是,为什么作为必需品的水本身价格很低,而仅仅作为装饰品的钻石价格却很高?根据他们的说法,一种商品的"使用价值"和"交换价值"不同,这一术语在20世纪70年代被重新用在对土地市场的探讨中,其中较为突出的是地理学家大卫·哈维(David Harvey,1973)。新古典主义对于"钻石/水悖论"的回答是,每种商品对于消费者的"边际"价值与其"边际"价格之间的比率是相同的。然而,对于超边际商品来说,对于消费者的价值与为此所支付的价格之间有一个差额,马歇尔(Marshall,1890)称之为"消费者剩余"。

因此,我们使用新古典主义经济学术语的目的是试图说明,不动产的所有者和占有者,也就是消费者,通常并不出售此不动产,除非能够因失去消费者剩余而得到一些补偿。根据古典主义经济学,只要使用价值超过交换价值,商品就不会被出售。只要这种消费者剩余存在,财产通常不会进入市场,事实上它是一种"超边际商品"。当然,仍有一些所有者愿意以市场价格出售。无论出于何种原因,例如退休、工作或者住所变化、家庭原因以及收入不断增长等,他们希望并且愿意以市场价格出售。对于他们来说,使用价值就等于交换价值,并且没有消费者剩余,而其他人则会依据当时的情况要求进行或多或少的补偿。

为了使分析正式化,假设我们正在讨论的是城市建成区边缘的农用地,以及某一时期内这类土地的市场。按照惯例,我们假设没有规划控制,并且开始时不会立即进行城市开发。在图7—1中,假设土地区域用横轴上的 OB 表示,价格或者地租用纵轴表示,农用地的价格在左边的轴上用 OP 表示,该市场价格由这一地区其他农用地的现行价格确定。我们预期该地区的土地买卖以价格 OP 进行，因此对于农用地的需求可以用水平直线 PP' 表示。由于可以按这个价格在其他地方获得类似的土地，因此没有一位农用地的购买者愿意支付更高的市场价格。

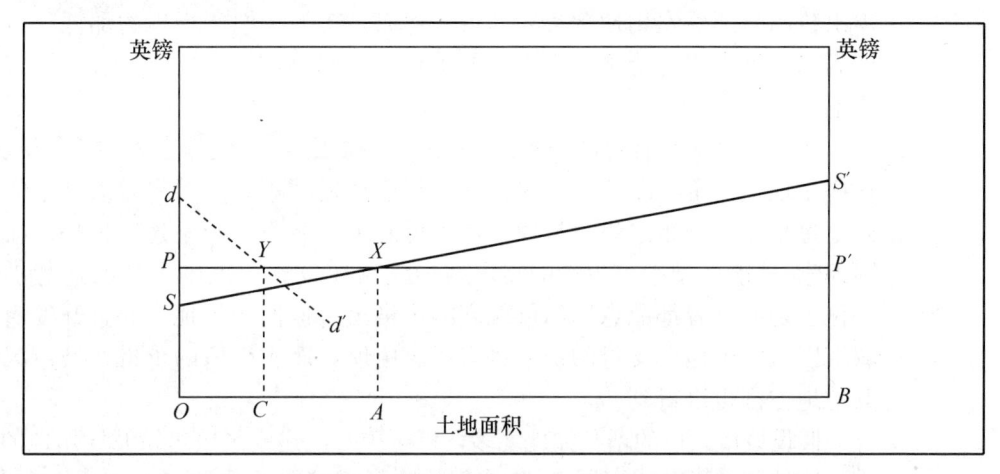

图 7—1　城市化平稳发展时农用地的交易

在给定期间内，该市场中的土地供给由向上倾斜的直线 SXS' 表示，并且它的位置和斜率是根据上述方法确定的。如前所述，由于所有者不再从事农业、完全退休或者所有者已经死亡且遗嘱执行者希望出售等原因，在给定期间总是会有一些土地进入市场，并且以现行市场价格甚至更低的价格出售。这些出售者可以使用曲线 SX 的一部分表示，该曲线表示的是出售价格为市场价格或更低时的土地供给。其他的土地所有者愿意以差别很大的价格出售，但是这些价格都高于农用地的当前价格。一些人需要对其做些说服工作并获得一小笔溢价，其他人则可能要求获得远远高于市场的价格才愿意出售，这种类型的可接受价格明细使用曲线 XS' 表示。

图 7—1 所表示的是一种简单情形，因为不存在城市开发的压力，进入市场并且以价格 OP 出售的土地范围使用供给曲线和需求曲线的交点 X 及横轴上的 OA 表示。该地区的其余土地 AB 在这一期间不会进入土地市场。当然，在以后的时间里，那些目前不愿意出售的人所处的社会和经济环境可能已经发生改变，因此可以绘制出一条相似的新供给曲线。

假设城市附近的商品和服务的需求增加，导致那里劳动力的需求也在增长，人们于是迁徙到那个城市，那么对于住房的需求也会随之增加。我们首先假设增加的需求相当小，这种需求也可以在图 7—1 中表示出来。我们正在考察的土地面积只会受到住房需求增加的轻微影响，在图中对于房地产开发的土地需求用向下倾斜的曲线 dd' 表示。向下倾斜是因为如果这个地区的价格很高，则开发商将考虑那些离城市稍远、价格较低的土地。这个地区必须支付的价格越高，开发商对土地的需求越低，因为他们会在竞争相对不那么激烈的其他地方寻找土地。

由于假设城市开发对于土地的需求很小，因此需求曲线 dd' 靠近左边的纵轴，并与直线 PP' 相交于点 Y，根据假设，Y 点在 X 左侧。在需求较低的情况下，dd' 和 PP' 的交点 Y 就决定了土地的面积，即横轴上的 OC。实际上，开发商能够以现行的农用地价格或者稍高于此的价格购买用于开发的土地，因为他们仅需出价高于那些农用地购买者即可。然而，正如我们所指出的那样，由于在该期间以这种农用地价格进入市场的土地为 OA，则其中的一些土地 CA 将仍作为耕地出售。

注意，由于所有者的偏好和优先性等原因，一些土地被出售为开发用途。这些土地不一定是毗邻的，也没有必要最靠近城市。其结果导致城市的开发扩张呈星星点点分布之势，从而形成不可避免的城市空间不连续格局。在标准的阿朗索/杜能模型中，少量的需求增加仅仅导致城市范围少量的连续扩张。每一位土地所有者都愿意以尽可能高的价格出售他们的土地，并且开发商为毗邻城市区域的土地所支付的价格将高于农用地，而农用地的价格在城市区域外的其他地方都可以得到。

假设城市人口的增长如此之多，以至于对已建成区域边缘开发用地的需求更大，这种情形可以使用图 7—2 表示。除了需求曲线移到了右边的 DD' 位置外，这个图形和图 7—1 是相同的。很明显，对于城市用地的需求如此之大，使得所有的农用地进入市场，本来以现行价格出售的农用地现在将会出售为城市开发用地，即该图中横轴上所表示的 OA。然而，由于对土地的需求非常大，开发商们开出的价格比农用地市场价格高得多，这将诱使一些本来不愿出售的所有者出售他们的土地。

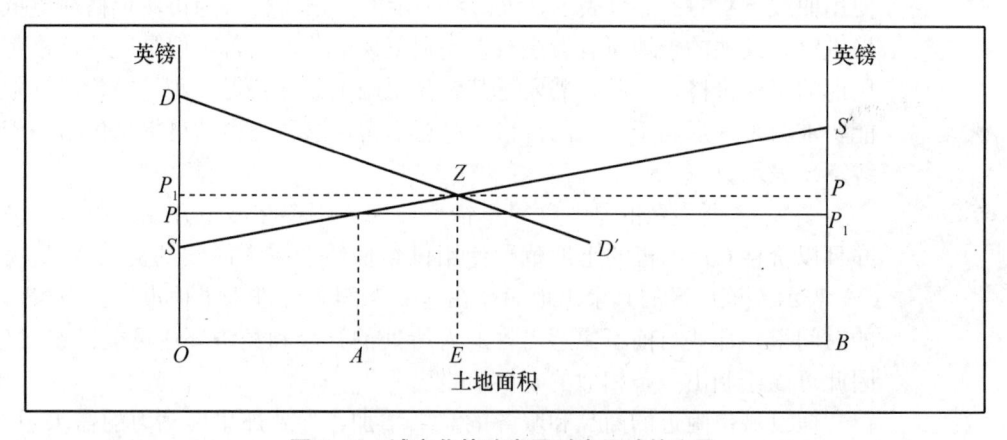

图 7—2　城市化快速发展时农用地的交易

在图中，该期间内这一地区土地市场的均衡点可以使用需求曲线 DD' 和供给曲线 SS' 的交点 Z 表示，而该地区的土地价格用纵轴上的 OP_1 表示，因此开发商所支付的价格会高于目前农用地价格，即溢价 PP_1。有些土地，即 OA，无论如何都会被出售，但是其他土地 AE 的所有者是被支付的溢价吸引而出售土地。然而，尽管价格很高，也并非所有的土地都会出售为开发用地，因此图中 EB 表示仍然作为农业用途的土地。

与在上一图中的分析一样,即如果需求减少,城市范围仍然有可能扩大。图7—2表明即使需求很高,在现有已建成区域外可供开发的土地也并不是必然与其毗邻。此外,由于为靠近已建成区域的土地支付了更高的价格,对于开发商来说寻求与该城市距离更远的土地也是值得的,因此,一些远离该城市建成区的土地也将被开发。随着开发用地需求越来越高,城市范围将扩大至更大的地区。

当然,随着时间的推移,不同开发区域之间的空间将被逐步填满,图7—2显示了一个特定期间的状况。在下一个期间,这种状况将会改变。仍然居住在农用地区域家庭的环境将会以某种方式发生变化,并且与上一个期间相比,一些人因为生命周期的原因更愿意出售土地。另外,城市开发对当地的侵扰有可能降低人们继续在此耕种的可能性和吸引力。因此,在下一个期间,需求曲线和供给曲线都将有变化,并且无论因为何种原因,上一期间可以利用的一些土地将被永久性地转变为城市用地。对于需用于城市开发的土地仍需支付一定的额外费用,当然,随着时间的推移,土地将逐渐地由农用地转变为住房开发或者其他城市用途。

正如威尔索(Wiltshaw,1985)所指出的,还可能发生的情况是,相当大区域的土地所有者可能会将土地部分出售,即一部分留作农用地、一部分用来出售。这些销售土地的收入和资本可能足以降低其出售其他土地的需求或愿望。如果农业是他们所了解的唯一职业,并且当地几乎没有土地以农用地价格出售,而当他们通过购买该地区其他地方土地的方式转移其农业技能和知识非常困难时,这一点尤其明显。而且可以预期他们继续拥有的土地在将来会以一定的溢价出售。因为土地是资本资产,一个更高的价格并不必然增加立即出售的压力,尤其是当所有者认为(预期)将来的价格会更高时。

这种分析解释了像东京这样快速发展的大城市及其周围的城市和农村持续扩张的现象。例如当一个土地所有者的女儿结婚时,所有者可能会出售他们的部分土地,但是会继续以更为集约化的方式耕种剩余的土地(Hebbert & Nakai,1986)。对城市开发用地需求的不断上升意味着任何进入市场的土地都会出售为开发用途。因此,对于希望变卖土地并搬到更远地方的农民来说,整个地区已经没有可提供的土地。在第16章谈到土地的重新分配时,我们将探讨这一问题的其他方面。

一些实证研究

在本章的开始,我们提到了罗斯基尔委员会代表英国高等法院对伦敦第三机场 GB 委员会(GB Commission on the Third London Airport,1970)进行的调查,表7—1显示的就是其调查结果。在对该表中的价格进行考察时,我们应该注意到调查是在20世纪60年代末这一时代背景下进行的。此后不久,通货膨胀加速,并且高通货膨胀率持续了近20年。因此,表中所标明的价格要比现在低很多,并且我们有必要了解调查中关于房价高低标准方面的观点。

表7—1中每一行指的是房价的不同水平,低房价平均为3 000英镑,中等水平的房价平均为6 000英镑,高水平房价平均为10 000英镑;每一列表示的是在每一价格水平下愿意以市场价格或者高出市场价格1 000英镑、2 000英镑等出售房屋的所有者比例。表中最高的溢价是5 000英镑,不过遗憾的是,这个最高数额是研究人员确定的,如果某个所有者表示他的房屋需以高于5 000英镑的价格出售,那么这个数字就按5 000英镑计算。

表7—1　　由罗斯基尔委员会调查的所有者出售房屋的市场价格意愿以及每一价格范围所需补偿(消费者剩余)的分布比例

房价范围 (平均)	要求补偿的金额						
	0英镑	1 000英镑	2 000英镑	3 000英镑	4 000英镑	5 000英镑	总计
低 (3 000英镑)	11	55	11	10	5	8	100
中等 (6 000英镑)	11	34	21	11	5	18	100
高 (10 000英镑)	11	15	19	12	9	34	100

资料来源:GB Commission (1970, p.373)。

大约11%的所有者愿意以市场价格出售,并且三个价格范围内这一群体所有者的比例都是11%,这些可能就是我们早前曾经讨论过的群体,即出于生命周期、工作变动或者家庭原因愿意出售房产的群体。从这些讨论中,可以预见的是在每一个价格范围内"愿意以市场价格出售"的比例可能会非常相似,但是完全一致有些出乎我们的意料。

该表还表明,对于那些不愿意以市场价格出售的人来说,房屋的市场价格越高,则他们所要求的溢价往往也越高。如果表7—1中的数字用图7—3进行解释,则这种情形将更加清晰,此时关于溢价水平范围设定的任意性就会非常明显。在该图中,与图7—1和图7—2中一样,所支付的高于市场价格的溢价使用纵轴表示,而每一组的市场价格也用同样的点表示。横轴上表示的是每一组占全部家庭的比例,而不是土地面积。反映图中数据的渐进函数与图7—1和图7—2中关于土地市场的供给曲线非常相似。无论如何,一定比例的家庭都将留在市场中,而另外一些家庭需要获得一定的溢价才愿意出售房屋。不动产的价格越高,渐进函数曲线就越陡,这与人们的预期一样,即房屋的价值越高,所要求的溢价通常也更大。虽然估值为3 000英镑的房屋很少会要求得到5 000英镑的溢价(此时溢价等于其房屋市场价值的167%),但是在拥有价值10 000英镑房屋的人中至少一半人要求获得这种类型的溢价(即5 000英镑),而且这看起来也很合理,因为溢价仅仅是房屋价值的一半。

戴纳斯基(Dynarski,1986)进行的研究提出了另外一种不同类型的实证研究证据。在一项使用美国跨行业数据的研究中,他发现所谓的"归属价值"是可以确定的。在他的计量经济学研究中,可以确定房屋对其所有者的价值,即如果

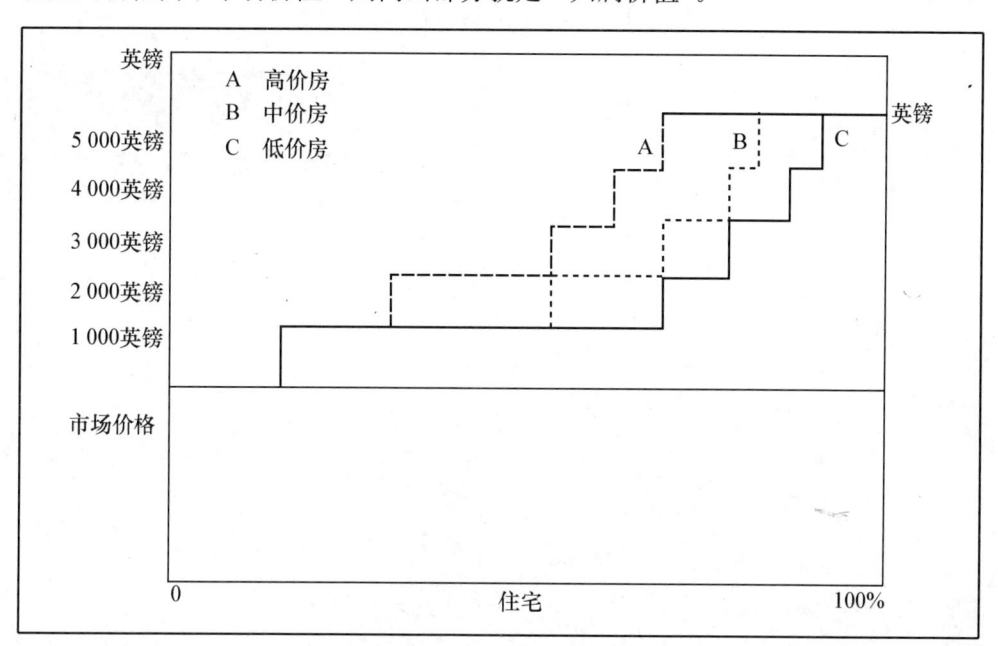

第7章 特定用途土地的供给：占有者偏好和住宅归属感

房屋的价值高于市场价值，则高出部分就是"归属价值"。

图7—3 消费者剩余

总结及结论

所有者对其土地的归属感，尤其是对其住房的归属感，可以用来解释不动产市场的各种特征。第一，即使这种"城市用途"的价格不会受到未来价格上升预期的影响，城市开发用地的价格也将高于农用地的价格，这种影响我们已经在上一章中讨论过。第二，即使在不存在投机的情况下，所有者对其土地归属程度的变化意味着一部分土地将被出售，因为溢价足以诱使他们愿意出售，而一些人不愿意出售，是因为对于他们来说溢价不够高。结果，城市的开发空间格局就会呈现星星点点的不连续状态，例如美国和日本，以及20世纪前40年在实施规划控制防止这种情况产生之前英国的城市。第三，城市扩张的速度越快，开发商为土地支付的价格就越高，此时我们再次假设不存在投机。第四，城市扩张与土地所有者出售部分土地这两种情况可能共存，因为一些土地所有者将出售部分土地并继续持有其他土地。

本章以及上一章已经给出了三个原因，说明了为什么即使是可以获得更高的当期收入，土地所有者也有可能继续持有土地而不是出售以供开发或者他们自己开发。但是，很明显的是，在实际中很难确定每一位所有者具体的行为动机，他们采取某种行为可能是因为对其所有物的归属感、对未来的投机、对未来的不确定性或者以上三个方面兼而有之。然而，总体来说这三种动机确实解释了土地未被用作当期"最高最佳使用"的原因。

第8章

土地所有权及其变化

"让它去吧"

简 介

在上一章的讨论中,我们假设不动产由其所有者占有和使用,但是,这种情况并不是必然的。大多数其他类型的资本资产是由其使用者占有,但是土地及建筑物通常出租给租户,因此不动产可能是由其所有者之外的其他人或者公司占有和使用。实际上,某些时候,在有些用途、有些国家或者地区,这种情况普遍存在。

在过去对不动产进行的经济分析中,人们通常忽视了这种情况的经济意义。在广为人知的新古典主义经济学中,学者们假设所有权形式与土地的用途没有关系,并且不动产的所有者希望尽可能多地从其所有权中获得当期回报,这种回报包括从租户那里收到的地租以及因使用不动产而产生的收入,如果是供家庭居住则这种收入是隐含的。但是,在上一章中我们提到所有者对其土地有归属感,即使可以从改变土地用途或在必要的出售中获得更高的当期收入,他们通常也愿意以自己熟悉的方式占有和使用土地。我们在本章中将指出,如果土地所有者将不动产出租,则他们可能更愿意改变其用途或者在必要时出售。这意味着如果该地区的土地是由所有者出租给租户而不是由所有者自己使用,则开发用地的供给可能更有弹性。

但是,拥有土地的方式在其他方面可能非常重要。我们需要指出的是,在土地用途从农业转变为城市开发的过程中,土地所有者的特征可能会在不同的阶段发生变化,例如从使用者变为投资者或者从投机者变为开发者。第6章在讨论投机行为时,我们曾经提到过这种转变。第6章和第7章中的分析共同表明了所有者的动机和特征是导致所有权变化的重要因素。

租户、所有者占有及土地的供给

在上一章中提到，如果想吸引所有者早于他们的意愿出售其不动产并搬到其他地方，我们认为所有者通常需要获得一些补偿，这种观点获得了实证经验的支持。根据这种观点，我们在图 7—1 和图 7—2 中表明了特定用途土地的供给可以使用一条向上倾斜的曲线 SXS' 表示。在本章中，我们将会指出，土地的供给将会受到土地所有权的影响。通常，如果土地是由其所有者自用，而不是出租给租户使用，则供给弹性会较低。当然，这种情况将会受到租户与所有者之间具体法律关系的重大影响，尤其是租户租赁地位的稳定程度。

在对一宗不动产的持续占有中，所有者与租户的经济地位不同，这种不同可以通过在环境属性使用调查中有重要作用的术语或"条件价值评估法"进行阐释。例如让人们说明一些事物对他们来说具有的价值：如大城市中绿化带的存在（Willis & Whitby，1985）；或者古物的存在（Riganti，1997）；或者参观大教堂（Willis et al.，1993）。但是，在实际中，问题不是这么简单，与我们有关的问题可能采取两种询问方式，一种是根据支付意愿（willingness to pay，WTP）询问，即你愿意为绿化带的持续存在支付多少钱；另外一种是根据受偿意愿（willingness to accept compensation，WTA）询问，即如果绿化带停止存在你愿意接受多少补偿？

很明显，这两个问题都与同一个环境属性有关，但是同样明显的是从这两种问题中可能获得不同的答案。如果被问及应该支付的金钱，人们很可能给出一个较低的数字，低于他们愿意接受补偿的金额。如果所涉及的金额很小，例如每年几英镑，则两者可能非常接近；如果所涉及的金额非常小，则两者可能几乎完全相同。但是，如果涉及的金额很大，则两种答案之间的分歧可能很大。

在土地市场方面，对于一块土地的持续占有等同于这些调查中的环境属性。在上一章中，实际上就是询问了自用的所有者获得多少金额才愿意放弃其不动产。然而，如果不动产是由地主所有、租户占用，则情况可能完全不同。假设此时的情况与第 7 章相同，但是土地由租户占用，则土地的所有者可能会收到希望购买这片土地的开发商的出价。如果城市土地的需求非常高，则开发商将愿意支付比当前土地用于农业用途更高的价格。土地的所有者就不会再居住在这片土地上，并且可能认为土地仅仅是一种资本资产。如果所有者仅考虑其利益所在，那么他就没有理由不接受较高的出价并出售不动产。没有理由是指，除非可以说服现有的租户支付较高的房租使其可以获得等于出售土地的收益。

但是，这种较高的房租将高于农用地当前的市场地租，因此也高于租户在其他地方必须支付的地租。此时，通过支付溢价，租户可能继续待在同一个地方。上一章的讨论说明了他们愿意这样做的一些原因：他们在该地区已经建立了社会和经济关系，并且已经对其所耕种的土地有了具体的了解，因此对其家园有一种归属感。如果他们必须搬走，则当前位置的所有这些优势都会丧失。但是，我们并没有讨论他们放弃这些东西需要得到多少补偿。假设问到他们愿意为继续待在目前的位置并保有这些东西支付多少，则他们所提出的金额与租户的收入相关，并且"支付意愿"金额明显小于所有者的自用"受偿意愿"金额。

图 8—1 用两个可能的供给曲线对这两种情况的差别进行了阐释。与第 7 章中使用的图形一样，位于现有城市区域外围的土地用横轴 OB 表示。在上一章的图中，纵轴是代表地租还是资本价值无关紧要，在本章中这一点非常重要，纵轴表示的是不动产的年收入或者是其出售的年化收入。如果是将不动产出租给租户，则是指所支付的地租；如果是由所有者自用，则是指由不动产利用产生的年化等价收入；如果是出售，则是其出售收益的年化收入。在纵轴上，OP 是市场为这类农用地所支付的地租，因此水平线 PP' 表示这种土地用作农业时的需求曲线。

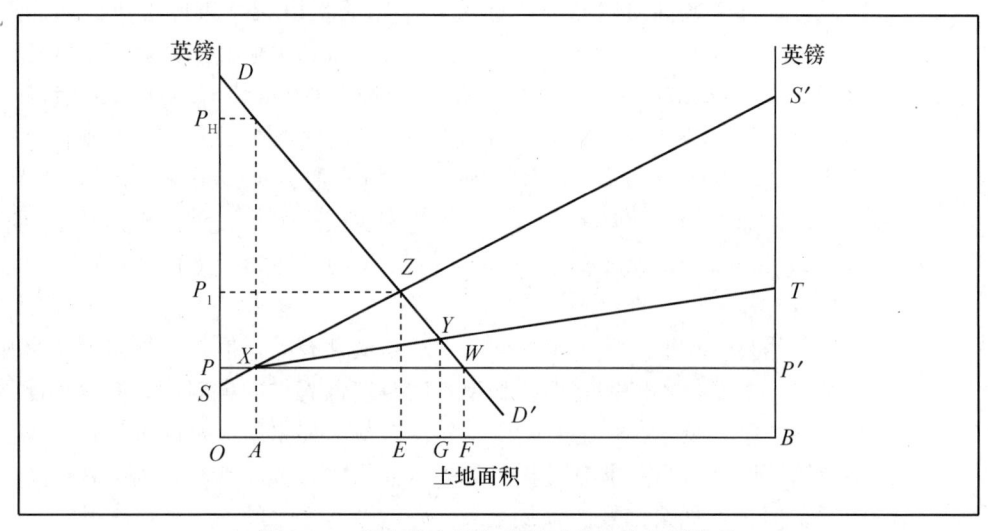

图 8—1 所有者自用与出租时土地的交易情况

与以前一样，城市开发用地的需求曲线为 DD'，租用土地的市场供给曲线为 SXT，并且我们同样假设一些土地在租户死亡、退休、搬走或者因为其他职业而放弃耕种时将以当前的农用地价格进入市场，并且使用位于直线 PP' 之下的曲线 SX 表示。如果土地所有者提高地租，则租户可能愿意支付稍高一些的地租以继续待在当前的位置，然而他们所愿意支付的溢价不会太高，因为通常都会存在搬到其他地方以后，按当前农用地市场价格进行支付的情况。这种情况在该图中用曲线 XT 表示。

如果土地是由所有者占有，与第 6 章中的分析一样，供给曲线就是 SXS'。由于"支付意愿"与"受偿意愿"的上述差异，直线 XS' 明显高于 XT，因此城市开发用地的需求曲线与 XS' 相交于 Z 点，该点高于与 XT 的交点 Y 并位于其左侧。也就是说，从一种用途向另外一种用途的转变在出租和所有者自用两者之间很可能不同，例如，如果是出租，与所有者自用相比，出售给开发商的价格将会较低；出租和所有者自用相比，在一定时期内将会出售更多的土地，因此就土地从一种用途转变为另外一种用途的速度来说，前者将快于后者。实际上，与自用的所有者搬离其自己的土地相比，土地所有者更愿意为了获得较高的边际收入而撵走其租户。这意味着，如果土地用于出租，土地用途改变的速度可能很快；这种情况实际上与新古典主义的假设相当接近，即如果土地其他用途的边际价格高于其当前用途的价格，它将立即转向价格较高的用途。

然而，法律规定将会严重影响用途改变的速度，尤其是租户与土地所有者间的租赁协议中关于租赁期限和租金支付的条款，以及任何影响租户法定地位的法规。其中具有争议的是，租户对于其当前所占有土地的权力。如果他们没有产权保障的权力，而是任由土地所有者驱赶，就会出现上文描述的那种情况，无论是否存在任何有关地租给付的控制或监管、合同约定或其他约束条款，情况都是如此。

如果存在关于租赁关系的规定并且租户拥有完全的产权保障，则用途改变的速度和开发商必须支付的价格将取决于是否可以向租户进行"单方支付"，以及这种行为是否会被认定为行贿并且遭受道德或者法律上的谴责。如果不允许进行这种补偿性支付，则租户就没有搬迁的动力，且不能迫使他们离开，则土地进入市场的唯一途径就是租户因为死亡、退休等自身原因将其空出。在图8—1中，这部分土地就是横轴上的 OA，而供给曲线就成为经过 A 和 X 的一条垂线。土地及不动产的供给不会受到经济因素以及价格的影响，这一点在图中由这条垂线与需求曲线 DD' 的交点表示，该交点的位置非常高，即纵轴上的 OP_H。另一方面，如果土地所有者或者开发商可以与租户协商并进行补偿性的"单方支付"，则土地的市场供给及其价格就与土地被所有者占用时非常相似，此时价格和数量由需求曲线与 SXS' 的交点表示，这是因为租户可以因为被迫离开而要求土地所有者（或者开发商）给予补偿，并且补偿金额可以由"受偿意愿"而不是"支付意愿"确定。由于租户必须获得全额补偿并且土地所有者也必须获得至少是农用地的市场价格，因此开发商必须支付的价格会更高。

当然，上述可能性还存在一些变形。现实中最可能的是租户只有有限的产权保障并且可以迫使其在一定的告知搬迁通知期之后搬迁，则此时用途改变的速度将由通知期限的长短决定。如果通知期限很短，例如几个月，则用途改变的速度就会较快，而对于开发商来说土地的价格会低于由所有者占用的价格；如果通知期限很长，例如好几年，那么开始时用途改变的速度较低，而价格较高。然而，当通知期限结束时，流入市场中的土地数量趋于上升而价格下降。

还应该记住的是，社会或者非法律因素也非常重要。如果租户拥有租约控制下的产权保障，则地主及开发商都必须努力使租户"自愿"搬迁。在20世纪50年代末的英国，住宅不动产的租户拥有完全的产权保障并且租金被控制在明显低于市场价格的水平。在这些情况下，一些土地所有者当然就会使用非法或者准法律手段迫使租户搬迁。例如，房屋修缮可能非常慢，使房屋处于长期的年久失修状态；制造一些噪音和干扰迫使租户搬到其他房间，这些实际上都是土地所有者为了使现有租户的生活变得尽可能糟糕而采取的手段，被称为"拉克曼式剥削"（Rachmanism），是根据其中臭名昭著的土地所有者彼得·拉克曼（Peter Rachman）的名字命名的。

更早些时候，没有产权保障的租户状况可以通过19世纪早期苏格兰的"高地清理"（Highland Clearances）计划进行说明。由于发现在土地上放羊可以获得比出租给佃农更高的收入，很多领主驱赶佃农们离开这片土地，并将树桩拉倒任其腐烂。由于没有地方可去，佃农们搬到了工业化的城市，例如格拉斯哥，或移民到加拿大等地，这种历史案例颇具讽刺意义。领主们及其佃农通常都是同一个家族的成员，并且作为家族领袖的领主们对于其家族成员具有社会责任，因此领主们驱赶自己家族的成员离开其土地和国家并用山羊取而代之的行为很不道德，因此约翰·普瑞贝尔（John Prebble，1963）称领主们为"四脚族人"。当然，从经济观点来看，迁徙在长期内是不可避免的。但是，如果佃农们有更大的产权保障或者是自有土地上的农民，则这种进程发生的速度会很慢，并且不会遭受无谓的损失。

所有权及其变化

为了表明土地的拥有和占有方式将会影响开发和用途改变的过程，即所有权影响开发过程，上述讨论引用了上一章占有者对其土地归属感的分析。本节的讨论将以不同的方式对这个过程进行考察。此时，我们使用第6章对投机行为进行的分析，以及上一章对所有权和占有关系的分析，来表明开发的预期如何改变土地所有者的特征，即开发（或者其预期）如何影响所有权。

讨论的动机来自于布朗等人（Brown et al.，1985）对美国土地所有权进行的实证研究，他们研究了两种状况下（农村）土地所有者的特征及动机。在第一种情况下，开发压力很小；在第二种情况下，开发压力很大。

研究人员发现，当开发压力很小时，土地往往是由被他们称为"使用者"的人拥有，这些人要么耕种土地，要么居住，也就是说这些土地被用于住宅或者农业用途并且是由其所有者占有和使用。这些使用者对其土地的态度可以使用"强烈的个人承诺"来描述，尤其是他们"对出售不感兴趣"。如果考虑出售，则往往是因为家庭或者生命周期等原因。布朗及其同事总结认为，此时的土地供给是对人口因素而不是对经济因素做出的反应。

可以看到，布朗等人所描述的这些土地所有者的状况与第7章中自用所有者的特征和动机非常相似，即其主要利益是持续占有和使用土地。美国的研究人员没有继续追问受访者是否愿意以一定的价格出售，以及愿意出售的价格是多少。虽然对于这里的分析非常有用，但是他们没有询问这些问题，因为这不是当时他们研究的重点，甚至可能被认为无关紧要，并且他们所考察的状况中开发压力很

第8章 土地所有权及其变化

小,不可能提供较高的价格。

布朗等人认为当开发压力很大时土地所有者的特征和动机可能有所不同。他们发现,当开发压力很大时,更多的土地可能是由他们称为"投资者"的人持有,这些投资者在土地进入市场时购买但并不计划自身占有或者使用土地,他们持有这些土地只是作为一种投资。"投资者"通常对出租土地所产生的任何当期收入都不感兴趣,而是空置,因此可能等待更高的价格出售。布朗等人发现,当开发压力很大时,进入市场的大部分土地都是由投资者购买,而不是由使用者购买。而且可以看到,在一定时期内,由于开发压力逐渐增大,该地区存量土地中被投资者拥有的比例越来越大,被使用者拥有的比例越来越小,所有权模式便会发生改变。最后,正如人们所预期的那样,研究还发现,如果有人出足够高的价格,这些"投资者"愿意出售,因为他们对于土地的兴趣就是为了获利。

我们可以利用第6章中关于投机的讨论对所有权模式的这种转变进行经济解释。图8—2中,时间用横轴表示,图(a)中纵轴表示的是地租,这与图6—1和图6—2一样;在图(b)中纵轴表示的是资本价值。与以前一样,上面图中的水平线 R_F 表示将土地连续用作耕地时可以获得的年收入,而上面图中的 R_1 表示以房地产开发等其他用途将土地进行城市开发时所获得的收入。在该期间的早期,R_1 很低,但会一直增加,直至在某个时点大于将该土地连续用作耕地所获得的收入。这个时点,即横轴上的 T_1 到来时,土地将被开发。

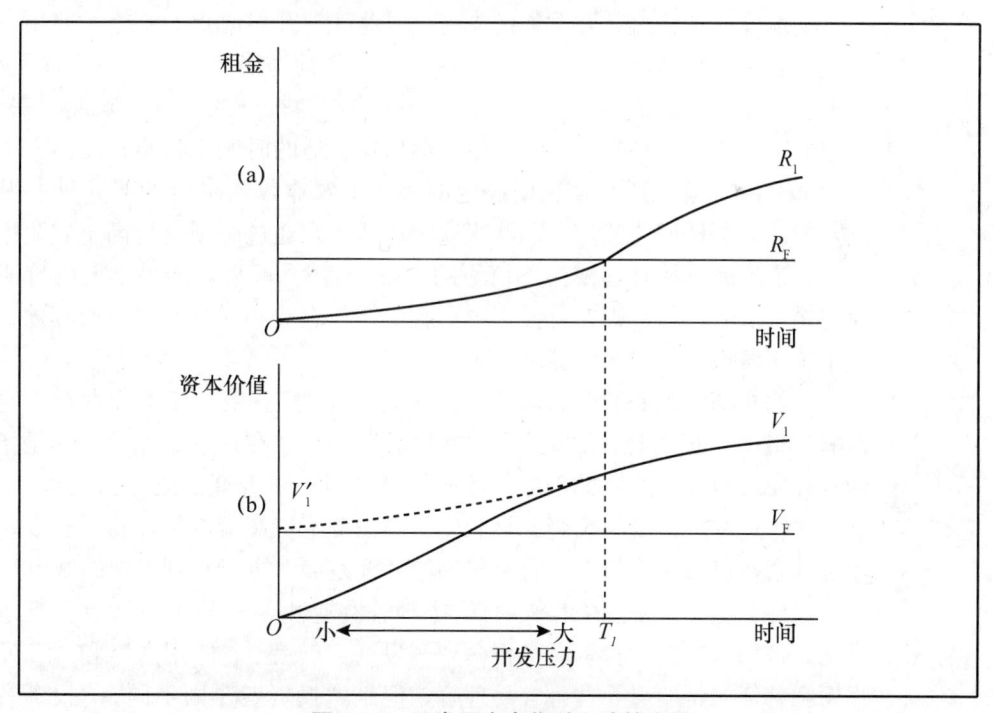

图8—2 开发压力变化时土地的交易

从当期收入或者租金的分析中,我们看不到土地在开发时点前后不被使用者和开发商持有的明显原因。为了明白"投资者"为什么会持有这些土地,我们必须基于图8—2（b）对土地的资本价值进行分析。在该图中，水平直线V_F表示在可预见的未来一直用作耕地时土地的资本价值，由于农业收入在所有时间内保持不变，因此作为未来收入贴现值的资本价值也保持不变，即V_F是水平的。

如果土地在T_1之前一直空置并在该时点开发，则其资本价值可以表示为V_1。在开发时点之后已开发土地收入远远高于农业的可能收入，并且V_1表示这些预期未来地租的现值，则与图6—1中一样，在开发时点及其后的时间V_1就会明显高于V_F。当然，在开发之前土地并不是一定空置，而是可以耕种。如果土地一直可以获得收入则其开发之前的资本价值在下面的图中可以使用虚线V_1'表示，这条虚线总是位于V_F之上，因为一直存在开发预期，但是如果开发是在数年之后，该虚线就几乎与V_F相同。随着预期开发时点的临近，这条虚线就会升至V_F之上，并且在T_1之后与V_1重合，此时城市开发开始，而农耕结束。

图8—2表明，如果土地在未来某个很远的时点用于开发盈利，则其资本价值与其纯粹作为农用地的价值就没有什么区别。然而，随着预期开发时点的临近，由于受开发时预期价值的影响，则土地的价值将明显大于其作为耕地的价值。潜在的"使用者"，例如希望购买一块土地并将农业作为职业的人，对于购买这片土地的兴趣就会不断降低：第一，无论是作为耕地还是住宅，只能使用一段时间，即开发之前的时间；第二，也可能是更重要的一点，他们能以较低的价格在其他地方购买不受开发预期影响的耕地。

土地价值主要由其开发预期决定，因此随着开发时点的临近，使用者对土地的兴趣就会不断降低。另一方面，在开发时点前，由于开发这片土地无利可图，也不值得任何开发商购买，而对于另外一些作为投资的所有者来说则完全不同。他们会购买土地，持有并可能出租，然后在合适的时间出售给开发商。由于土地的大部分价值是由其开发预期决定的，而由农业收入决定的部分只占很少的比例，因此如果任何"使用者"购买这个场地，则通过必须支付高于农业用途价值的巨大溢价就会使自己变为不情愿的"投资者"。例如，如果土地的价值是其农业用途价值的三倍，则在总投资中只有1/3与农业和耕种有关，而其他2/3都取决于未来城市开发的预期。

根据布朗等人的看法，当"开发压力很小时"，未来任何开发对土地价值的影响都很小，并且土地将继续由"使用者"购买。在这两个图中，就是指靠近纵轴至开发时点左侧之间的部分。然而如上所述，随着开发压力越来越大，"投资者"在土地进入市场时购买并将其作为一项资本资产就变得可行且必要，因为这项资本资产可以一直持有，直至出售给"开发商"进行有利可图的城市开发。

因此，当"开发压力很大时"，土地往往是由"投资者"持有。土地所有权是从"使用者"向"投资者"再向"开发商"转变。"使用者"和"开发商"的作用和特征非常明显，并且容易理解，但是"投资者"则不同。"投资者"的作用似乎明显，即将其资本投资于当前价值源于未来预期价值的资产，但其特征仍不明显。而且，如果未来并非如预期的那样，他们就要承担与这项投资有关的风险。

投资者的很多特征可以根据他们发挥的作用判断，威特和布克曼（Witte & Bachman，1978）对一些空闲土地投资者进行的调查证明了这个观点。他们发现，投资者往往有更多的资本用来冒险，而且他们所持有的土地通常是其资产组合的一部分。他们还发现，投资者对风险的厌恶程度很低。由于对资产进行的大量投资只能在未来的某个时点变现且其价值只能估计，不能预测，因此至少上述特征看起来是合理的。虽然投资有风险，但是如果土地是作为投资组合的一部分持有，就可以降低风险。基本的投资组合理论认为"非系统性风险"可以降低，不能消除，因为其他投资将具有不同并且只有部分相关的风险。持有很多资产意味着土地最终出售的任何损失或者差额都可以通过其他资产出售时的利润或者盈余进行平衡。

他们的另外一个特征并不是非常明显，即"不动产投资者"可能有专业人员参与。但是，这一点一旦确定，则原因就十分明了。对不动产市场信息的掌握，无论是从市场中获得的内幕信息，还是从专业人员那里获得的专业信息，与那些门外汉相比，都将降低这些专业投资者的市场风险。实际上，关于市场以及土地未来的信息正是吸引投资者对土地进行投资的首要条件。但是，若投资者拥有专业知识，熟悉市场，也会大大缩小未知风险的范围，并降低风险水平。

一些投资者的最后一个特征根本不明显。威特和布克曼发现，"投资者"通常是社会公共机构，对此的解释可能是，大学或者教堂等社会公共机构有长远规划，它们可能在数年以前就已经提前预期到了土地将在未来开发，但是有限责任公司的股东和经理只有短期规划，他们仅仅对接下来几年之内可以实现的利润感兴趣。个人可能有长远的规划，但是缺乏进行投资所需的资本，因为这些投资在未来10年或20年甚至更长时间内产生的收入都很少。教堂或者大学等社会公共机构规划的时间范围可能比这还要长。资产开发以及其价值的实现可能发生在未来很长时间之后，但是这并不是一种必然劣势，这些资产可以继续以机构的名义持有，并传至其继任者。我自身所在的雷丁大学在雷丁市的南部和东部就拥有很多农场，其中一些是在20世纪80年代早期开发的，一些是在近期开发的，还有一些可能是在接下来的几年间将要开发的。在已经存在100多年、且在可以预见的未来没有关闭意图的社会公共机构中，开发步伐的缓慢是一种遗憾，但并不是出售资产并进行其他投资的原因。另外一些社会公共机构，例如英格兰教堂（Church of England）、罗马天主教堂（Roman Catholic Church）以及牛津和哈佛大学等，比任何股份公司都历史悠久，因此具有更长的发展时域。

布朗等人（1981）对土地所有者进行的调查以及威特和布克曼（1978）对土地投资者进行的调查都是数年之前在英国进行的，而美国土地市场的监管要比其他国家少，且当时的监管可能比现在还少。如果限制或者控制开发等干预措施的程度更大并且规划控制更为严格，则情况又会如何呢？

布朗等人（1981）进行的其他研究提供了部分答案。他们对加拿大卡尔加里市（Calgary）的土地所有权模式进行了考察，并且发现所有权从使用者向投资者再到开发商的转变过程不是非常明显。他们对此的解释是，与美国的四个城市以及加拿大的多伦多等其他地区相比，卡尔加里地区的规划控制更为严格。因此，土地价值很难计算，并且土地价值的变化在长期内更不易预测。因此，投资者的作用不是非常明显，且土地很有可能是在使用者与开发商之间直接进行流转。

英国当前正处于20世纪60年代美国自由市场的另外一个极端，通过规划机制对开发进行了严格限制。因此，城市边缘土地未来的开发价值几乎与时间的流逝无关。那么，本节前面使用的图示分析法毫无用处。随着最佳开发时点的临近以及城市范围的扩展，土地价值不会随着时间的推移而增加。英国的城市范围可能受到绿化带或者其他规划控制形式的限制，因此土地的价值几乎完全取决于获得规划许可的可能性。而且，正如我们在第3章中所指出的，如果允许将农用地转变为住宅或者其他城市用途，则土地的价值可能上升数百倍甚至更多，至少在英格兰南部是这样。

古德柴尔德和穆顿（Goodchild & Munton，1985）对英国20世纪80年代的土地所有权进行了研究，研究结果大致解释了这种情况。他们发现，所有权形式与土地价值一样取决于获得规划许可的概率。如果获得开发规划许可的概率非常低，则土地的价值就会接近农用地价值，并且土地是由农民（使用者）拥有，另一方面，如果获得规划许可的概率很高，则土地通常是由投资者拥有。投资者可能将这些土地闲置，因为能够获得的任何地租与土地的资本价值或者获得规划许可后的预期价值相比都是九牛一毛。古德柴尔德和穆顿发现，在现实中，即使距城市地区非常近的不动产处于使用状态，也是被城市居民用作"马场"，即放养、保留并训练那些用于娱乐的马匹。

自古德柴尔德和穆顿进行研究之后，使用期权的方法开始兴起，实际上这种方法出现在20世纪80年代。土地购买期权的使用几乎消除了"投资者"的所有作用。其过程如下：开发商向土地所有者支付相对较少的货币，以获取地块获得开发规划许可后的购买期权。例如，在20世纪80年代末，一家石油公司向雷丁大学支付了5 000英镑，以获得一条主路对面一片农场的购买期权，他们希望在那里建造一个加油站。然后，开发商申请规划许可，并且支付了所有成本。如果地方当局拒绝发放规划许可，开发商向国务院（即中央政府）上诉便成为必要之举。实际上，有时期权协议可能诱使开发商对拒绝发放规划许可的行为提出上诉。

如果不能获得规划许可，则土地所有者就不会再收到任何费用。在上述案例中，石油公司没有获得规划许可，因此雷丁大学仅仅收到5 000英镑（但是仍然拥有该农场）；另一方面，如果开发商确实获得了规划许可，则使用者就会将土地出售给开发商，在初始合同中只列明确定价格的方式，而不是实际价格。在合同签订时，无法就价格达成一致，因为土地的实际出售是在一段时间之后才发生，也可能是在数年之后，并且价格将取决于当时的市场情况。此外，价格还将取决于最终所获得规划许可的条款和条件。

然而，在出售时土地所有者不会收到全部的土地市场价格。开发商已经发生了一些获得规划许可的成本，以及上诉费、律师费、规划咨询费和专家费，这些成本可能很高。而且，即使是申请规划许可最终完全失败，开发商也会发生这些成本。实际上，开发商往往支付市场价格的一定比例，以对公司在申请成功和不成功情况下的成本进行补偿。在 20 世纪 80 年代中晚期，土地所有者收到的价款占土地市价的比例大约为 90%，20 世纪 90 年代早期这个比例已经下降至 60%，因为开发商发现申请成功的次数越来越少，因此需要在申请成功后以较大的地价比例弥补所有不成功申请的成本。

可以看出，投资者在土地从一种用途转变为另外一种用途时的作用在没有受到控制的土地市场中非常明显，但是在像英国这样受到严格控制的土地市场中则不然。不过，即使在受到控制的市场，如果原来的"使用者"和最终的"开发商"对于土地具有浓厚兴趣并且希望避免风险，则投资者仍然有可能发挥一些作用。他们可以通过持有一组投资组合来分散土地所有权的持有风险，这种投资可能是土地或者其他资产。具有更长的发展时域的社会公共机构也可能发挥作用，因为在一段时间之内规划许可可能被赋予某些土地，这个时间可能是 20 年或者更长。因此拥有较长发展时域的社会公共机构可以比公司或者个人等待更长的时间。

总结及结论

本章关注的是土地所有者的动机和特征，所有者的动机将影响其土地持有行为。简单地假设土地所有者仅仅是为了从其土地上获得最大可能的当期收入，即总是认为土地会用于"最高最佳使用"是完全错误的。土地自用的所有者的行为方式可能与将土地出租给租户的地主有很大不同。尤其是，当土地自用的所有者因离开土地必须获得补偿，而租户为了继续待在这片土地上可能必须支付较高的地租，那么如果土地是出租给租户，和所有者自用相比，其用途的转变速度可能更快。当然，租户的法律地位将影响土地用途的转变速度。如果租户有产权保障，则土地用途的转变速度可能较慢。

此外，对土地未来的预期可能影响其所有权。如果预期一块土地将在接下来的数年内开发，则个人或者公司就可能购买这片土地，他们就是具有某种动机和特征的"投资者"。如果在可预见的未来土地很可能是作为耕地，则这片土地就会由具有不同动机的农民或使用者购买。

第 9 章

土地所有权、政治、社会

"朋友帮了我的忙"

简　介

本章我们将讨论社会关系在土地所有者角色以及地主—租户关系中的作用。过去，这些社会关系在决定政治、社会和经济变革方面非常重要。现在它们的重要性虽不如前，然而也不能完全忽视。

接下来我们继续讨论土地所有权的其他表现形式。一方面，我们进行土地共同所有权的经济学分析，以展示使用者在确保土地得到有效利用时常用的规则；另一方面，我们分析自由主义观点，即国家不应对所有者拥有的土地进行控制、征税和监管，理由是，如果控制确属必要，那么私营部门会通过市场机制解决。我们认为，并没有证据证明这一定是正确的。

社会与土地所有权

在上一章的讨论中，我们分析了土地所有者的动机和特点如何影响开发进程，又如何受开发预期的影响。当然，我们假设所有者的动机相对简单，主要是经济角度。但我们不应完全忽略土地所有权能影响所有者的社会与政治行为这一事实。和现在相比，这一点在过去更为明显和符合实际，因为土地所有权与社会、政治责任不可分割，既然这些因素能够影响所有者的动机，自然就会影响所有者的行为。

第9章　土地所有权、政治、社会

在英国以及欧洲其他大多数国家，原因可以追溯到中世纪的封建制度。所有者与佃户之间的关系对双方都产生责任，其中，佃户有提供武装人员的责任，地主有保护佃户的责任。当然，地主对封建领主——国王也有着类似的责任。中世纪的封建关系虽然仍有遗留，但已开始变革。例如，英国法律规定，在理论上君主是全部土地的所有者，实际的不动产所有者从她（他）那里获取土地。苏格兰有一个沿袭的法律规定，就"永久租借地"向"封地所有者"支付款项的土地拥有者即是土地所有权人（现在，封地所有者很有可能是一家保险公司或类似的机构）。

尽管封建制度已退出历史舞台，但其残余力量仍然对英国的政治生活产生着影响。英国贵族和土地豪绅惯于合并土地，尽可能增加土地面积，将财产传予长子，幼子则在教堂或军队谋事。这意味着，土地面积大且并不分割，这与欧洲其他不实行长子继承制度的国家很不一样。在18世纪，权利从上议院传到下议院，如果地主在上议院占有席位，地主希望他的佃户给他支持的候选人投票，可能是他的长子或继承人。由于直到1868年才实行秘密投票，这种情况很明显，即使在那之后，一些选区仍如此。因此，土地所有权产生了政治、社会以及经济权力，并且土地所有权的重要性远超过由土地产生的任何收入。

残留的封建思想使佃户认为，地主对他们有责任，他们应对地主尽义务。地主与佃户签署了社会契约以及法律契约，因为佃户都是地主的亲族。

圈地运动、制造业以及工业城镇的兴起等加快了土地作为重要社会政治资产的衰落。但是，大地主仍有权力改变发展的进程。有些加快了发展进程，例如布里奇沃特公爵（Duke of Bridgewater）为了将煤炭从位于他土地上的煤矿运到曼彻斯特，修建了最早的工业运河（Porter 1982，1998，p. 192）。有些则可能减缓了发展进程。我们在第1章提到过，埃克赛特侯爵阻止从伦敦到约克和爱丁堡的铁路穿越他在斯坦福德外围的土地，只能通过彼得伯勒建造，斯坦福德由此成为停滞之地（Hoskins，1955，第9章）。

土地的不同还在于其所有权具有政治维度。一个现代例证是在20世纪80年代不动产所有权被玛格丽特·撒切尔（Margaret Thatcher）以及保守党赋予的重要性。他们提出的一条政策是允许地方政府住房的租客购买他们所居住的房屋。由于能够以和真实价值相比具较大折扣的价格购买房屋，因此该政策非常受租客欢迎。实施该政策的主要原因是工党以及保守党活动家都认为自用业主倾向于选举保守党，而租客倾向于选举工党。如果这种观点是正确的，我知道这毫无疑问是正确的，则租客数量下降、自用业主数量上升的情况部分地解释了20世纪90年代工党改变立场后英国政治的右翼走向。

所有权与租赁的其他形式

土地区别于其他形式的固定资产的特征是土地能够以许多不同的方式占有和

运营。不动产租赁期可能固定为好几年。通常，租期是固定的，但是合同可以制定有关租金定期调整的条款。一些国家在农业上一个重要的租赁类型是佃户支付的地租不是固定的货币而是产出的分成。许多学者分析过租佃分成制的经济意义，解释其原因是代表着农业固有的风险分配，其中，最有名的是张五常(Cheung, 1969)。在"正常"的租赁中，地租先被固定下来，佃户承担由于各种原因而造成的庄稼收成不及预期的风险，并通过好于预期的庄稼收成而从中获利。实施租佃分成制后，风险由地主和佃户共同承担。在和世界上气候温和地带相比风险要大得多的地区，或是在佃户非常贫穷必须采取措施将风险最小化的情况下，这种契约最可能签订。因此，美国南方的"租佃分成制"佃户可能是最贫困的佃户，其条款就是按这种方式签订的。

一种在某些国家仍然具有政治和社会影响的所有权形式是共同所有。新古典主义经济学研究强调个人自利行为，认为土地以及任何资源的共同所有都效率低下，还解释了共同所有权在大多数经济发达地区消失这一现象。历史上著名的例子是英国18世纪以及19世纪早期的圈地运动。由于它与农业革命同时发生，因此也被看做农业革命的组成部分。在工业革命的早期，我们很容易发现这是经济进步中较为显著的发展。

支持这一观点的经济分析可以通过图9—1表示。它展示了一块地可以被共同所有者用来放牧，或者被一个人占有。土地的个人所有者以及共同所有者当中的每个人都尽量使土地收益最大化。土地的使用或投资通过水平轴线表示。这可以是在土地上吃草的奶牛的数量。如果想找个现代社会共同所有的例子，这里则可以是一片海，通过对该海域打鱼的船只数量可以估量对资源的使用。

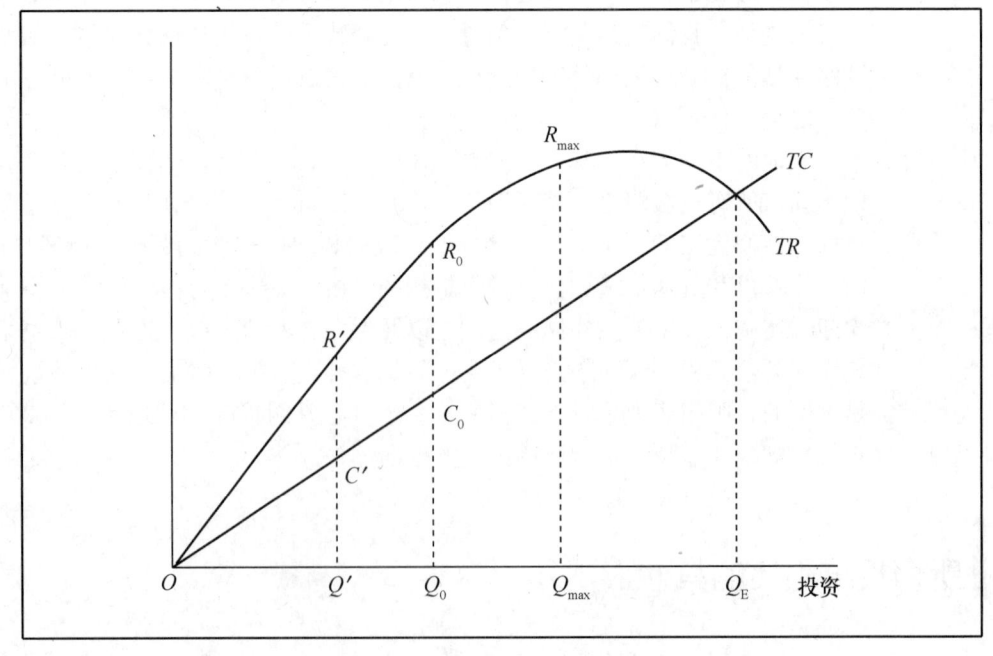

图9—1 土地投资的成本收益分析

第9章 土地所有权、政治、社会

垂直轴线代表使用土地的总收入和总成本，也就是所有在土地上吃草的奶牛所产生的收入以及奶牛给所有者带来的总成本。假设每头牛的成本相同，那么表示总成本的线 TC 是一根从原点向上倾斜的直线——因为每头牛的成本相同，所以斜率是一个常数。另外，只有一头牛在土地上时，收益最大，随着奶牛的数量增加，每头牛产生的收益趋于下降。而牧草稀缺，则需要寻找更多的牧草，于是越来越多有牧草的地方遭到踩踏成为不毛之地。这意味着，土地利用得越充分，总收入的增长便会呈下降趋势，用经济学术语说，就是规模报酬。所以图9—1中的总收入曲线 TR 以斜率递减的趋势向上倾斜。

曲线在投入为 Q_{max} 时，达到顶点，从这一点以后，随着投资增加，从土地上获得的总收益呈下降趋势。这表明，在例子中，随着更多的奶牛被放牧到土地上，土地变得非常拥挤。每新增一头奶牛事实上减少了总收入，因为草料开始稀缺比奶牛数量的增加更严重。在渔场的例子中，就像是渔船从这一点开始对该海域过度捕捞，但鱼没有长大，因此鱼量以及总打鱼量都会下降。国际共同行动控制海洋和海域的捕鱼能够反映这个例子的相关性。

假设在土地共同所有时，每个所有者可以从个人利益出发，选择他们愿意在土地上放牧的奶牛数量。只要从每头奶牛身上获得的平均收益小于平均成本，每个人都会继续投入更多的牛。只要土地的总收益大于总成本，这一点就成立，因为平均成本和平均收益只是总成本和总收益除以相同的数字，即奶牛的总数量。

因此，这种情况在图9—1中就是追加投资直到总收益等于总成本时，也就是 TR 与 TC 相交时，总投资由水平轴线上的 Q_E 表示。很显然，这属于过度投资，因为 Q_E 大于 Q_{max}，而在 Q_{max} 是以较少投资获得较高收益。从社会效率的观点来看，以较低的总投入获得较高的总产出显然更划算。

虽然 Q_{max} 代表能获得最大产出值的投入水平，但是从社会观点看来，这并不是最具经济效率的产出。它之所以能获得最大产出是因为，在这一点更多牛的进一步投入根本不增加总产出，这意味着，这样的投资使得资源的收益为零。从社会观点看来，这显然是不可取的。如果减少在土地上放牧的牛的数量，效果可能会更好。最优产出点是在新增投资的产出价值等于该投资的成本之时。在图9—1中，最优的投资水平，即产生最大产出的投资水平，在横轴线上表示为 Q_o。在这一点，曲线 TR 的斜率等同于曲线 TC 的斜率，也就是边际收入等于边际成本。在此投入水平下，新增投入的收益大于新增成本，因此追加投资有利可图；高于此投入水平，新增收益小于新增成本，因此减少投资会增加利润。

这种投资水平显然具有经济效率，而且可以看出，如果土地由追求最大利润的某个人或某个公司控制，那么 Q_o 将是取得最大利润的投入水平。所以，从社会的观点看来，如果土地由追求个人利益的单个所有者控制，投入和产出具有经济效率；但土地由许多追求个人利益的人共同占有和使用，则不是这样。

很显然，这种分析得出的结论证明了圈地运动以及取消共同所有权提高了生产效率，是经济发展的必然步骤。

令人惊奇的是，这一分析还可以从政治角度支持这一观点。马克思认为土地归私人所有会对投资带来障碍。以上分析证明，这种观点至少在某种程度上是正确的。显然，如果土地共同使用，对土地的投资和放牧的数量比私人使用土地更大。但是，分析还证明了马克思主义者关于投资越大对社会越有益的观点是不正确的。超过 Q_0 的投资不会有效益，原因在于，虽然总产出提高了，实现这些新增产出的成本比所获得的收益要大。马克思主义者认为投资越多效益越好，这并没有考虑到规模不经济这一事实。

然而，这种分析并没有完全破坏马克思主义者的立场。有些更具体的观点需要牢记。假设之前共同所有的土地被一个地主占有，他仍雇用原来的土地使用者。由于投资减少，他雇用的人手则比之前使用土地的人数要少，于是有些人失业，必须去别处找工作。剩余工作竞争一定会导致继续留在土地上工作的人工资比之前减少。另一方面，土地所有者获得的利润将会增加，因为他将投入降低到了具有经济效率的水平。因此，如果我们寻求最大化社会净成本，圈地具有社会效率，但是，这个结论成立的基础是我们能够增加收益，不管归谁享有，增加成本，不管由谁承担。不过圈地运动的经济利益属于土地所有者，而不是工人。从全国的角度看来，效率可能增加了，净产出也相应增加，但是收入分配恶化了，大多数人口实际可能更贫困了（Evans，1992）。

有必要指出一些可能被遗忘的事实：以上分析和结论都建立在假设的基础上，假设无论土地归谁所有，每个人都追求个人利益。即使土地共同所有，也假设每个所有者追求个人利益。如果土地归一人所有，这可能是真实情况，但如果由许多人共同所有，这不一定正确。在那种情况下，很可能大家考虑的是如何实现共同利益的最大化，并且采取措施确保实现共同利益。在为数不多的关于共同所有权运作的研究中，史蒂文森（Stevenson，1991）发现这其实是事实。他观察了瑞士阿尔卑斯山控制牛群放牧系统的运作。在这个地区，共同所有权得以保留，但无论如何也不能说瑞士的经济制度是倒退的。

实际情况是：属于村民的牛群冬天在地势较低的牧场放牧（或在家中圈养），夏天则到阿尔卑斯山较高的草地上放牧。两种情况下，土地都由村民共同所有。放牧以及牛群在春天和秋天上下山迁移并非是不受控制、由个人决定的。牛群迁移的时间，往往通过一些正式或非正式的安排和计划来达成共同决定。这些安排避免了可能发生的由于每个人追求个人利益而产生过度放牧的情况。史蒂文森还发现，类似的安排在英国发生圈地运动前也曾用于控制共同所有土地的放牧，虽然这并非他的主要研究对象。土地共同所有和使用效率不一定就会低，但是要想效率高，经营土地的人一定要共同努力，而不是追求狭隘的个人利益。但实际上大家还是会追求个人利益，史蒂文森发现，瑞士的共同所有不动产可以与私人所有不动产同样有效，但必须在适当的限制条件下。所以，结论是，共同所有权很可能效率不高，但不一定像哈丁（Hardin，1968）假想的那么悲观，实际情况可能更为合理（Evans，1992）。

即使土地共同所有效率不一定低，但当两种土地产权类型发生冲突时，也会产生问题。尤其是依赖共同所有制的社会与依赖个人土地所有制的社会相矛盾时，便会面临困境，后者必须依靠契约、登记、合同以及其他形式的权利凭据加以证明，前者则不需要此类证明。毕竟，如果土地由一个部落、家族、村庄或国家共同所有，谁需要向别人证明所有权呢？关于这个问题，最明显的一个例子是北美的欧洲人定居点。当地人没有任何东西能证明他们对其赖以捕食狩猎的土地具有所有权，因此，他们被认为没有土地所有权，直到最后，大多数土地被欧洲人占有。当欧洲人来到澳大利亚时，同样的情况再次发生。由于这里的定居情况晚于美洲，澳大利亚土著对特定地区土地的归属不言而喻，所以对这些土地的权利成为当前的政治问题。在该国的某些地区，非常有趣也是非常重要的一个问题是，在有些地方，土地使用权得自于君王的欧洲人努力保留"他们的"土地，而当地人努力要求重新得到"他们的"土地。

一种自由主义的观点

在产权不同程度公共性的另一面是个人主义，我们发现了科宾（Cobin, 1997）提出的观点。他认为，至少在美国，土地所有者不应对州负有任何义务，可以不受规划控制和税收的影响自由地做任何想做的事。只有在他们自由自愿地与其他土地所有者或其他组织达成协议，他们的权利才能受限。科宾表达的信念是在由市场机制保证的地方就不需要政府施加控制或限制。因此，每个土地所有者成了一种小型的自治体。

事实上，科宾的观点还包括更多内容。他或许认为，土地所有权不应当卷入权利和责任，当然，达成私人约定的情况除外。而且在美国，由于推翻英国统治的革命，只要土地产权的法律地位予以正确阐明，土地实际上即以这种方式持有。该观点的基础如我们在本章开头所说，即在英国土地归君主所有。因此，当美国人反对君主专制时，他们主张独立拥有土地的权利，这也暗指他们独立拥有土地，对新建立的州和新总统都不负有任何责任。我们可以把这个法律问题放在一边，因为这与我们无关，美国法律当前对土地产权法律地位的阐释可能会继续下去。当然，我们稍感兴趣的是，科宾提出的这种土地所有方式是常有的典型美国唯我论的极端自由主义观点，虽然他并没有这么说，他可能认为如美国国内一样，美国以外的土地也应如此。

对于这个观点，他的判断基于对市场的信心。为控制土地利用，如果有必要，市场会确保土地所有者之间订立协议，如果没有必要，则无须订立协议。这个结论包含着一个假设，土地所有者的观点与社会的需求相符合，所以，土地所有者需要的，社会也需要；土地所有者认为不需要的，社会也不需要。

科宾的辩论始于利用实证证据讨论建筑监管的必要性。他举了一个例子，虽然马里兰州的巴尔的摩增加了消防监管规则，但火灾的数量却也增加了。当然，这没有考虑到大多数的消防监管目标都是阻止火势蔓延以及降低火灾造成的生命财产损失，因为不让火灾发生是不可能的。他还举例，在弗吉尼亚州的一个地区，有些县实施建筑监管，有些不实施，但是，后一种情况下建造的房屋标准与前一种情况标准相同。他认为这表明政府的建筑监管不是必要的。他继续论证，如果确属必要，私营部门会予以实施，并指出，如钱币学（钱币收藏）领域，由获得费用的独立的专家证实钱币的真实性。

所有这些都没有考虑到一个事实：正常的建造商不会出问题，偷工减料的是奸诈之人。房屋的第一个买家能够要求提供房屋建筑可靠的证据，而租户、建筑的使用者甚至购买房屋一部分的买家都处于弱势。也就是说，科宾假设了提供优质产品的愿望。但这个愿望可能并不存在。即使真要由政府强制实施，建筑监管规定也可能被忽视。例如，在意大利，过去 50 年间建造的房屋有 1/3 没有规划许可与建筑监管，结果导致有些建筑倒塌。最近发生的一起臭名昭著的倒塌事件是 1999 年 11 月意大利东南部福贾的一栋六层公寓倒塌，造成至少 67 人死亡。据意大利社会研究与政策中心的研究调查，大约有 350 万栋房屋存在安全隐患（Piccnato, 2000；Jones, 2003, p. 215）。

逃避已有的政府监管揭穿了下面的谎言，即如果这些规定在法律上不强制执行，建造商和开发商会自动遵守。在这方面，科宾称 1995 年首尔一家百货商店的倒塌为反对政府监管提供了依据，这个观点非常可笑。毕竟，所有业主非法在楼顶多建了一层、安装了游泳池，考虑到他们逃避政府监管，所以没有理由相信他们会遵守任何自发性的规定。

在英国的租房市场上可以找到实施准自发规定出现问题的例子。发生了几起由于煤气取暖器和供热器失修而导致的死亡事故后，如果潜在租户问起的话出租房屋的业主必须表明煤气设施经过检查非常安全。几乎所有的业主都愿意遵守这一规定，但是雷丁大学的学生告诉我，也有业主拒绝遵守规定，并拒绝将房屋出租给要求出示此类证明的人，他们认为这些是想找茬的人，是很难打交道的租户。

在意大利，在房屋建设质量最糟糕时，需求也最旺盛。当人们对空间的需求最大时，建造商和开发商最有可能偷工减料，入住的人在要求证明时处于弱势。正是因为英格兰南部对房屋需求很大，地主能够拒绝遵守规定。他们认为，毕竟，总有人没有那么多的要求。

除了美国经济学家外，不可能会有许多人相信市场的力量以至于认为政府干预土地和不动产市场没有必要或应禁止。但是，我们想证明的是这种想法是不正确的。即使政府施加控制，人们仍会规避这些控制，房屋可能倒塌，人员可能死亡。有些人可能认为为了减少政府干预这样的代价是值得的，但是在西欧这个想法不可能被人们接受。

总结及结论

本章我们试图揭示土地以及土地市场、土地利用、土地所有权都不是抽象的经济物品或生产要素。土地具有社会和政治意义。土地所有权可以衍生政治权力。不动产和土地所有权可能导致人们采取不同行为，具有不同的政治观点。

此外，土地可以通过各种方式占有和使用。除了所有者占有土地以及佃户付地租给地主占有土地外，还有可能土地由一个团体共同所有。如果土地共同所有，该团体可能建立规则以控制土地使用的方式。很典型的一个例子是居住于一栋公寓的所有成员开会，决定下一年维修外部以及地面的事宜。一个类似的现代的例子是代理人就度假别墅或公寓制定分时协议。

最后，我们认为土地和不动产的所有不能独立于社会。就像约翰·多恩（John Donne）说的"无人是孤岛"。土地所有权人对居住或访问该土地的人负有责任，对住在周边的人也负有责任。但是，讨论这些会将我们带入城镇规划经济学，而这是另一本书研究的内容。

第 10 章

所有权与控制：垄断

"孩子，你是个富人"

简　介

如前所述，主流新古典主义经济学通常假设土地是出租的或者由其所有者使用，以获得最大可能的当期收入。然而，在古典主义经济学中，这个假设在一些情况中并不成立。本章及下一章将对这些情况进行考察。

在本章中，我们将考察以下这种可能性，即如果限制使用部分土地而从其余土地中获得更高的地租，此时土地所有者可能从其不动产中获得更高的总收入。为了实现这一点，土地所有者必须对使用其土地所生产的产品或者服务具有某种垄断权力，此时这些额外的收入可能称为垄断地租。垄断地租的概念是由亚当·斯密提出来的，并且很多古典主义经济学家对其进行了讨论，其中包括马克思。他们通常将这个概念应用于农用地市场，以及酒类的生产。我们认为，这个概念具有更广的相关性，并且可以适用于现代的城市用地，例如购物中心的单一土地所有者可以对其用途进行控制和限制，以从该中心获得最大的当期总收入。

垄断地租与葡萄酒的生产

在亚当·斯密的《国富论》以及其他古典主义经济学家的很多著作中，垄断地租这个概念都曾经出现过，甚至出现在 20 世纪经济学家的著作中，例如张伯伦（Chamberlin），并且 20 世纪 70 年代狂热的地理学家大卫·哈维对这个概念进行了重新挖掘和阐释，我在其他著作中对这段历史进行过讨论（Evans，

1991)。从这部著作中我们可以清晰地看到这一概念存在一些定义方面的问题。有时候,这个术语是指,如果所有者 A 从其土地中获得了比所有者 B 在同样城市土地中更高的地租,则 A 就获得了垄断地租,因为 A 对其地块具有垄断性。例如,张伯伦(1933)曾经表述过这一点。但是,实际上地租的差别通常是因为 A 的地块位置比 B 的好,例如这两块土地可能都是用于建造购物中心,但是经过 A 地块的人比 B 地块多。因此,这种地租的不同就是一种"级差地租",将其称为垄断地租便具有误导性。

20 世纪 70 年代,这个术语常被交叉使用,并因此变得几乎没有任何意义。例如,哈维(Harvey,1973)认为由于每块土地都可能与其他土地有所不同,因此任何土地的所有者都对其土地具有垄断权,从而这组或者这级土地所有者对其所拥有的土地就具有垄断权,因为他们是土地的唯一供给者。将全部的土地所有者定义为一级或一组,则他们所收到的地租就是垄断地租。在这些著作中,引进"垄断"和"级"这些术语仅仅是因为阐释得不够清晰,而这些术语不能增加我们对土地及不动产市场的理解,他们所描述的地租仍然是级差地租。

古典主义经济学家描述了一种可能获得真实垄断地租的情况,他们通常使用酒类的生产作为案例,这些观点可以使用图 10—1 进行阐释。在该图中,横轴表示土地面积,纵轴表示地租。单一土地所有者所拥有的土地面积使用横轴上的 OQ 表示,这片土地可以用于种植一些普通的产品,我们将其称为玉米。玉米的市场价格与在这片土地上耕种的数量无关,因此如果耕种玉米土地的市场租金使用纵轴上的 OP 表示,则土地需求曲线就是水平的 PP'。这片土地还可以用于种植酿造酒类的葡萄,并且该地的葡萄所生产的酒类有区别于其他产地的不同质量。因此,葡萄酒酒标可以根据其原产地进行标示。根据法国葡萄酒行业的术语,可以称其为"原产地管理证明"。

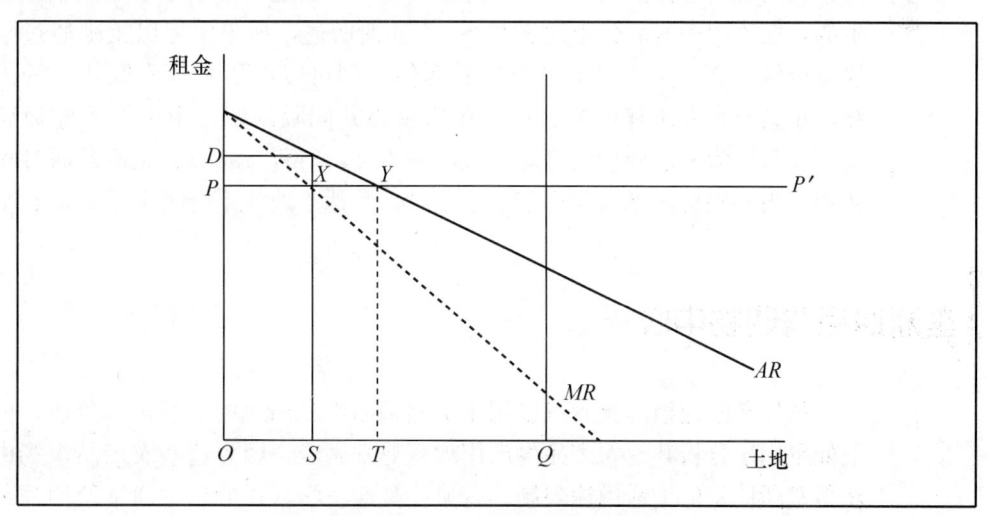

图 10—1　土地所有权垄断与地租

如果这种酒的需求曲线向下倾斜,即所生产的数量越少,价格就越高,则可以获得垄断地租。从而,如果用于葡萄酒生产的土地越少,则所获得的地租就越高；如果更多的土地用于葡萄酒的生产，则地租反而越低。因此，葡萄酒用地的需求曲线向下倾斜，并且在图10—1中用直线 AR 表示。

如果这片土地是由很多小土地所有者拥有，并且这些所有者之间的行为是竞争关系，则这种竞争就可以确保每公顷土地的收入或者地租是相同的，而跟种植玉米或者用于酒类生产无关。在该图中，AR 与水平直线 PP' 的交点 Y 就确定了土地在每种用途中的分配，即在横轴上 OT 面积的土地用于葡萄酒的生产，而 TQ 面积的土地用于种植玉米。

然而，如果是单一的土地所有者或者地主拥有整片土地，则可以对土地的用途进行限制，这种限制可以由土地占有者和使用者直接进行，也可以由地主通过在合同中对租户的限制而间接进行。如果用于葡萄酒生产的土地受到了限制，则酒类的价格就较高，或者说土地的地租就较高。这个观点可以用图10—1表示，图中，向下倾斜的直线 MR 表示用于酒类生产的土地每增加一公顷时所获得的额外收入。该直线的下降速度比需求曲线 AR 更快，因为随着土地面积每增加一个单位，则该单位土地以及之前已经用于葡萄酒生产的土地价格就会下降。如果两种用途之间的土地分配是由曲线 MR 与水平直线 PP' 的交点 X 决定，则土地所有者的收入就会达到最大。只要额外收入或者边际收入大于或者等于将这片土地用于种植玉米所获得的收入，则增加用于葡萄酒生产的土地面积就非常值得。在该图中，土地在两种用途之间的分配显示在横轴上，即 OS 面积的土地用于酒类的生产，SQ 面积的土地用于种植玉米。当然，OS 小于当土地所有者非常分散并相互竞争时用于葡萄酒生产的土地面积。

在该图中，用于葡萄酒生产的土地收入或者地租是由 D 点表示，并且 OD 大于种植玉米的土地所获得的地租 OP。差额 PD 就可以称为垄断地租。然而，应该指出的是，这种垄断地租是通过保留一部分土地不用于带来更高收入的用途产生的，在该图中这部分土地就是 ST。如前所述，如果土地出租则通过限制性协议可以做到这一点，如果是由所有者使用则可以由所有者采取相应的措施。当然，小型所有者还有可能签订合作协议以共同限制整片土地上的葡萄酒生产数量。通常认为，这种情况可能在法国发生（Loyat，1988）。无论是通过哪种方式实现，当一些土地可以获得垄断地租时，其他土地就不会用于"最高最佳使用"。

垄断地租与购物中心

虽然垄断地租的概念可以用于对葡萄酒生产用地的市场进行分析，但是实际上如果用于分析其他农产品生产用地就非常困难，因为这些农产品市场中不存在获得垄断地租的土地用途限制。古典主义经济学家在分析中通常使用葡萄酒生产作为讨论垄断地租的案例，这绝非偶然。而且，如果只能用于葡萄酒的生产，则对垄断地租分析的应用范围就非常窄。

然而，垄断地租分析可以解释土地及不动产市场在其他方面的运作，此时所有的土地都被一个单一的所有者控制，这方面一个显而易见的案例是现代化的商业购物中心。这些购物中心通常是一座单独的建筑或一片带有停车场的建筑群，例如北美的购物中心或者法国的"商业中心"。这些购物中心与普通的城镇中心商场有所不同，因为城镇中心的商场由很多公司和机构拥有和控制，并且每个公司和机构都是为了从其不动产中获得最大可能的当期收入，而不是由一家寻求其总体净收入最大化的单一公司控制和拥有。

例如，根据上一节中的分析及图示，购物中心的所有者可能考虑是否限制中心内银行的数量，这样就可以从在该中心开展业务的每家银行那里获取更高的地租，也有可能只有一家银行，因为这样的竞争程度更低。而且，这种地租可能高于普通商店因使用土地而支付的竞争性地租，并且不会受到运营银行数量的影响。

如果假设每种用途土地的需求曲线向下倾斜，但是银行的需求弹性小于裁缝店，则这种情况可能更为复杂，但是这种假设更为现实。这是因为对于裁缝店来说，人们往往喜欢进行比较，因此如果有很多家实际上会有一些好处；但是，对于银行来说，则不会这样。如果使用图示表示，则这种状况可以用图 10—2 表示。在该图中，横轴表示购物中心的面积，并且可供利用的空间总数量为 OQ。为了简化，我们假设只有 B 和 C 或者银行与裁缝店这两种用途，其地租在纵轴上分别用 O 和 Q 表示。B 用途空间的需求曲线从左至右向下倾斜，而 C 用途空间的需求曲线从右至左向下倾斜。

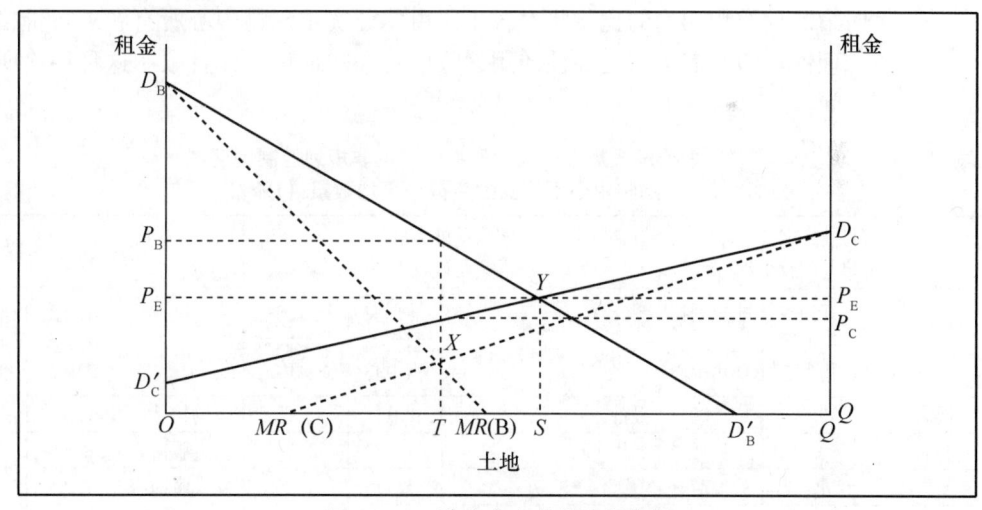

图 10—2　购物中心垄断地租分析

如果地块是由很多相互竞争的所有者拥有，则这种状况就与第 2 章中使用边际学派或者新古典主义模型进行的分析以及图 2—3 一样。当所有空间的地租都相同时，就会达到均衡点，在图 10—2 中通过两条需求曲线的交点 Y 可以表示这一点。均衡地租为 P_E，B 用途的空间数量为 OS，剩余的空间 SQ 用于 C 用途。

另一方面，假设所有的土地都是由单一地主拥有，并且购物中心间的竞争受到某种因素的限制，例如距离限制。此时，所有者就可以实施价格歧视，结果可以用图 10—2 表示，其中每种用途的边际收入曲线是通过低于其各自需求曲线并且向下倾斜的虚线表示。每条曲线都表示将地块用于该用途所获得的额外净收入，即通过额外分配每单位土地用于此种用途所获得的收入。当地块分配的结果使得边际收入相等时所有者的利润达到最大化，此时不能通过将地块从一种用途转变为另外一种用途而增加利润。在该图中，这一点用两条边际收入曲线的交点表示。

为了实现利润的最大化，所有者将限制分配给需求弹性较小的用途的空间数量，并且将这些空间分配给其他用途。因此，在这种情况下，用途 B 就会受到限制，只有 OT 面积的空间分配给这种用途，少于竞争市场中这种用途所占用的面积 OS；另一方面，用途 C 占有的空间面积为 TQ，大于竞争市场中这种用途所占用的空间面积。用途 C 的地租将较低，即 QP_C 而不是 QP_E，而需求弹性较小的地租将较高，即 OP_B 而不是 QP_E。

这种状况可以使用有关不同类型购物中心不同用途空间分配的数据说明，例如表 10—1 来源于韦斯特、范·洪亨巴根及克朗（West, Von Hohenbalken & Kroner, 1985）对加拿大规划控制和非规划控制的购物中心空间分配的研究。该表将空间的用途分为两种类型：在第一种类型中，为便于购物比较，店铺越多，游览购物中心的人越多；另外一种类型中包括银行和药店等用途，即通常不会对这种商店进行购物比较，而且这种比较也不会使顾客受益。证据表明，与非规划控制型购物中心相比，通常规划控制型购物中心中第一种类型用途的比例较大，而第二种类型用途的比例相对较小。由此证实了购物中心所有者进行价格歧视的合理性，即对需求缺乏弹性的用途收取更高的地租，并且限制这种用途所占用的空间。

表 10—1　　埃德蒙顿规划控制型购物中心及非规划控制型区域购物中心不同类型店铺的平均数量（1977）

多目的顾客群（客户基础较小）		多目的顾客群（客户基础较大）			比较购物顾客群		
	规划控制型购物中心	非规划控制型区域购物中心		规划控制型购物中心	非规划控制型区域购物中心		规划控制型购物中心	非规划控制型区域购物中心
饭店	6.00	5.00	银行	2.11	2.75	运动物品	0.67	1.37
药店	0.89	1.12	唱片店	1.44	1.25	男人服饰店	3.44	0.38
美容店	1.33	2.37	书店	1.11	1.00	女人服饰店	7.89	0.50
理发店	0.78	2.00	花卉店	0.89	0.88	鞋店	4.22	0.63
干洗店	0.78	1.00	酒类商店	0.67	0.13	其他服饰店	1.00	0.38
超市	0.89	0.63	修鞋店	0.22	0.25	珠宝店	2.78	0.50
加油站	0.22	0.63	肉类及鱼类市场	0	0.50	旅行社	0.67	0.88
杂货店	1.11	1.12	礼物及潮品店	3.11	1.00	百货公司	1.67	0
面包店	0.22	1.25	糖果坚果店	1.22	0	杂货铺	0.44	0.25
—	—	—	业余爱好、玩具及游戏	1.22	0.38	家居服饰店	2.00	0.13
—	—	—	雪茄	1.33	0	照相机店	0.67	0.13

续前表

	多目的顾客群 (客户基础较小)			多目的顾客群 (客户基础较大)			比较购物顾客群	
	规划控制型购物中心	非规划控制型区域购物中心		规划控制型购物中心	非规划控制型区域购物中心		规划控制型购物中心	非规划控制型区域购物中心
—	—	—	食品店	1.00	0.25	皮具店	0.33	0.38
—	—	—	文具店	0.22	0.13	裁缝店	1.00	0.38
—	—	—	报刊点	0	0.13	女性饰品店	0.67	0
—	—	—	电影院	0.22	0.13	儿童服饰店	0.78	0
—	—	—	—	—	—	毛皮服饰店	0.11	0.25

资料来源：West et al., 1985, p.114。

然而，这实际上并没有证明所有者凭其垄断地位获取了垄断地租，购物中心的所有者可能由于其他原因而实施价格歧视。例如，众所周知，大型购物中心的开发商通常都会以一部分空间作为旗舰店，并尽力将该空间先租出去。这种观点认为，无论该中心还有其他什么店铺，人们都会光顾这些旗舰店。一旦将一部分空间作为旗舰店，就很容易出租其他空间，因为这样可以确保该中心有一定的客流量。

因此，购物中心的开发商可能折价将这些空间作为旗舰店出租出去。实际上，这些旗舰店开始一段时间租金通常为零，甚至所有者还会给予一些奖励，以确保他们在购物中心里开店。很明显，这也是一种价格歧视行为，只有在整个中心由一个单一的所有者拥有和控制时才会发生这种情况。如果购物中心的所有权由很多相互竞争的土地所有者分割拥有，则不会发生这种情况。

然而，分析垄断地租看起来并不能解释这种行为。这种情况或许可以使用以下事实解释，即一种用途（旗舰店）可以为其他用途带来交易，也就是说这种用途产生了正的外部性。地租的差异以及所给予的奖励用经济学术语解释就是外部性的内部化。垄断行为意味着福利减少，正外部性的内部化并非如此，实际上这可能造成福利的增加，因此必须对该理论中的分析进行提炼，并寻找证据进一步推敲购物中心所有者实施价格歧视造成的是福利增加还是减少，这是非常必要的。

总结及结论

在本章中，我们分析了垄断地租的概念。有时候，该术语会被错误地使用，即指代实际为级差地租的地租，或者被随意地用来指代任何或所有地租。我们已经竭力阐明，垄断地租产生于酒类生产等只能在一些土地上生产的产品，如葡萄酒等，在这些土地上通过限制用于生产该产品的用地数量而降低产量，以增加地租或者收入。

我们还阐明，垄断地租可以用于单一土地所有者控制大量开发用地的城市用地时，例如购物中心。所有者可以实施价格歧视，即对于一些用途收取较高的地租，并且限制这些用途的空间数量。虽然这种行为不是为了获得垄断地租，而是试图"将外部性内部化"，但是这两种情况同样导致一些空间的租金低于其实际水平，而其他一些空间的租金高于其正常水平。因此，在这两种情况下，土地的价格不单是由市场决定的，一些土地并未达到其"最高最佳使用"时的租金。

第11章

所有权与控制：最低地租

"等待"

简 介

在前一章，我们探讨了土地所有者的垄断行为。这一章我们探讨土地所有者如何通过限制他们所占有土地的使用方式，导致土地不能用于产生最大当期收入的活动。这种情况只有在地主将土地租给租户时才会发生。这与第7章和第8章的讨论相关，都是关于地主—租户的关系。如果土地由地主出租给租户，就会产生地主可接受的最低地租，小于该地租地主则会拒绝出租土地。而且，如果土地在使用而非闲置，且土地所有者希望利用土地获得现实收益，便更会如此。

最低地租的概念是由马克思提出的，并将其称为绝对地租。马克思本人没有给出绝对地租产生的明确原因。但是，不论他出于什么理由，我们可以证明，现代经济学分析利用交易成本、监管成本、风险与不确定性解释了最低地租的存在，虽然该最低值会因地主、使用方式和地点的不同而有所区别。本书以外还有更多关于马克思绝对地租以及其现代解释的讨论（Evans，2000a，b）。

最低地租

马克思在《资本论》（1894/1962，第45章）中用很长的篇幅对最低地租的概念进行了讨论。该讨论和这本书的其他内容一样深奥难懂。多数经济历史学家如布劳格（Blaug，1997）解释说，马克思的"绝对地租"只在农业上发生，因为农业的投资比其他行业的投资都要低。其结果是有生产剩余可以让地主支配。

但是，这种解释与马克思所强调的事实很难一致。马克思认为如果土地被地主占有，只要能产生净收入，即使净收入比地主要求的最低地租要低，他也会进行耕种。或者，如果能以与租户达成一致的高于绝对地租的租金连同其他地块出租，该地块将被地主出租。

通过这些例子，我想说明，地主不会因为其他原因将土地以低于最低地租的价格出租，因为他们不是慈善家，所以出租给租户的土地越少，耕种的土地越少，土地的投资也越低，所以，农业上的低投资是由最低地租导致的，而不是相反。当然，要接受这一观点，就必须接受马克思对于地主不愿意将土地以低于最低价出租这一现象的洞察，虽然他没有给予解释。这是因为，解释该现象的经济原因——交易成本、监管成本、风险与不确定性——并非是当时古典主义经济学讨论的概念，而仅在20世纪下半叶的经济分析中才彰显其地位。

出于本章研究的目的，暂不深究该想法的历史。据我所知，这一概念在别处也有涉及，马克思证明了当时有最低地租这一现象存在，但对于其原因却没有给予令人满意的解释。因此，我们在此会解释最低地租存在的原因，以及它与当前土地市场之间可能存在的联系。

我们已经说过，绝对或最低地租的存在有三个原因。第一个是地主与租户之间签订协议的成本，即交易成本。业主出租土地需要花费时间与金钱去达成协议，很多还牵扯支付给律师或土地中介等的费用，以确保交易在法律上无懈可击。在某些程度上，交易成本是伴随着出租而固有的费用。正因为这一点，显然，没有地主愿意将一小块土地以低价出租，因为产生的收入无法支付交易费用。同时，如果土地由业主占有，就不会产生任何交易费用——不需要签订或实施协议。土地如果由业主占有使用，土地就不会出租。

第二个原因是监管协议执行的费用，也就是租户对土地的使用。租户使用土地后，如果能在协议结束时保持土地价值并没有比协议开始时降低，便符合土地所有者的利益。如果是耕地，不能使土壤肥力降低。建筑物应当保持在一定水平的修护状态。建筑物、土地以及其在租赁期的使用方式都应由地主或者代理人监管。在农业上，这种代理人在英国称为土地代理人或土地代理处，而土地中介是测量职业的一个分支。土地代理的职责是代表土地所有者制定租约并确保租户遵守协议。雇用土地代理来监管租赁的成本必须从收到的地租中扣除。那么，如果出租一块土地所得到的地租太低而无法支付成本，将土地出租出去就不划算。而且，如果土地由业主占有使用，实际上业主作为占有者监管自己的活动，不会产生监管成本。

地主不愿以低地租出租土地的第三个原因是风险与不确定性。或者说，是从土地上可能获得的未来收入的不确定性以及租户要求的合理租期以确保投资安全两个因素之间的关系。在许多经济分析中，都假设未来可以预测，因此就没有不确定性。这个假设包含在古典主义经济学家的著作当中。这在很多情况下是个能将问题简单化的假设，但有时也会产生误解，因为未来是不确定的，人们要考虑到这种不确定性。因此，经济生活有些特征只有在假设未来并不确定的情况下才能显示出来，而最低地租就是特征之一。

例如，假设一个潜在租户能估计出土地利用可以获得的未来平均利润，这是可能收益的平均分布，或高或低。为了将情况简化，我们假设天气良好的可能为 50%，如果天气好，交地租之前耕作之后，租户的利润为 $D+50$。天气不好的可能性也有 50%，如果是这样，按同样的方法计算，租户的利润为 $D-50$。如果租户的期望利润为 D，这也是租户可以支付的最高地租。在大多数情况下，D 是大于 50 的，地主一般愿意接受这个金额。因此，假设租户支付 D，地主可以接受 D，或者等到天气状况能够更加确定。如果 D 大于 50，地主则不用等。因为，当天气状况良好时，土地利润为 $D+50$，天气状况不好时，则为 $D-50$，两种情况的均值与最初的报价相同，但是地主要承担风险，而租户不用。

另一方面，假设 D 较低，尤其是低于 50 时，地主就会等待出租时机。如果天气好，租户出 $D+50$，但如果天气不好，租户不会出价，因为预期利润 $D-50$ 小于零。地主得到的收益为零与 $D+50$ 的平均值，这要高于 D，因为 D 小于 50。那么，如果 D 很高，地主则会接受租户的最初开价，但是，如果 D 很低，则会拒绝这个价钱。所以，地主承担等待的风险，可能收到比最初开价高一倍的地租，也可能不出租土地。显然，应当有一个地租价位，低于该价位，地主则不会将土地租出去。

当然，如果租约只持续一段时间，当租期开始时，不确定性因素还没解决，地主和租户都无法再等，那么即使地租低，地主也可能接受该地租。但是，如果标准租赁协议要求地主将土地租给租户两期或更长的时间，情况可能发生改变。从任何租户获得的当期报价都很低。如果地主选择观望，情况可能改进，可能获得比当期报价高出许多的地租。另一方面，情况可能没有改观，而是变得更糟，以至于未来收不到任何地租，但由于当期报价如此之低，也不会有什么损失。

事实上，地主的最佳策略是确定一个最低值，低于该价格就不出租该土地。地主可以拒绝低报价，而损失不会很大，因为报价实在太低，可以希望或期待未来某个时候，当经济或其他情况好转时，能得到较高的地租，由此，可以在后期获得更多的预期收益以弥补前期土地未完全利用时的损失。

我们注意到，如果土地由所有者占有，则会被使用，这证实了本章开头提到的马克思的观点。地主与租户体系以及需要持续一个合理时间段的租期，在连最低地租都得不到时，导致土地闲置、未利用，租期需要一个合理的时间长度涉及地主与租户的利益，但主要是后者的利益。租户对土地进行资金投入，但主要是以人力资本的形式进行投入以获得土地。这正是对第 7 章和第 8 章讨论的区位社会归属感的补充。

我们同时还注意到，最低地租依地块与面积的不同而变化。没有标准的"绝对"最低地租，低于该值，就不会出租。举一个非常极端的例子，澳大利亚大农场如果以一英亩为单位出租，在大多数西欧国家会成为笑话。

不论水平如何，每个地主都可能为每块土地设定最低地租。因此，有些由业主占用就会被耕种的土地如果被欲将其出租给租户的地主拥有，就会闲置。所以，地主—租户体系将影响土地的利用方式。图11—1证明了该论点。每单位土地的地租显示在纵轴上，到市场的距离显示在横轴上。该图显示了地租与市场距离之间存在标准的杜能/阿朗索关系，随着距离增加，地租呈递减趋势。在农业生产中，曲线的倾斜是土地产出运输到市场的成本的结果。途中，两条曲线中较低的一条显示了当所有的土地由业主占有使用时的情况。在这种情况当中，"地租"即为支付了所有成本，包括业主的劳动成本之后，占有者所获得的收益。该"地租"在边缘降低为零。

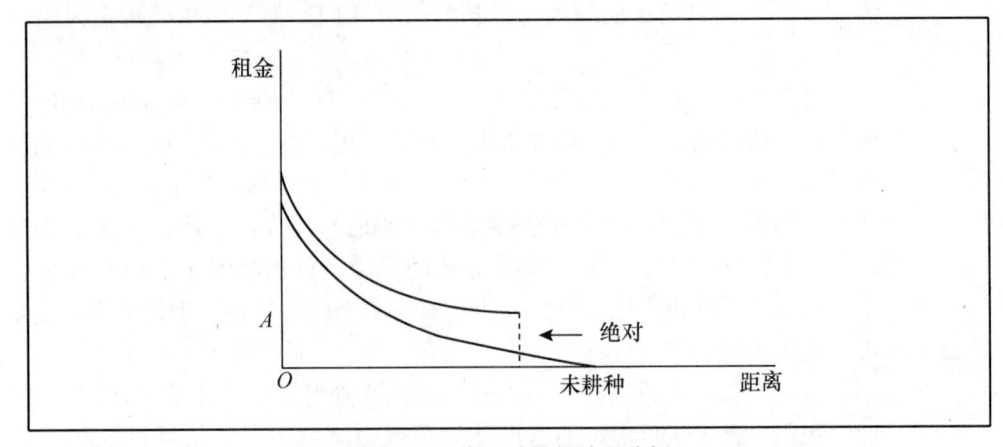

图11—1 农用地最低地租分析

如果土地由地主拥有并租给租户，那么土地就不会以低于最低地租的价格出租。我们假设所有接近农用地边缘的土地租金都相同，如图11—1纵轴所展示的OA。两条曲线的上一条显示了土地由地主拥有并出租时地租的变化情况。有些地处边缘、由业主占有时可能成为耕地的土地不会耕种，这样，耕地边缘较之前可能更靠近城市。市场对产出的需求仍然相同，但现在用于耕种的土地变少了。所以，土地耕作必须更加集约。有限的土地供应意味着被耕作的土地地租将更高，虽然，图中还未达到最低地租水平。

因此，有效的土地产权制度会产生实际影响。它可以影响土地耕种方式以及集约利用程度。它还能影响地租水平，因为这增加了成本，产出的产品价格将会更高。然而，我们并没有预期产生很大的影响。在19世纪的所有经济学家中只有马克思关注到最低地租的存在，这一事实表明，当时这一现象并不明显，因而影响也不够大。

最后，我们注意到马克思认为，由于不会投资于边缘的、没有租用的土地上，地主租户关系会导致农业投入降低。但是基于图11—1的分析表明，虽然用于耕种的土地减少了，但却更集约了。这表明，对于这块土地的投资比业主占有该土地的情况要大。这种高投资全部或部分程度上弥补了边缘土地没有投资的缺失。因此，可以推断，地主—租户体系会导致农业投资增大而非减少。

城市环境中的最低地租

前面一部分的讨论是关于农业以及农业当中的土地租赁。显然,读者一定会问到这与工业化经济的相关性。即使在 19 世纪的英格兰,农用地也存在耕作边界(Chisholm,1968),但是现在,在如西欧的农村,几乎所有土地都用于耕地,并不存在耕作边界。

但是,这一概念可用于解释土地市场的一些特征。最低地租的一个现代实例是在土地上埋放线缆或给蜂窝电话建立天线所需收取的地租。忽略了前面部分论点的理论经济分析,可能得出这种结论:土地所有者在地租方面的竞争会导致地租降低以至几乎接近于零。事实上,收取的地租并不低。在英国,全国地主协会以及全国农场主联盟正在建议其成员将最低地租确定为每年每公尺 35 便士或者每年每公里 350 英镑,等同于每英里 560 英镑。当然,有人认为这种建议是在操纵市场,但这只是个建议,所以,有理由认为竞争导致实际地租低于该价格。

在这种情况下,地租不低于最低水平的最重要原因似乎是交易成本,尤其是为了给线缆确定线路而与毗邻土地的各个业主协商达成协议的成本。如果土地所有权是分散的,为了找出成本最低的线路而与许多土地所有者协商需要花费时间和金钱,协商成本可能会抵消低地租所节约的花费。从电话公司以及土地所有者的观点看来,规定费用可能简化并加速协商的进程。

要找到支持本观点的例子,我们只需看看在 20 世纪 80 年代早期,当英国政府将竞争机制引入电话市场时的情形。第一家进入市场的竞争者水星网络(Mercury)希望在主要城市之间铺设线缆,这样能发送电话信号与英国电信竞争。我们注意到水星网络并没与许多土地所有者达成协议来铺设线缆,而是只和单一土地所有者——英国铁路协商,希望沿铁轨铺设线缆。协议达成后,所需支付的费用按当前价格相当于每年每英里 2 000 英镑,这比前面建议的报价高得多。此外,英国铁路通过其他方式从交易中获利,因为它也可以按其自己的用途利用线缆,所以,"真正的"地租比建议的地租其实要高。从水星网络的观点看来,与单独一家土地所有者达成协议具有优势,即使这么做需要付较高的地租。这比与一大批土地所有者协商以减少地租要划算得多,因为那样交易成本降低了,但支付的地租却提高了。

另一个最低地租的例子也与这个行业有关。为了给移动电话建立蜂窝系统,电信公司需要在全国找到合适的天线发射点。如果这些天线可以定在目前最高建筑的顶端,那么将节省建立发射塔的费用。对于有许多此类建筑的地区,经济学家预测业主之间的竞争会导致地租金接近于零。事实上,彼时,租金很可能至少为每年 5 000 英镑,这对公司来说金额不是最高的。通过与许多的建筑业主协商而节约小部分金额可能会花费较长时间,还可能使工程耽搁。同样,站在建筑业主的角度,将场地以较低租金出租是不值的,这是出于工程交易成本、监管费用以及风险等原因。

我们谈论过最低地租的存在，并且其原因是交易与监管成本，以及风险和不确定性与租户对安全以及持久性需要二者之间的关系。这种关系不仅可以将"未利用土地"变成"已利用土地"，还能影响利用的变化。体现这种关系即使在土地远离农用地边缘时也可影响土地所有者行为的例子是位于伦敦市中心的中央点（Centrepoint）写字楼的早期历史，该楼20世纪60年代中期建在新牛津路与托特纳姆法庭路的交汇处，这栋办公楼美誉度不高，因为闲置了很多年。左翼党派当时影响较大，认为业主为了制造办公空间缺乏假象而故意将其闲置，以提高地租。事实上不难看出，如果业主理性行事的话，这是不合道理的。从他们的观点来看，如果购买土地，然后拖延施工，这比建造好昂贵大型的建筑物并将其闲置要好得多。如果意图在于限制供应，那么以上举动比放弃建设要昂贵，而且会引来更多关注。

真正的情况似乎是业主确实采取了理性之举，但是最终让建筑物闲置将近十年却并非他们所能预期或想得到的结果。写字楼本是要根据正常租赁条款出租。根据这些条款，初始租金在5～7年内是固定的，这段租期结束后，对租金进行重新调整，之后，再设定另一段时期的租赁合同。20世纪60年代末70年代初，伦敦中心区的租金急速上升，1973年，租金从每年每平方英尺4英镑上升到20英镑。该楼业主欧汉姆（Oldham）房地产公司每年都准确地预测到下年可获得比当年更高的租金水平。如果当年租金是8英镑，他们可能要价10英镑，理由是，如果他们接受了8英镑，在租金重新调整前，租金就会固定在该水平上。即使他们有可能要承担当前不能将土地出租的风险，他们也情愿报出高价，也就是他们预计下一年可以得到的租金水平。

每年，他们所做出的关于下年租金会大大增加的预测都是准确的。在以年为单位的基础上，他们要更高的租金是正确的。但是，尽管他们在短期一直是正确的，从长期来看却是错误的。建筑物闲置长达5～7年之久，就明显反映了这一点。他们可以在这段时期将建筑物出租出去，并在租金调整后仍然可以得到较高的租金。他们浪费了得到那段时期租金的机会。但是，我们可以明显地看出，业主要求较高的"最低"租金是因为他们预测未来的经济状况会更好，并且租户都需要长期的租约。当然，如我们在前面所阐明的，这些因素相互作用使最低地租得以存在。

同样的因素可以影响不动产市场，即使不动产是用于出售而非出租，与风险和不确定性相关的是开发的长久性而非租户的安全。卡布沙和赫斯利（Capozza & Helsley, 1990）关于位于城市开发边缘的农用地的讨论证实了这点。此时，讨论的问题是开发的时点，以及届时开发用地收取的地租。在第5章，我们假设了未来是没有风险的，农用地或开发用地的地租是确定的。这种情况在图11—2的上部得以反映。时间用横轴表示，地租用纵轴表示。标注R_F的水平线表示农业上的预期收入，向上倾斜的R_1则表示城市开发的预期收入。开发时点在横轴上用T_1表示，此后，城市用地的收入大于农用地的收入，之前低于农用地。

第11章 所有权与控制：最低地租

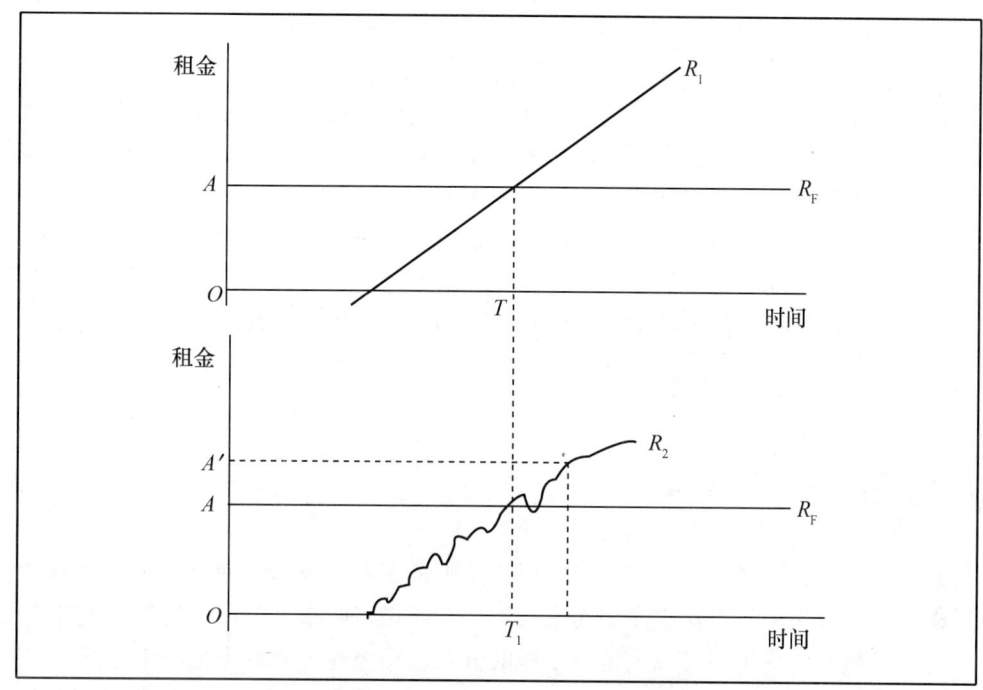

图 11—2　城市用地开发与最低地租

但是，假设未来是不确定的，城市用地的地租每年都有所变化，不可预测。潜在的开发商可以观察一般趋势，并预测城市平均地租将会增长，所以，在某个时点进行城市开发会获利。问题是，开发时点在何时，届时开发用地的地租又是多少？根据事后数据进行分析的结果显示在图 11—2 的下部。横轴表示时间，纵轴表示地租，如该图上部所示。假设农用地租不变，就是横轴上的 R_F。开发用地获得的地租以不规则的曲线 R_2 表示。在图的上部，这条曲线首先在时间 T_1 处与 R_F 相交，但是并非在此时开发。因为开发商不知道地租是否会高于 R_F 还是会再次低于 R_F。由于开发不能取消，如果价格下跌（这是有可能的），立刻导致开发的近期收入降低。为了规避这一风险，开发商只会在可获得的地租一定高于农用地租的情况下进行开发。

由于不确定性，开发时间可能推后，直到城市地租较高时。在图 11—2 中，城市开发用地的地租用 OA' 表示，这要高于农业地租 OA。在这个租金水平，城市地租根本不可能长期回落到农业地租之下。这两个地租之间的差值，即图中下部分的 AA' 与之前分析的最低或"绝对"地租相似，也产生于同样的原因。但是，在这种情况下，最低价格并非确保土地得到使用的最低地租，而是确保土地用途发生改变所需要的地租之间的最低差异。这与本章最开始部分分析的主要区别在于这个最低价格不是取决于地主—租户关系，而是取决于土地利用变化的长久性和不可逆性。

土地所有者有可能获得比当前使用价值高得多的价格，其中一个例子就是伦敦码头关闭后码头区的情形。当时是 20 世纪 70 年代，建筑物荒废，许多地块受到污染，对这些地块的需求并不高。但是，当时的业主——伦敦港口管理局

（PLA）给其土地叫出了超高的价格，尽管当时地块的价值看起来几乎为零。但是，伦敦港口管理局如果低价出售土地，他们得不到任何好处。而出高价，他们并不会有任何损失，待市场好转时，他们就有可能达成这样的价格。事实确实如此，在中央政府采取一系列干预措施后，包括给当地减税、投资基础设施建设，他们将当初的超高价格变成了现实。

以上例证和分析表明，最低地租或绝对地租的概念与对现代经济中土地市场运作的理解是相关的。但是，要绘制不论是暂时的还是永久的不确定性与不可逆性间的相互作用及推迟土地开发或再开发时机的方式的画面，显然还有更多事情要做。

总结及结论

在本章与前一章，我们讨论了土地所有权分析的两种方法：它们从古典主义经济学家的著作中演变而来。本章，我们着眼于土地所有者以不低于某个最低地租或价格出租（或出售）土地的方式。这意味着有些土地将不会用于产生当前最高收入的用途，因为租户（或购买者）不愿意支付该最低金额，结果造成土地闲置或未利用。

最低地租或差值的存在共有三个原因：第一，达成协议的成本；第二，监管协议执行的成本；第三，不动产所得收入的不确定性。这种不确定性与土地利用的任何改变都不能立即取消的事实相互影响。因此，土地所有者不愿意接受太低的出价，因为一旦经济状况发生变动，他们对该出价的认可便使他们不能接受新的更好的报价。

风险与不确定性在解释最低地租存在的原因时起着非常重要的作用，这也是我们在本书中从不同角度论及的主题。接下来的章节，我们将讨论不动产市场缺乏信息所导致的不确定性，阐示其对市场运作方式以及买卖双方的行为方式所产生的影响。

第12章

信息、不确定性及不动产市场

"不可思议的神秘之旅"

简　介

　　土地及不动产市场的已知理论基本上是对供给与需求理论的简单扩展。这些理论可能是基于李嘉图的假设，即土地只有一种用途而没有任何其他用途；或者是基于新古典主义的假设，即土地有很多其他用途；或者是在马克思主义的框架之内，即级差地租理论。然而，这些不同的理论在分析市场运行机制时基于相似的假设，即在任何时候都存在市场出清并且土地所有者将土地出租或出售给希望获得最高当期收入的报价者。

　　无论是隐含的还是明确的，都会有一些假设条件，即市场参与者对其他可能的选择掌握了充分的信息。然而，如果事实并非如此，所有者就可能由于某种原因在出售或者出租其土地时不能获得最高当期收入。至少，即使卖方不知道买方愿意支付的价格，买方也必须了解可供选择的所有不动产、它们的质量和特征及其是否适合自己的意图，这样买方可以计算他们愿意为这些不动产支付的价格，然后，通过某种竞价过程，可以假设各不动产均卖给出价最高的买方。

　　很明显，这个假设不符合现实。正如我们在第4章所述，不动产具有异质性，因此不动产市场与具有集中交易大厅的股票市场不同，即使只通过虚拟或者电子形式，股票市场也能在伦敦中央大厅进行连续和不间断的交易。正如我们在前六章所论，卖方对于其拥有的土地态度不同。他们可能不愿意出售，如果要出售，他们也不知道售价，并且他们所要的价格可能由于对土地价值和用途的认知差异而有所不同。因此，买方和卖方不具有充分的信息，而忽视信息缺乏影响市场运作的方式，只能误导甚至得出不正确的结论。本章的目标是阐明这种信息缺乏或不确定性对市场运作方式的影响。

在下一节中，我们将概述经济学家对这种情景的分析和建模。一般认为，一些商品的买方和卖方会搜寻信息，这种搜寻需要时间、金钱和资源。买方和卖方会寻求方法以优化这个搜寻过程，以使他们不会在搜寻成本大于收益时仍继续搜寻。为了对市场环境的变化或者搜寻者自身特征的变化做出回应，市场参与者的行为也可能发生变化，这种变化将在本章的第三节中讨论。在第四节，我们将给出一些有关住房买方和租赁方搜寻不动产方式的实证证据。

然后，我们会略述住宅市场作为一个整体对变化做出反应的方式，尤其是在需求上升或者下降时。我们认为，人们会发现市场中不动产的数量与价格上升速度之间具有反向关系。当价格快速上升时，出售的不动产数量往往较少，而在价格不断下降时所出售的不动产数量往往很多。

最后，我们将考察开发用地市场。开发商也必须搜寻土地，并且我们指出，当可供利用的土地数量受到规划限制的制约，并且这种限制非常有效时，将会使土地及不动产价格上升。而且，即使当看起来可供开发的土地很多时，也会出现这种情况。支持这种观点的一个实证证据是，"城市增长边界"（UGB）效应。当时美国俄勒冈州公布的"城市增长边界"说明土地仍有16年的供给潜力，土地价格仍在上升。

建立信息搜寻模型

很长时间以来，经济学中的其他领域就已经对买方和卖方信息缺乏的结果进行了讨论，尤其是劳动经济学（参见 Pissarides，2000）。第一个试图解决这个问题的是 H. A. 西蒙（H. A. Simon，1959），他认为假设消费者决策最优显然不符合现实。消费者不能实现最优决策，是因为他们缺乏关于所有其他选择的必要信息。因此，在很多情况下，消费者肯定意识不到他们可能倾向的产品和服务优于其实际选择的产品和服务。而且，从消费者的观点来看，花费必需的时间和资源找到其他选择将是一种浪费，因为很多情况下他们的选择不会发生变化，并且在大部分情况下"福利"的提高微乎其微。西蒙的观点是，应该认为消费者"得到了满足"而不是"实现了最优化"，他们不会试图做出可能最好的购买，只要能找到令其满意或符合其目的的东西即可。

西蒙的方法没有被广泛采用，这可能是因为其假设消费者不会实现最优化。乔治·斯蒂格勒在1961年和1962年发表的著作中提出了另外一种方法，该方法与西蒙的方法在一些方面相似，但是他假设消费者行为理性并且可以实现最优化，这种方法得到了广泛采用。消费者以及其他买方和卖方在其所居环境中就可能的选择进行搜寻，斯蒂格勒的一个重要假设是，搜寻及获得信息的过程本身具有成本。因此，消费者是通过考虑搜寻成本并根据获得更多信息可能带来的收益平衡进一步搜寻的成本而实现最优化，所以最优化不是指找出所有可供利用的选择并在其中进行选择，搜寻的成本也必须实现最优化。找出所有可供利用的选择

第12章 信息、不确定性及不动产市场

通常是一种次优状态,因为获得所有信息需要大量的成本。因此,潜在买方会限制搜寻的程度。

这枚硬币的另一面是,潜在的卖方需要提供信息,以使买方可以廉价地获得这些信息,否则买方可能不会考虑某种产品,这不是因为其价高质低,而是因为看起来不值得花费资源找出这些信息。搜寻理论认为,你的产品好,未必会门庭若市,只有进行宣传,并将这些信息传达至可能的买方而不是他们事先找到你,你才能销售成功。因此,卖方会进行宣传、雇用代理机构及销售代表、使用市场营销方法以及其他方法来确保其产品为买方所知。

斯蒂格勒通过"固定样本原则"模拟了买方的行为,即买方获得产品的一些样本,并且选择最好的样本。例如,一些需要新汽车轮胎的人可能对黄页上该地区销售轮胎的公司进行考察,然后潜在的买方就会给其中的五家公司打电话并要求他们报出所需轮胎的价格,然后将车开到报价最低的工厂进行维修。注意,电话是用以降低搜寻成本,汽车的主人可能亲自到每家公司,或者写信,或者发电子邮件以获得这些信息。

斯蒂格勒所提出的固定样本原则很快就被更为可行的模型代替,这种模型没有提前固定样本数量,而将其设定为可变(Pissarides, 1985)。然后,样本数量本身取决于搜寻中所获得的信息。买方会进行搜寻,直至发现已经不值得进一步搜寻产品的价格。"连续最优停止原则"假设买方会进行搜寻,而搜寻需要时间,并且在找到每个选择时他们都会考虑是否接受这个选择。在最初的理论研究中,不存在返回的可能性。例如,还以刚才的汽车主题为例,所模拟的情景是一名汽车司机需要加油并且正在行驶中。每隔一公里左右都会有一个标示出油价的加油站。当临近每个加油站时,司机都必须决定是否停下来加油。经过加油站而不停下来加油意味着拒绝其所提供的价格,而且这样做可能会带来好处,因为继续行驶可能会发现更低的价格,但是也会带来一定的风险,即汽车会继续消耗油料或者后来发现的价格更高。近年的理论研究表明了这个更为现实的假设的意义,即可以允许返回,也就是说这种假设结合了以上两种原则。

理论研究通常基于买方事先知道价格分布的假设,因此在上面的案例中司机知道汽油价格沿着相似道路的分布情况,并且可以据此推断这条道路上的汽油价格分布。模拟这种情景的一个重要概念是"保留价格",假设买方在出发时知道价格的分布并且心中有一个保留价格。在上面的案例中,汽车司机心中有个价格,并且不会支付比该价格更高的价格,而是继续进行搜寻,直至找到这个保留价格。当然,在一些理论研究中,买方往往是在搜寻的过程中发现价格的分布。因此,计划购买新轮胎的汽车司机可能在对前三家或者前四家公司进行比较之后认为它们的报价都相似,因此进一步的搜寻不能发现实质性的差别。另一方面,如果前几个电话表明所要的价格差别很大,则结论就是进一步搜寻可能非常值得,因为也许会发现比已知价格更低的价格。很明显,在这个案例中,假设可能返回并接受之前的报价就非常现实。

搜寻理论大部分形成于关于劳动力市场的经济分析中,因此所模拟的情景通

常是一个人正在寻找工作。工作搜寻者心中的想法不是可得的最高保留价格，而是可接受的最低保留工资，也就是说搜寻者是卖方而不是买方。然而，该理论很明显适用于不动产市场，因为与劳动力市场一样，不动产市场中信息的分布不广泛，并且获得这些信息的成本很高，因此买方和卖方必须进行搜寻以找到他们希望得到的价格。现在，地理学家和经济学发表了很多这方面的著作，他们是为了探讨房屋买方搜寻市场的方式。因此，大量的证据表明，如果需要，买方确实会进行搜寻，取决于具体的情景，他们以不同方式、从不同渠道获得信息，而且与其他搜寻相比这更为密集，我们将在本章随后的内容中予以考察。

然而，我们在此关注的不是买方是否会进行搜寻或者模拟其搜寻行为——大家已接受的观点是，他们确实会进行搜寻并且他们的行为可以模拟。我们此时关注的是自由可利用信息的缺乏以及为克服这种缺乏而进行的搜寻对土地及不动产市场的意义。因此，我们会沿用劳动力市场研究发现的一些结果进行探讨，而仅将其中可接受的最低保留工资改为最高可支付价格。

信息、搜寻与不动产市场

潜在的买方必须搜寻待售的不动产。正如我们在第 4 章所述，市场提供的不动产具有异质性，并且其特征也各不相同。不可避免地，所有不动产的区位都不同，也就是说与其他位置的不动产及其功能之间的空间关系都不相同。潜在的买方必须考虑区位与工作地点和购物中心之间的距离，与火车站、汽车站以及主要道路之间的距离。商业不动产的买方还必须考虑客户的可达性以及员工乘坐车辆的方便程度。除区位之外，其他因素也会将一宗不动产与其他不动产区别开来。住房的买方将对地块规模、物理结构以及环境特征感兴趣。商业不动产的买方将会关注布局、形式及其与潜在功能之间的一致性，以及其潜在的折旧。影响地块利用的规划限制和分区管制对于这两种买方来说都非常重要。

我们在第 4 章中还指出，不动产的价格不是由市场最后固定下来的，而是由潜在买方和卖方之间的讨价还价决定的。因此，进行交易的最终价格不仅仅会因为不动产的特征而变化，也会受到讨价还价能力和谈判位势的影响。因此，搜寻市场的买方所遇到的要价不仅取决于不动产本身，还取决于卖方的期望和出售意愿以及卖方对未来市场价格的认识。一方面，不动产的托管人或者准备去其他地方工作的人可能要求和接受一个"合理"的价格。另一方面，在一所住宅居住很多年并且没有计划立即搬家的人可能会要求拟对该地块再开发的任何开发商支付非常高的价格，并且不愿接受任何较低的价格。卖方的要价可能也会受到对未来预期的影响，与预期价格上升相比，预期价格下降的卖方可能制定较低的要价。

因此，潜在买方面临的市场是所有不动产都不相同，并且价格不是完全由不动产的特征所决定。而且，作为土地的潜在买方，不动产开发商经常为自己寻找可以开发的地块，然后劝说所有者出售。如果市场不是非常复杂，将所有不动产

第12章　信息、不确定性及不动产市场

的各个细节综合在一起，并在一个地方展示出来，则买方就不必搜寻这些信息，正如苏格兰和美国一些城市中的情况一样，但是对于需要认真考虑的不动产还需要进行现场勘查。最后，在买方实际购买前，对于只有专业人士才能辨识的房屋缺陷，付费请建筑测量师进行检查，这通常是明智之举。

因此，买方必须搜寻可供选择的不动产，而且搜寻成本高昂。我们现在必须考虑的是，买方搜寻过程与市场之间进行互动的方式。我们尤其关注市场的变化（如潜在买方所感知的那样）如何影响预期支付价格，即其保留价格。

一旦认可市场中的不动产具有异质性并且很难获得相关信息这个事实，就会有以下几个显而易见的发现。第一个是，搜寻的连续性会导致提高保留价格，或者换句话说，如果买方可以支付的金额不能增加，则所搜寻房屋的质量就会降低。在价格方面，买方在开始搜寻时心中就有一个愿意为不动产所支付的价格。随着买方获得的不动产信息越来越多，最初的保留价格过低就变得非常明显。根据已经看到的价格，买方可能发现即使是在延伸搜寻之后，也不可能以开始时的保留价格找到所期望质量的房子。然后，买方就会提高保留价格或者降低所搜寻房屋的质量和数量，也就是说关注低端市场，在房地产市场中这种现象更为明显。当然，也有可能出现相反的情况：以保留价格或者更低价格快速找到所期望目标的买方可能降低保留价格。实际上，潜在的买方必须决定这是幸运还是因为整体价格分布低于他原来的想法。

然而，第二个发现不是非常明显。也就是说，如果一些要价或者全部要价都被降低，即价格分布普遍较低，则潜在买方就会降低其保留价格。实际上，如果买方在搜寻市场时遇到的价格低于开始时的预期，就会因此认为价格分布较低，从而，就会认为开始时的保留价格过高，基于买方对搜寻成本的评估，保留价格就可能降低。在房地产市场中，买方还可能选择买"更多的房子"并继续借入之前与房屋抵押贷款人协商的金额。

第三个发现应用于不动产市场较为困难，即价格差异的上升将导致买方保留价格的降低。如果我们假设所有价格都相同，则这一点就很容易理解，此时就不值得再进行搜寻，买方将按有效的固定价格支付。如果现在价格发生一些变化，搜寻就值得进行，因为可能找到更低的价格。一些买方将降低其保留价格，并用更长的时间搜寻以找到价格更低的产品，这主要表现在一些搜寻成本较低的买方。价格分布越广泛，或者说价格差异越大，则通过充分的搜寻就越有可能找到更低的价格。我们继续以开着车准备在公路上加油的司机为例，如果价格差异很小，则在看到的第一家加油站加油就非常划算。如果价格差异很大，开支可报销的销售人员会从中受益。而另一方面，经济较为拮据的学生司机可能很早就开始寻找更为廉价的汽油，并选择在看到较低的广告价格时提前加油，在看不到较低的价格时就会推迟加油。

最后一点对不动产市场来说也是最为重要的，即待售不动产数量的增加将导致保留价格的降低。由于搜寻者已知市场上有更多的不动产，并且知道以合理价格找到所期望的房子的可能性更大，因此与之前相比，买方就更不愿以卖方的要

价接受任何给定的不动产。当然，一种相反的情况是，待售不动产数量的下降将导致买方保留价格的上升。由于市场上的不动产更少，则潜在买方就会发现以其可以承受的价格买到相应类型不动产的可能性会减小。因此，他们必须通过增加其保留价格、降低其期望，或者通过继续寻找以买到更小或者质量更低的不动产。

我们上面列出的这些发现是根据潜在买方进行的搜寻过程以及买方对市场状况反应的表述，但是同样也适用于卖方。卖方是搜寻愿意支付其保留价格的买方。如果买方知道待售不动产数量增加，就会降低其保留价格。然而，从卖方的角度看，此时就会发现不动产的潜在买方更少，在面临买方不足的情况时，不动产潜在买方数量的降低将导致卖方重新考虑其策略并降低其保留价格。

以上分析与市场状况及市场特征的变化有关，我们还会分析包括买方和卖方的搜寻者状况及其变化。首先，正如大家所预期的，搜寻成本下降将降低买方的保留价格，相反将提高卖方的保留价格。同样，我们预期搜寻成本较低的买方，其保留价格较低。从而，搜寻成本较高的人将尽量缩减搜寻过程并倾向于支付与低搜寻成本者相比较高的价格。

其次，风险厌恶程度较大的买方，其保留价格通常高于风险厌恶程度较低的买方，在不可能返回接受之前的要价时这一点最为明显。从在公路上行驶的汽车司机例子中可以很容易地理解这一点，司机的风险厌恶程度越高，则与风险厌恶程度较低的司机相比，就会越担心汽油用完的可能性，因此他们可能希望尽早加满汽油并愿意支付高于风险厌恶程度较低司机愿意支付的价格，而风险厌恶程度较低的司机更愿意承担最后汽油用完的风险。

最后，从搜寻中可以获得更多收益的买方保留价格较低，获益较小的买方保留价格较高。我们再次以正在道路上行驶并寻求加油的司机为例，如果汽车的油箱很小，则与大油箱汽车司机相比，这种司机就会更愿意支付较高的价格。而且，即使是二者继续搜寻的成本以及风险厌恶程度相同时，这一点仍然成立。这是因为第一个司机的可能收益（30升油箱容积，每升节省一分或者两分）小于第二个司机的可能收益（50升或60升油箱容积，每升节省一分或者两分）。

这种效应清晰的案例在不动产市场中很难构建，假设是购买面积较大的房子，则从搜寻过程中获益较多的人通常是搜寻成本较高的人，因为他们的收入较高。因此，寻找开发土地或者占用不动产的大型公司可能搜寻的时间更长，并且尽力获得比小型公司更好的价格，这仅仅是因为获得每平方米或每英尺更低价格的整体收益很高。然而，其他因素使得这种分析更为复杂。小型公司的搜寻成本可能更高，因为不动产搜寻中必须包含管理层的时间。另一方面，大型公司例如一家连锁超市，其搜寻成本可能较低，因为他们能够雇用一些固定人员进行地块搜寻。

不动产市场中一个相当明显的案例是住宅市场中租赁者和购房者搜寻模式的差异，我们将在下一节中讨论这个问题。

现实中的住房搜寻

在过去 20 年间，关于以适合的可支付价格搜寻不动产的方式以及不动产所有者搜寻买方或者租赁方的方式，学者们进行了很多实证研究。

人们搜寻的方式可能有所不同，这取决于他们开始时掌握的信息以及搜寻成本。在这方面，麦克伦南和伍德（Maclennan & Wood，1982）考察了格拉斯哥大学学生所使用的信息来源，并且发现在已经居住在这个城市的学生所使用的信息来源与第一次来这个城市居住的学生所使用的信息来源之间存在显著差别。如表 12—1 所示，这个城市的新人往往使用更为正式的信息来源，例如大学住宿办公室、报纸的"小广告"以及不动产中介机构，而且他们看到的选择只有较少的 11 处平房或者公寓，而老住户看到的来源平均为 14 个，这主要是因为对于后者来说搜寻成本较低。作为老住户的学生可能使用相对不正式的信息来源，例如从朋友或者亲戚处获得的信息以及商店橱窗中的卡片上得到的信息等。麦克伦南和伍德发现，每组学生的信息来源往往在开始搜寻时就有很大的不同，但随着搜寻的继续，差距往往会缩小。作为老住户的学生将会更多地使用学校住宿办公室的信息，而新来者更多地使用关系及商店橱窗中的广告。这可能是因为，当不能通过非正式渠道获得成功时，作为老住户的学生必须开始使用更为正式的渠道，而新来者在继续搜寻过程中会发现一些不太正式的渠道。

表 12—1　　　　　格拉斯哥大学新生与老生住房信息搜寻比较

来源	老生				新生			
	搜寻 1~4次	搜寻 5~8次	搜寻 9~12次	搜寻 13~16次	搜寻 1~4次	搜寻 5~8次	搜寻 9~12次	搜寻 13~16次
朋友/亲戚	7.1	19.8	16.9	6.3	0.2	1.4	3.5	5.4
其他房东	—	—	—	0.3	—	—	—	—
住宿办公室	13.2	6.7	8.7	15.5	26.7	24.2	15.3	16.1
商店橱窗	30.6	31.0	29.8	38.4	2.3	10.7	24.5	31.2
报纸	42.1	30.3	31.7	24.3	47.1	42.3	37.7	29.0
不动产中介机构	7.0	10.2	12.9	15.2	23.3	21.4	19.0	18.3

资料来源：Maclennan and Wood，1982，p.149。

麦克伦南和伍德的研究对象主要是开始时所掌握的信息水平不同并且搜寻成本也不同的人，因此搜寻模式之间的差异相对容易解释。不同对象搜寻模式之间的差异可能不仅取决于对象的不同而且源于搜寻的位置，此时更难以解释。哈利特·纽伯格（Harriet Newburger，1995）考察了马萨诸塞州波士顿黑人购房者与白人购房者之间的差异，最明显的差异是白人购房者看房的次数是黑人购房者的两倍，两者分别为 18 个和 9 个，这可能部分是因为白人购房者看的房子位于郊区的数量在 20 个以上。然而，在波士顿城市内搜寻的白人购房者所看的房屋数量与黑人购房者所看房屋的数量也有很大的差异，前者平均为 17 个。实际上黑人的平均搜寻时间较长，然而不考虑严格意义上的统计差异，每个种族群体所用的搜寻时间相同，大约是 6 个月，则这些差异就显得非常奇怪。

纽伯格发现，每组人群所使用的搜寻方法具有很大差异。1/3 以上的黑人购房者使用的信息来源不超过一个，通常是不动产中介机构；而只有不到 10％的白人购房者这样做。正如人们可能期待的那样，虽然使用不动产中介机构的比例与使用报纸来源的比例同为 90％，但是二者之间存在一些差异。这两组人群之间的最大差异就是，白人购房者考察"开放房源"的数量是黑人购房者的两倍（"开放房源"是一种在美国之外较少使用的销售形式，待售房屋在某一特定日期向潜在买方开放，届时不动产代理机构在场并在房外设置广告牌标明"开放房源"）。

纽伯格对两组人群之间差异给出的解释是，他们往往在城市地区和城市的不同区域进行搜寻，这些地区为待售房屋进行宣传的方式不同。也就是说，买方搜寻方式的不同是因为卖方的搜寻方式不同。例如，她发现以黑人为主的区域"开放房源"的数量很少，而且待售房屋外边的广告牌也很少。然而，不动产的卖方在不同地区使用不同搜寻方式的原因仍然不能解释。

麦卡锡（McCarthy,1982）对租房者和买房者的搜寻方式进行了研究。如表 12—2 所示，租房者所看房数量较少，将近 60％的租房者所看房屋数量为三处或者更少，而 1/3 的人仅仅看了一处。另一方面，2/3 的购房者所看房屋数量为四处或者更多，而且很大比例的购房者看房数量超过 17 家。

表 12—2　　租房者与买房者的搜寻比较（威斯康星州布朗县与印第安纳州圣约瑟夫县）

搜寻特征	根据产权和地点划分的百分比分布			
	租房者		买房者	
	布朗县	圣约瑟夫县	布朗县	圣约瑟夫县
搜寻时长				
1 个星期之内	42.6	37.9	17.9	22.3
1～4 个星期	39.3	34.3	20.2	18.4
1～3 个月	13.9	18.8	25.1	29.1
4 个月以上	4.2	9.0	36.7	30.2
中值（天数）	11.3	14.8	59.2	53.3
看房数量				
1 个	39.5	30.5	21.1	25.5
2～3 个	18.5	26.3	12.6	7.6
4～6 个	21.4	26.2	20.2	28.7
7～11 个	13.0	11.5	16.4	19.7
12～16 个	4.2	2.9	11.5	8.1
17 个以上	3.4	2.6	18.2	10.4
中值	2.1	2.5	6.4	5.8
信息来源的比例				
朋友或亲戚	70.0	82.5	79.0	68.7
报纸广告	79.7	77.8	75.6	71.8

续前表

搜寻特征	根据产权和地点划分的百分比分布			
	租房者		买房者	
	布朗县	圣约瑟夫县	布朗县	圣约瑟夫县
实地勘查	31.8	46.1	64.4	74.0
不动产中介机构或者租赁/代理机构	23.9	27.9	68.0	66.2
信息来源的平均数量	2.05	2.34	2.87	2.81

资料来源：McCarthy, 1982, p.45。

正如大家所料，看房数量的差异反映在搜寻时间的差异中。租房者搜寻时间平均为大约两个星期，而买房者的平均时间为大约两个月，并且1/3的人花费的时间大于两个月。

购房者进行更全面搜寻的事实也可以从其所使用的信息来源多于租房者看出：租房者主要使用个人关系，而很大比例的购房者还使用不动产中介机构并实地勘查，例如参观"开放房源"。

搜寻模式的差异是因为对于购房者来说搬家的实际成本大于租房者。购房者必须支付租房者不需要支付的费用，如法律费用。因此，租房者可以租赁较短的时间，甚至只是对所租的房屋做个尝试，而购房者不会这样，他会对其所购买的不动产全力投入，因此进行的搜寻就比一般租赁者更加全面。

住房市场

在第4章中，我们说明了不动产市场存在瑕疵并且不是100%有效，其价格不是完全由市场决定，而是部分由一些在每笔交易中都不同的因素决定，例如买方在以后将该不动产出售的需要。在本章中，我们还表明了这种市场与其不完美和无效有关的一个特征，即缺乏对其他待售不动产的了解。因此，买方和卖方是在信息缺乏并且必须搜寻信息的环境中做出相应的决定。市场参与者搜寻以及对变化做出反应的方式可以用来解释不动产市场的特征，尤其是市场总体对变化做出反应的方式。

在住宅市场中，住房的卖方会搜寻买方，并且通常以稍微高于其所期望的价格报价，然后等待潜在买方的出价。在英国的一些地方，标示的卖价会超过报价。买方决定期望接受的价格，并且根据提供给其的信息决定要价。他们会考虑从专业人员那里得到的建议（尤其是不动产中介机构，如果他们聘用了专业人员的话）、其自身对该地区市场的了解以及其他因素。例如，与多年以前以较低价格购买房屋并且剩余的抵押贷款额占房屋价格比例很小的买方相比，最近刚刚通过大量抵押贷款购买房屋的买方更不愿因为价格下降而亏本出售。这再次说明，卖方的要价可能取决于房价的变化方向，并且除非知道这种变化趋势，否则卖方不会出售。另外一个极端情况是，为已经逝世人员出售房屋的托管人可能希望快速出售并且没有最低价格，因为这个不动产必须售出去。最终的预期价格可能与开始时的预期不同，因为一旦不动产入市，就会获得相关信息。例如，开始时对价格的预期可能过于乐观，而现在必须降低，因为买方不愿意支付那样的价格。

买方也会搜寻不动产，他们使用各种信息来源搜寻待售的不动产。关于购房者和租房者的搜寻过程已经进行了大量的研究，我们已经在本章的上一节中回顾了这些实证研究。购房者和租房者心中会有一个价格，并且对希望以这个价格购买的某种类型的不动产规模和特征有一些看法，他们还会在搜寻时调整其保留价格或者其希望购买的不动产类型。

我们此时所希望考察的是不动产市场变化的特定方面，即潜在买方购买力的变化，并且我们将以利率的变化为例。

房屋所有权的大部分成本用所投资本的成本表示，资本成本可能是实际成本，即抵押贷款所支付的利息；也可能是机会成本，即以投资于该房屋的资本进行其他投资可以获得的收益。如果利率下降会发生什么情况呢？购房者可以承受更多的债务，感到能够购买更多的房屋，因此会提高其保留价格。结果，他们会以较少的时间找到所期望的房屋，而房屋会更快售出。

慢慢地，市场环境的这种变化会导致市场发生变化。买方现在更愿意购买，而卖方已经根据建议、经验以及对已出售相似不动产价格的了解做出决定。因此，房屋会快速销售出去，并且市场上的待售房屋数量会下降。卖方发现现在市场上不动产的搜寻者（购买者）增多，就会根据上一节中所讨论的原则通过提高保留价格而做出反应。另一方面，买方发现搜寻者可以找到的不动产更少，他们反过来不得不通过提高其保留价格对这种已知的供给缺乏做出反应。因此，市场上待售不动产数量的减少会使得价格不断上升。

假设利率上升，则买方发现他们不能承受之前可以支付的价格，因此就会降低保留价格并搜寻更长的时间以找到可以承受的不动产。另一方面，卖方开始时不会通过降低要价而做出反应。因此，市场中待售房屋的数量就会增加。不动产代理机构发现其名下待售不动产的数量更多了，因此现在每个潜在购买者选择的余地更大，相反每个待售房屋的潜在购房者更少。从而，卖方最终会通过降低其保留价格来对这种市场变化做出反应。价格会下降，但是下降的速度往往较慢，因为卖方不愿接受比近期成交的相似不动产低的价格，他们会努力为所销售不动产获得之前期望接受的价格。因此，我们可以发现随着市场上待售不动产数量的增加，价格会不断下降。

总之，我们可以发现价格变化与市场上待售不动产数量之间存在如图12—1所示的关系，这种关系与菲利普斯所发现的工资变化速度和失业水平之间的关系相似：在劳动力市场中，工资率变化的速度与失业水平之间是反向关系；在房地产市场中，价格变化的速度与待售不动产的数量之间也是反向关系。

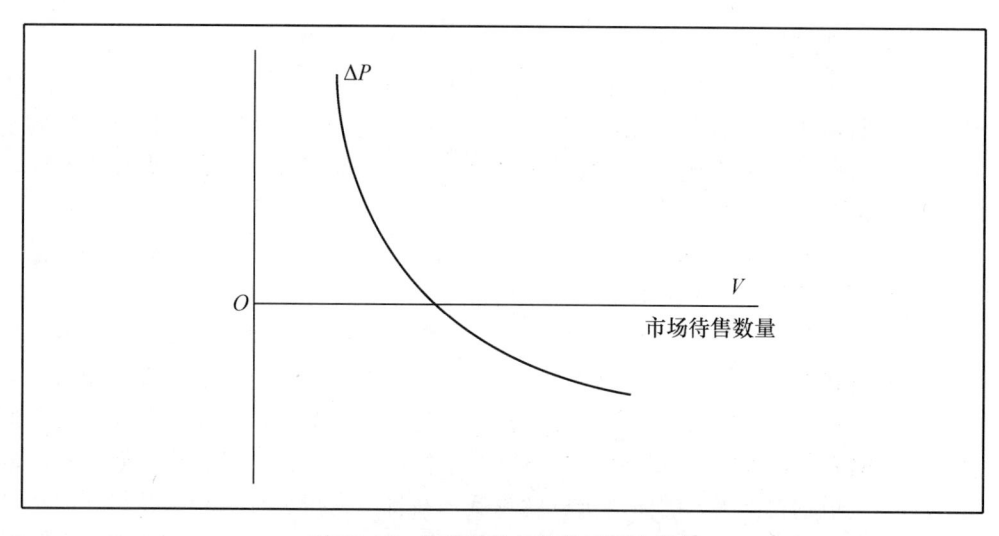

图 12—1 价格变化与待售不动产数量

很难找到这种关系的实证证据，因为在某个时点与待售不动产数量有关的数据很少。然而，通过我的个人经历和观察所获得的偶然经验表明，这种关系成立。当然，在20世纪70年代初和80年代末的房地产市场大繁荣时期，不动产中介机构名下的不动产数量很少，待售不动产很快就可以售出并且其销售价格甚至可能高于要价；而在20世纪70年代末和90年代末的房地产市场小繁荣时期，不动产待售数量的减少不是非常明显，因而价格上升速度也不明显。当然，在每次繁荣结束时不动产中介机构名下的房屋很长时间都出售不出去，这一点非常明显。而且，繁荣时期出现在房屋外的不动产中介机构的出售广告很少，因为这些房屋很快就可以售出；而在市场衰退期，郊区的街道上到处都是待售不动产的销售广告。

开发商与土地供给限制

正如缺乏信息会影响不动产市场一样，信息的缺乏也会影响用以开发的土地市场。因此，可供利用的信息以及价格也会影响寻找开发用地的开发商以及潜在的房屋购买者。然而，开发商的问题比房屋购买者更为复杂。希望出售房屋的人会进行销售宣传，且房屋的买方可以通过正规或者半正规渠道获得这些信息。而可供开发的土地以正规宣传方式进入市场的可能性很小，当然大部分土地都是这样。在英国，周刊《不动产报》中的版面每周都充斥着类似的不动产广告，即具有开发潜力并且通过拍卖、竞价或者协议出售的土地。以这种方式进行宣传出售的土地往往很贵，而且面积相对较大。当然，很多小型的地块可能也会以这种或者其他方式进行宣传并进入市场，但是大部分都是通过代理机构，其中一些代理机构在工业或者商业不动产方面非常专业。许多小型地块的所有者意识不到所拥有的土地具有开发潜力，这意味着搜寻开发用地的开发商比潜在房屋购买者更为困难。

以下是这种情况的一个极端例子。在不动产市场繁荣的20世纪80年代前半期,开发商通常会雇用直升机在伦敦郊区上空飞行,以找到适合开发的土地。他们在街道或者地图上一块一块地寻找土地,例如可以开发的大片后花园,包括其自有的花园以及邻居的花园。很明显,这种类型的搜寻很少,但是却可以说明这个问题的性质。开发商必须找到土地、劝说所有者出售、协商条件和条款,而且所有这些都必须在不动产实际销售以及实际开发之前完成。

总之,开发商必须搜寻地块,这种搜寻花费时间、金钱以及资源,并且必须找到不动产并与所有者协商。所有者的要价取决于土地的特征、位置、规模、现有建筑物的性质、规划状况以及出售需要或者意愿。因此,所有者设定的保留价格差别很大,这意味着搜寻过程非常值得,因为正如我们在前面所指出的,报价差距越大,买方的保留价格就越低,并且会进行长时间的搜寻。

了解开发用地市场的性质是理解可供利用土地规划限制对于开发影响的基础。如前所述,该市场的特征是缺乏信息,因此必须长期、大范围地搜寻信息。根据定义,限制可供开发用地面积的规划限制缩小了合适土地的搜寻面积。根据本章前面讨论的内容,地块的数量可能会减少,但是开发商的数量和对于房地产市场的需求不会降低,因此导致每个开发商所搜寻地块的数量减少。根据之前的讨论,由于每个开发商的地块很少,则开发商就会提高其保留价格。因此,可以预期的是,根据规划限制有效性程度的不同,开发商为地块所支付的价格往往会增加。

如果以标准的供给和需求理论进行衡量,则此时价格的上升就可能比预期要慢,因为标准的供给和需求理论假设买方和卖方完全了解其他选择。一些实证证据表明了在什么情况下价格会上升的较早,这些证据是通过对美国俄勒冈州较大城市设置城市增长边界的影响进行研究而得出的。这些边界是为了防止城市扩大,城市增长边界所涵盖的土地面积以及尚未建设的土地面积预期足以提供未来20年的城市扩张和建造住房所需要的土地。只有当20年后这些土地已经完全开发后,UGB以外的土地才能进行开发(Nelson,1985;Knaap,1985)。

正如我们所指出的,标准的已知理论认为土地的价格在20年期限结束之前将保持相对的稳定。当然,我不认为俄勒冈州出台这个政策时进行过讨论,因为这个政策很快就导致土地和房屋价格上升。实际上,证据表明虽然在UGB出台之后土地价格没有明显的上升,但是四年之后UGB之内的土地价格已经显著高于其外部土地的价格。而且,这种价格的上升是发生在还有16年土地供给的情况下。

然而,按照上面的理论就能预测到这种快速反应。如前所述,由于地块稀缺,开发商被迫提高其保留价格。进入市场的土地数量非常有限,如果向外搜索并且提供可以为即刻出售和搬家进行补偿的价格,考虑到生命周期,则不在市场中的土地所有者就会愿意出售。另一方面,UGB范围内的土地所有者不愿意以较低的价格即刻出售土地以作开发之用,而仅仅作为耕地或空置。结果就是,虽然 UGB 外部存在很多愿意以较低价格出售土地的所有者,但是为了找到满足房地产市场需求所需的土地,开发商必须向 UGB 内部不愿出售土地的卖方支付等于其要价的价格。

当然,随着 UGB 内部土地及不动产价值的上升,还会有一些其他影响,这些影响与这里的讨论关系不大。尤其可以看到,增长的开发项目发生在根据规划不能在 20 年内开发的区域上。不动产升值以及"价格合理"的土地的缺乏导致开发越过有效的绿化带,因此增加了穿越绿化带的通勤量。土地市场的运作,尤其是不能以市场价格(农用地价格)按需求供给土地的失败导致了不同类别的城市蔓延,尽管这种蔓延只是某种程度上的,但还是将开发用地推离城市更远(Nelson,1988)。

总结及结论

在基本的基础价格经济理论中,价格决定于市场中需求等于供给之时。但是,这种理论有很多假设,其中最为重要的假设就是买方和卖方具有关于其他选择的全部信息。在很多市场中,这种假设是对现实的合理近似,但是在土地及不动产市场中却不是。土地及不动产市场中待售产品具有很大的异质性,参与者买卖的频率不是很高,因此没有一个集中的市场。我们在第 4 章所讨论的全部内容都与不动产市场的无效有关,并且我们已经表明所有者的行为方式是影响不动产价格的另外一个因素,因此买方必须搜寻不动产,在搜寻时获得信息并决定购买哪个不动产,同时决定进一步搜寻的成本是否超过了可能的收益。卖方必须搜寻买方,并在是否接受买方的出价方面进行同样的决策。

正如我们所指出的,信息缺乏及在该市场中需要搜寻信息的事实造成了价格并非确定于供给等于需求之时,毋宁说价格变化速度与市场中不动产的数量存在某种关系。在住宅市场中,任何时刻待售房屋的数量与房价变化速度之间存在反向关系。当价格快速上升时,市场中待售房屋数量就减少,并且可以迅速卖出。另一方面,当价格不断下降时,待售房屋的数量往往较多,并且需要很长时间才能卖出去。

待售不动产数量与房价变化速度之间的这种特殊关系有助于解释规划限制对于可供开发用地数量的影响。如果房价的上升速度与市场中不动产的数量有关,则土地价格的上升速度与市场中土地的数量有关就非常合理。如果土地的数量受到政府规划的限制,意味着土地价格会上升。因此,与过于简单的分析相反,即使是存在没有受到规划限制影响并且可以利用的土地,土地的价格也将由于规划限制而上升。

第 13 章

土地的可利用性及土地储备

"我想你"

简 介

在本章，我们先将之前讨论的思路串起来，并对其中的观点进行简单总结。我们在第 4 章已指出，土地及不动产市场具有瑕疵，即除了确定价格区间外，具体的土地价格不是由市场决定的。不动产的准确出售价格将取决于其特征及买卖双方的预期。在之后的几章中，我们解释了土地所有者未将其土地用于可以产生最大当期收入用途的原因与方式，我们试图证明土地所有者在确定土地利用以及特定用途的土地供给尤其是开发与再开发方面会发挥作用。

然后，在第 12 章中，我们重新讨论了不动产市场的瑕疵特性，表明由于不动产市场的瑕疵，买方和卖方都缺乏关于其他可得不动产的信息，并且认为，关于不动产价格、可利用性等信息的普遍缺乏会影响市场运作的方式，这意味着买方和卖方都必须进行搜寻，买方是为了找到以可以接受的低价出售土地的卖方，而卖方是为了找到愿意支付可接受高价的买方。

所有者的不同预期、动机、特征以及对可利用信息的缺乏意味着标准假设是错误的，即我们无法明确或者隐含地假设土地总是达到"最高最佳使用"。在之前对土地市场的经济分析中，这可能是一个非常有用的假设。但是正如我们所指出的，土地所有者可能不知道土地的"最高最佳使用"是什么，即使知道，他们也可能有其他土地使用计划。因此，过于简单的假设是错误的，而且会产生误导，从而可能导致错误的结论、不能解释土地市场的特征、由于与已知证据不符而忽略反常情况。

在本章，我们将着眼于两个方面：第一个是开发用地的可利用性，这是对现有理论的修正；第二个是土地储备，这是一种反常情况。土地的可利用性一直都是英国很多讨论中的主题，因为规划体系要求地方政府定期对住房所需的土地数量以及可利

第 13 章　土地的可利用性及土地储备

用的土地数量进行评估。土地储备是在开发前进行土地收购，收购主体或是开发企业（通常是住宅开发商），或者有时是中央政府、地方政府及其代理机构。

土地的可利用性

英国的规划体系对于开发用地数量的限制，导致了土地及住房的价格上涨，这一点现在已经为规划者和政府所普遍承认。但是，直到 20 世纪 90 年代这还不是官方观点，并且我确信一般公众现在也不理解这一点。正如我们在第 2 章所述，直至 1987 年大家还认为受规划许可限制的开发用地供给并不影响土地及住房的价格。因此，在 20 世纪 70 年代和 80 年代初，当住宅开发商认为缺乏土地时，为了协调规划者与开发商，政府建立了一种机制。在除伦敦之外的英格兰地区，实施联合住房研究，商定土地需求量与可供用地量，并使二者大致相等 (Rydin, 1998, p.216, pp.218—219)。

当然，给定数量住房所需土地的数量取决于开发密度，因此在实际中，通常是仅由地方当局提高可利用土地的许可开发密度，以保证土地需求量与可利用土地相同，这是一种公开的做法。但是，即使存在这种可能性，还需说明为什么在土地可供利用数量等于所需数量时仍然会造成土地及房屋价格的不断上涨和快速上升。已知的理论以及联合住房委员会隐含的理论是，如果可供利用土地的数量等于或者超过所需土地的数量，则政策就不具有限制性，并且不会也不应该影响价格。

这种观点隐含的模型不是非常明确，因此也不完全符合逻辑。这种观点可以用图 13—1 表示，其中横轴表示土地，纵轴表示价格。房地产住宅用地的需求用向下倾斜的直线 DD' 表示，规划安排的住宅用地供给量在横轴上用 OS 表示，在垂直方向用 SS' 表示。假设开始时所有土地没有都用于住宅，因此还有一些可以利用的土地，在横轴上用 VS 表示，这意味着还有一些其他用途的土地，不管什么用途，其销售为 OP。这种用途土地的供给可以使用水平直线 PP' 表示，这条直线也有可能是向上倾斜的，但并不会影响该模型。

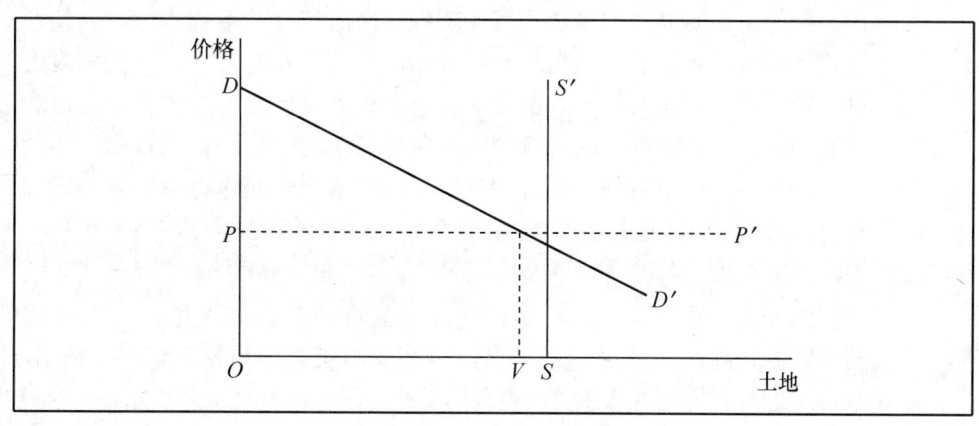

图 13—1　土地市场模型

依据此种土地市场观，如果住宅用的土地供给量大于或者等于 OV，则土地的规划安排就不具有限制性。当然，如果土地供给的规划量小于 OV，则会引起土地价格上涨，进而导致房屋价格的上涨，而联合住房委员会的任务就是确保 OS 至少等于 OV。

该模型的问题是，分配用于住宅开发的土地很少用于零售或者办公楼等用途，这种用途的土地价格大于住宅用地的价格，甚至工业用地的价格也如此，至少在英格兰南部是这样。更为常见的是，土地用于农业或空置。因此，规划为住宅开发的土地，其最初用途或替代用途的价值远低于住宅用地的价值。

如果决策者的土地市场模型与图13—1相似，那么有两种情况会与基于该模型的解释相冲突。一方面，农用地与住宅用土地的价格差异给那些力图证明不存在土地限制者带来困难。但是，另一方面，可利用地数量与已使用地数量之间的差异——格兰·布拉姆利（Glen Bramley，1993a，1993b）将这种差异称为"实施差距"（implementation gap）——又很难证明存在土地限制。

当然，事实是图13—1描绘的模型不符合土地市场的现实情况。由于规划是由规划者做出，而土地所有者并不必须实施这些规划，所以会存在一些差距。对于缺口的解释在于，土地市场的瑕疵以及不同土地所有者对其土地和愿意接受的价格具有不同的态度。

土地可利用性研究这一事实本身倾向于确认土地市场具有严重瑕疵这种观点。地方政府发现，越来越多的土地投入开发及正在被允许开发，而在政府规划之初，并未标明这些土地适合开发。实际上，地方政府发现，高达1/3的住房建于所谓的"意外"之地。因此，地方政府在其土地可利用性研究中开始越来越多地假设大量土地将以这种方式投入开发，但是并不能预测哪些土地可以如此。这些"意外"之地说明该市场缺乏信息，即使是花费大量的资源、制定完善的目标，一个地方的规划当局也不能知道每个土地所有者希望开发什么样的土地。在开发商考察某一区域并且将该区域可开发的可购地块一起考虑时，关于哪些土地可以利用的信息就会被汇总起来，而对于这些土地是否可用，不管是规划者、土地所有者，还是开发商，都不能保证。

因此，很明显，因土地市场的瑕疵、缺乏信息及不确定性，开发商必须搜寻地块，并且所接触的土地所有者反应不同，每个人都会从自身的角度出发凭借自己所拥有的土地寻求最有利的交易。这种价格及数量方面的差异可以利用上一章讨论的理论加以解释，这种理论不是基于简单的供给和需求模型。图13—2中给出了这种理论的图解模型，其中纵轴 ΔP 表示价格变化，横轴表示规划的可利用开发用地数量 L_A 与开发所需土地数量 L_D 之差，我们将其称为 D，在横轴上表示。

根据上一章的观点，D 越小，开发商就越难找到土地，土地的竞价就越激烈。因此，随着 D 不断减小，开发商将支付更高的价格。同样，随着 D 不断减小，土地所有者就更愿意提出更高的要价。因此，相对于需求总量，D 越小，或者实施差距越小，价格上涨速度越快。这种关系在该图中为向下倾斜的曲线。

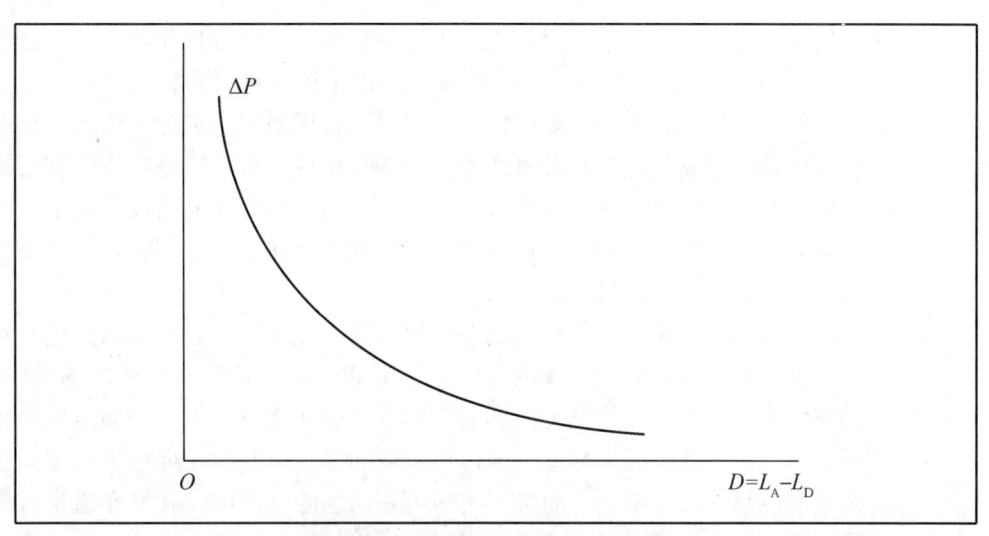

第13章 土地的可利用性及土地储备

图13—2 规划实施差距与地价变化

因此，图13—1考察这个问题的方式是错误的，我们所讨论的问题不是在某种意义上是否有可利用的开发用地，以及如果有，价格就不会上升，如果没有，价格就会上升等问题。现在要讨论是，可利用的开发用地量比土地需要量大多少，这意味着价格变化速度取决于这种差距，如图13—2所示。

因而，即使由规划安排的可利用土地似乎可作为开发用地，土地政策也可能具有限制性，并且导致较高的地价。这是因为，为了防止价格上涨，必须预留一些超过需要的富余土地，这一点与劳动力市场类似。众所周知，一方面，以过低失业率维持经济运行的企图迟早会导致工资水平的上升；另一方面，如果失业率较大，工资水平将保持稳定甚至下降。同样，在对两个方面进行必要的修正之后，这一点也适用于土地市场。首先，货币供给的增长可以与工资水平的上升相一致，但是土地市场不存在这种关系，因此最终价格会上涨；其次，土地总是存在其他替代用途，主要是农业用途，因此价格不会降至特定水平之下。

当然，价格上涨通常谴责的是土地所有者尤其是投机者的行为，这意味着只要他们的行为方式不同，并且以较低价格出售其土地，土地规划安排就不会起到限制作用。英国和韩国就曾经出现过这种情况，即土地供给受到绿化带和其他控制因素的限制（Kim，1993，1994）。但是，对于劳动力市场来说，这意味着只有在劳动力稀缺、雇员不要求高工资并且雇主也不支付给他们高工资时，经济可以以零失业率和零工资增长率运行。还有一种可能，如果经济制度不同，这种情况也能实现，但这对于他们来说没有什么不同，并且他们也不希望如此。

开发用地的稀缺性是由规划体系造成的，并且这种稀缺性赋予土地所有者以市场权力。正如我们将在后文指出的，如果制度不同，土地价格可能下降。为确保土地可以利用的公共干预，通过在预期开发前事先计划并买入土地，可有助于维持价格下行。但是，大部分规划体系从本质上来说都是消极的，而不是积极的，英国当然也不例外。规划确定了有些土地的开发申请可能被拒绝，而有些申请会得到批准。因此，规划虽然可以阻止在一种情况下的开发，却不能确保在其他情况下开发的实施,所以说规划不能指定哪块土地将被开发。

当然,20世纪80年代之前的英国,在撒切尔政府掌权之前,地方政府提供了大量的新住房。因此,政府住房部门可能与规划部门进行了协调,从而使规划有一种积极的成分,尤其是可通过强制购买获得地块,但是在住房部门撤销与出售后,这种积极成分也已经消失。因此,规划体系现存的消极性赋予了土地所有者极大的市场权力。谴责土地所有者履行其权力并不符合逻辑,而应该检讨赋予其权力的体系的运作过程。

然而,虽然规划不具有约束性,但却具有经济效果。为了明白这一点,必须理解如土地市场等瑕疵市场的实际运作方式,尤其是其与完美市场的不同之处。经济学家的教导已经将完美市场的运作方式成功地根植于人们的意识之中,如果不了解这些,就可能不知道土地市场运作的要旨。例如,近些年在英国地方政府规划部门与住房开发商之间关于土地可利用性的讨论中,开发商通常认为规划为可利用的地块位于错误的地点或者属于错误的用地类型。当然,这意味着正确用地类型土地的短缺,而不是土地短缺。两者的不同在于,已知的市场短缺具有什么特征。由于他们共同的错误的理论框架,双方都被迫承认规划为可利用的土地数量大于所需的用地数量,并且不存在一般性的土地短缺。指出可利用土地的类型是维持这种框架的一种方式,但还是存在一些有效的限制导致了价格的上升。在此处的理论框架中,这种相关性并非必然。

私人企业进行的土地储备

对于土地可利用性的讨论自然会引出对于开发商进行土地储备的讨论,也就是开发商在项目预计建设的前一段时间提前买入土地。因此,企业是为了未来的开发而购买土地并将其储备起来,以所有者的身份供给土地,而不会受土地所有者就可利用性或者价格等改变想法的制约。

现有理论也不能解释发生这种情况的原因,只是隐性地假设可以以市场价格自由获得土地,且(或者)土地的位置不重要。因此,开发用地的可利用性不是问题,从而进一步以标准理论所提出的那样隐性地假设每块土地都孤立于其他开发项目之外独立开发——实际上是"一家新企业"实施每次开发。由于对土地市场的讨论往往集中于单个地块及其连续性和开发前后的用途,所以才会有这个假设。但是,在其他经济学中不是这样,而是认为企业具有连续性,并且企业是一个加工资源、提供产品和服务的组织。企业理论上不具有空间性,但是一定程度上,企业存在空间维度,通常隐性的假设是企业位于给定位置,然后将资源带到此地,商品和服务也是在该位置或者从该位置交付。

对于开发企业来说,这种隐含的假设并不正确。这些企业的投入或资源之一是土地,因此是企业去到土地之处,而不是土地来到企业之所。虽然土地的连续性非常重要,但是过度强调就可能具有误导性。在一些情况下,尤其是现在所讨论的情况下，集中讨论企业的连续性可能更具启发意义。如果我们做到了这一点，就可以将土地看做企业处理的资源，那么企业必须保证土地供给的连续性。

当然，"新公司"实施每个地块开发的想法也有其合理的成分。组织开发的企业将为每个特定的开发项目雇用一些人力资源，例如必须参与到开发过程中的建筑师、工程师及测量师，开发工作必须分包出去，必须雇用劳动力，租赁设备，所有这一切都是为了完成开发任务。但是，企业的核心能力即开发管理和控制对于企业性质来说非常重要，并且其高层管理人员的目标是通过保持这种核心能力以及协调不同的资源，来维持公司生存。确保这种连续性且确需如此的一个实用的做法是"边干边学"，管理层将从过去的工作中学习，如果将过去的经验结合在一起会更有效率。因此，每个开发项目都由一个新企业实施的隐性假设是不真实的，实施开发的企业连续存在，只是针对的土地不同而已。

现在我们用"管道"模型分析开发过程，即将这个过程比喻为地块沿着被处理的"管道"移动，随着时间的流逝地块从未开发状态转变为已开发状态（Barrett, Stewart, Underwood, 1978）。根据这种观点，土地的购买是获得土地影响因素的一个部分，其目的是使公司经济地有效率地运行，使资源有序投入开发，如果该环节出现任何停滞，会造成企业资源的闲置。

但是，截至目前本书有关土地供给的讨论中，一个很明显的论点是土地不可以自由地买入并实现现货供应。假设一个企业第一年需要开发 A 地块、第二年需要开发 B 地块、第三年需要开发 C 地块，等等，则在第一年结束，当 A 地块临近开发完成时，该企业不可能打电话或者派遣某人到当地的土地批发商处获得一个新地块。由于土地市场的性质，开发商必须在很长时间之前就开始寻找需要的地块，这是很多因素共同造成的，之前各章已经讨论了这些因素。第一个因素是缺乏地块信息，尤其是哪些土地可以进行开发的信息，而这些信息的获得又是必需的。从而引出了第二个因素，即搜寻和获得这种信息需要花费时间、金钱和资源，这样才能获得地块的异质性以及土地所有者是否愿意出售这些地块的信息，此外还需要与这些所有者讨价还价，这本身也需要时间。最后，还有一些与我们称之为搜寻过程可逆性有关的问题。在一个时间可以利用的土地在另外的时间就不可利用，因为已出售给其他企业；土地仅在价格更高时可得，因为其他竞争者也在为这片土地竞价或者土地所有者认为土地价值已经发生变化。使得不可逆性更加复杂的是以下事实，即随着现有开发项目临近完成，企业的谈判地位会有所削弱。对于该企业来说，通过购买新地块将管理层和员工维持在一起变得越来越急迫。

这几个因素综合起来意味着企业必须在开始开发的很长时间之前就寻求购买土地。当然，如果可以利用的土地很多，或者土地总是可以以市场价格获取（如现有理论所隐含的那样），就没有必要储备土地。但是，由于土地不总是这样，而且当需要时只有很少的地块可供选择，所以对于开发商来说就必须买入并储备土地。在其他许多产业部门，"准时制"能提高效率，但是在土地市场中却不可能这样做。

影响土地储备的另外一个因素可能是规划体系的限制以及规划决策的可预测程度。限制程度及不确定性越大，则越需要储备土地。如果规划体系如美国的分区规划，则土地就会提前划分区域，例如居住区。而且，在美国的大部分地区，与土地需求相比，划分为居住区的土地更多。因此，与英国的"非分区"制相比，在美国土地储备就不是很必要。英国的非分区规划体系中可利用土地数量受到限制，并且规划许可具有不确定性。出现这种情况的原因很明显，首先获得规划许可需要时间，而是否能够获得许可也并不确定。在英格兰，这个过程可能需要很长时间，因为需要勘查现场、修改申请、与规划官员进行协商等，至申请被规划或者开发控制委员会无异议地批准，这一过程可能需要8个月或者9个月。如果申请被拒绝，开发商或提出申诉或者提出一个新的、更可接受的申请，则该过程会更长，不确定性也会更大。因此，限制及不确定的规划许可增加了从开始搜寻地块到项目动工所需的时间，其本身便会鼓励企业进行土地储备。

当然，正如我们在第7章中所述，由于英格兰规划许可的不确定性，已经形成了一种机制，即开发商购买土地期权，尤其是农村的土地，并向所有者支付总额相对较少的金额以获得期权，然后就可以为该地块申请规划许可。只有在获得规划许可时，开发商才需要实际购买该地块。通过这种方式，实际购买到开始动工之间的时间就会减少，开发商储备土地的规模就会降低。然而，是否可以获得规划许可以及获得的时间仍然具有不确定性，因此开发商还是需要储备土地。而且，即使可以通过使用期权降低规划的不确定性，规划体系的限制性仍会鼓励开发商进行土地储备，虽然这个原因不太明显。由于可利用开发用地非常有限，开发商会就稀缺地块相互竞争，这可能导致土地价格不断上涨，这一点我们已经在本章的第一节进行了讨论。但是，另外一个结果是鼓励开发商在开发之前购买土地，以确保其自身的土地储备存量，同时使其他竞争者在寻找允许进行开发的土地方面变得更加困难。

因此，土地可利用性的限制往往导致企业出于自我保护的目的在实际开发很长时间之前就寻求买入土地，从而增强了土地限制对价格和可利用性的影响。通过这种方式，限制本身也是造成我们之前提到的"实施差距"的一个原因，即规划当局计划在一定期间内可以用来开发的土地数量与实际开发数量之间的差额。

前述开发商面临的局面如图13—3所示，其中横轴表示的是从搜寻地块开始到地块实际可用于开发所需的时间，纵轴表示的是这段时间内开发的可能性，其分布呈传统的钟形曲线。在大部分经济情景中，均值十分重要。如果我们对面包价格上涨是否影响对其消费量感兴趣，则实际度量的就是均值。一些人消费量的降低会明显大于均值，而另外一些人会明显小于均值，这个事实并不重要。然而，购买开发用土地，即使不成功，其所需时间也最长，这一点非常重要。在实际获得土地之前，必须留出超过均值的一段时间以开始收购土地。这意味着，由于需要是确定的，在实际需要地块之前完成购买也是确定的。而购买时间长度的不确定性将导致开发商进行土地储备。

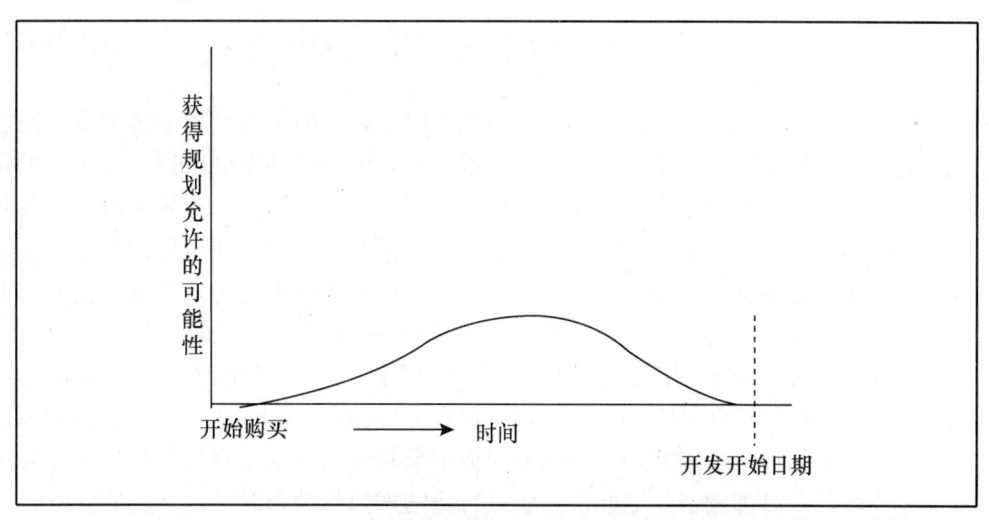

图 13—3　土地购买进程与开发实施可能性的变化

当然，与土地购买有关的风险和不确定性可以最小化，实现这一点的明显方式是采用投资组合，之所以这样称呼是因为它与持有单一股票有关的风险可以通过持有股票的组合加以降低的情况相似。因此，在这种情况下，有能力这样做的公司可以购买很多土地，这将降低无地可用的概率，同时还会增加该公司在可能的最长期间内至少购买一个地块的概率。但是，虽然这种方法缩小了问题产生的范围，却可能会带来另外一个可控性问题。由于在一段时间后该公司没有地块可供开发的可能性降低，拥有数个地块的可能性就会增加。投资组合使企业不是在实际需要之前长期持有一个或者两个地块，而是使企业在短期内持有很多地块，而一些地块需要处置。

因此，如果规划体系如英国一样加强了土地购买的不确定性，则与更加确定的规划体系相比，企业更有可能储备并持有大量的土地。不过，储备策略将随着企业规模的不同而变化。大型企业可以采用投资组合方法，因为这类企业可以获得为储备大量土地所必需的资本；小型企业获得这种资本的可能性很小，因此，会采取其他策略，尽管会带来不能找到开发用地的风险。

怀特（White，1986）进行的研究为英国 20 世纪 80 年代企业面临的情景提供了一些实证证据。他发现，一些小型企业实际上没有备用的开发用地。他将一些小型企业为了维持经营（至少在短期内是这样）而获取规划许可土地的行为称为"自杀式投标"。

他还发现了大型企业与小型企业之间的一些区别。小型企业往往更加具有"生产导向"，而大型企业有较广泛的利益诉求，尤其是财务方面。很多大型企业发现获得规划许可通常比实际实施房屋建设更有利可图。因此，无论是无意还是有意，与需求相比，大型企业愿意找到比它们的需要更多的可开发地块，这些多余的地块可以出售给其他企业，通常是小型企业。

怀特还发现，拥有大量储备土地对一个企业来说可能有利有弊。大量的土地储备意味着进行大量的资本投资，但是直至开发之前几乎不会产生任何收入。持有过量储备土地的企业股票可能因此而定价过低,并且导致缺乏土地的企业发起收购,以购买大型企业的储备土地。

在私人土地储备方面还有一点需要明确,即持有储备土地的成本在经济周期中会发生变化。正如我在前面所指出的,怀特讲述了20世纪80年代的情景,他所研究的时期是房地产及土地价格急剧上升的阶段,这段繁荣时期在几年之后就结束了。在繁荣时期,储备土地的成本很低,因为土地价值的增加可能大于为购买土地而贷款的融资成本。由于持有土地的成本可能为负,就会促使企业在可以获得规划许可的情况下储备土地,这种行为就与土地的稀缺性无关。

20世纪90年代初的情况则大不相同,该期间英国大部分地区的土地价格及房屋价格都在下降。在此期间,持有土地的成本变得非常高,即使利率比以前降低也是如此。因此,土地储备的成本及对此的刺激在经济周期内可能发生急剧改变,并且加剧了住宅开发与建筑行业的繁荣与萧条。

公共土地储备

在本章及上一章中,我们强调了土地市场的不确定性。所有者可能不愿意出售其土地,开发商可能难以以合适的价格找到合适的地块。但是,截至目前,我们始终没有重视土地市场的另外一个特征,即对于开发用地的需求应该在其配置方面相互关联,尤其是毗邻的地块。但是,如果一块土地推入市场的可能性仅仅取决于所有者的偏好,则出售的开发用地就不可能包括在适合的区位相毗邻的地块。因而,开发项目可能在空间上随机蔓延,两次世界大战中英国曾经出现过这种情况,在第二次世界大战之后继续在澳大利亚和美国等国家进行。

如果土地市场上没有某种形式的规划干预,则城市蔓延就很难避免,而干预方法通常都是消极的。例如,在英国,大城市以及一些其他小城镇城市的增长受到了绿化带的限制,绿化带也用来限制韩国城市的增长。这两种情况都是仅允许在指定绿化带的内部或在外部的指定区位进行开发。虽然干预目的相同,即防止城市蔓延并尽力确保开发的连续性,但是俄勒冈州的城市增长边界就是一种宽松的限制,且这种限制不是永久性的。

一些国家则采用了另外一种积极的方法来解决城市蔓延问题,较突出的是瑞典和荷兰。这种方法是中央或者地方政府在预期开发之前提前买入土地,然后在需要时出售给开发商,实际上是土地根据需要现货供应。荷兰采用这种方式是出于历史原因,由于大部分土地由政府通过填海造地形成,所以开始时这些土地的所有权属于政府,并且可以在没有政治势力反对的情况下由政府出售,从而对于那些不是填海造地形成、而是已经存在并为某人所拥有的土地采取相同的做法就显得非常自然。因此,地方政府可以在预期城市增长之前买断农用地或者其他用地,在必要时政府可以强制购买,虽然这种情况很少出现。当然,土地在开发之前由地方政府持有,同时可能租赁给租户。地方政府将为这片土地制定规划,提供基础设施并为公园和其他用途预留用地。剩余的大约一半土地将会以收回基础设施以及其他未销售土地成本的价格出售，但是不追求收益，实际上是以成本价出售。尼达姆（Needham，1992）以更为详细的方式描述了这种机制。瑞典的机制与荷兰相似。虽然这种机制看起来发展于19世纪中期社会民主党执政的很长时期内（Duncan，1985），值得注意的是，工党政府于1947年引入《城乡规划法案》（Town and Country Planning Act）的意图是在英国运作一种相似的机制，并且这也是工党政府后来制定《1975年社区土地法案》（Community Land Act of 1975）的本意。然而，保守党政府在下一届选举的胜出意味着这些干预措施化为泡影。

虽然土地市场的政府干预程度与政治选举的获胜者之间没有必然的关系，但是获胜者有很大的优势。最明显的是，地方规划当局在很大程度上可以控制局势，而不仅仅是阻止开发。而且，政治上的当选也有一些经济优势。当然，根据现有的理论，不应该有任何优势，我们通常会假设房价不受影响。因为土地由地方政府以农用地价格买入，并且出售时不会获得任何利润，而现有理论指出开发商通过低价买入土地并随后以很高的价格出售住房可以获得很大利润。然而，本书提出的理论表明，公共土地储备可能具有经济效果，且这些效果可能是有益的。由于土地是"现货供应"，因此开发商不必搜寻开发用地。土地所有者必须提前出售土地，并不处于在土地开发之时索要高价的地位，因此他们既不能因未来可能的较高价格而投机，也不能因必须迁移而索取赔偿。

在后一种情况下，这种机制可能会有一些社会成本。在强制购买的威胁下，所有者可能被迫迁移，并且不能因此而获得全部赔偿。另一方面，由于规划体系更大程度的协调作用且避免了城市蔓延，与控制行为消极时相比，在这种机制的控制下住宅成本可能更低，其原因可以用图13—4表示（本书之前已使用过），其中横轴上的 OQ 表示城市建城区之外的农村土地面积，纵轴表示价格。城市开发用地的需求用向下倾斜的需求曲线 DD' 表示，农用地价格使用水平直线 PP' 表示。向上倾斜的直线 SXS' 表示不存在政府干预时现有土地所有者向市场供给土地的意愿。如果不存在市场干预，土地市场在开发用地供需等量的地价水平时达到均衡。在图中，这一点就是供给曲线与需求曲线的交点 Z，OA 是以价格 OP 出售的开发用地，所支付的高于农用地价格的溢价 PP_1 会诱使一些之前不愿出售的所有者出售土地。

然而，如果进行公共土地储备，并以农用地价格在开发之前买入土地，然后在计入基础设施建设成本后出售，则水平直线 PP' 就是供给曲线，市场均衡点就是 PP' 与需求曲线 DD' 的交点 Y，该地区这个期间出售的土地数量就是横轴上的 OF，大于在没有政府干预时该地区出售开发用地的数量。但是，另一方面，这意味着以后远离城市之外的区域开发用地的出售数量就会更少，实际上是已经没有了。

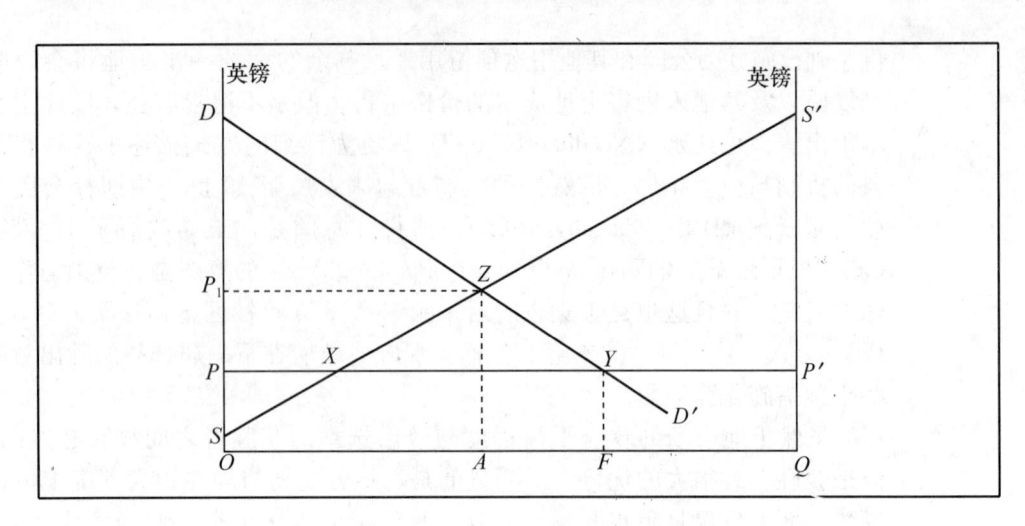

图 13—4　不同市场条件下的城市用地开发

因此，开发商的土地取得费用更少，并能以较低的价格出售所建造的房屋。很明显，由于地价和房价都较低，购房者欲购房屋的平均面积就会较大，并且使用更多的土地。但是，另一方面，由于避免了城市蔓延，城区更为紧凑，很少向外延伸，土地开发以连续有序的空间布局实施。

瑞典的证据表明其房屋价格比英格兰更为便宜，并且土地的平均成本只占新房成本的很小比例（Duncan，1985，pp. 322ff）。

这两种政策都是为了防止城市蔓延，但是其经济效果之间的差别却非常明显。消极的绿化带/城市增长边界政策防止了蔓延，但是会导致房屋及土地的价格上涨。如果价格足够高，在绿化带之外进行开发就非常值得，由此形成了一种不同类型的蔓延。积极的公共土地储备方法也可以限制城市蔓延，但会使得房屋和土地价格降低，同时使蔓延不可能发生在更远之地，因此，公共土地储备的经济和规划优势非常明显。然而来自于政党以及自由主义者对土地市场中政府干预的反对，使得公共土地储备难以在很多国家实施。

此外，这种政策的存在或许是一种历史的偶然。

总结及结论

在本章中，根据之前对土地市场中不确定性及信息缺乏的经济影响的分析，我们考察了开发用地的可利用性问题。我们已经说明，如果规划是消极的，地方规划当局可能将土地指定为开发用途，但是不能强迫土地所有者出售。潜在开发商必须搜寻所有者愿意以开发商认为合理的价格出售的地块。如果规划可利用的土地超过所需土地数量的幅度很小，则对于土地可利用性的限制仍然会导致价格高于更为宽松机制下的价格。

我们还分析了企业确保在需要时可以获得土地的方式。由于购买过程可能不确定并且所需时间很长，企业必须在土地开发之前的很长时间就开始寻找并购买土地。因此，企业通常持有不立即开发的储备土地。如果规划许可不确定，像英国那样，获得土地可能需要更长的时间，因此开发商的土地储备可能更为频繁，并且规模更大。此外，降低开发商无可开发用地风险的一种方式是实施可开发地块的投资组合，因此风险降低有利于大型企业，但会鼓励形成更大规模的土地储备。

最后，我们考察了一些国家政府在干预土地购买过程中所采取的方式，最著名的是瑞典和荷兰，即在开发之前由政府买入土地，然后在需要时按开发用地进行销售。与通过规划限制防止城市蔓延的其他消极方法相比，这种方法在控制城市蔓延的同时降低了土地及房屋的价格。然而，政府对土地供给的控制会导致政府为确保收获到高价而进行一些操作和限制。

在接下来的三章中，我们将考察土地市场区别于其他所有市场的一个特征，即毗邻性问题。

第 14 章

毗邻性：地块集中

"我想握住你的手"

简　介

　　也许土地与其他生产要素相比，最重要的区别就是土地的位置是固定且不能改变的。这种位置的固定性在很多方面影响了市场的运行，有些我们之前已经提及，例如土地的价值取决于其相对于如购物中心和工作地等经济活动区位的位置，这是前面几章中我们仅仅对土地的一个重要特征进行的简要论述，但是对土地来说，重要的不是相对位置，而是多个地块的实际邻接性或毗邻性。尤其是，如果一个企业希望建造一个大型建筑物，就必须拥有大片土地，而为了有一大片土地就必须事先购买或者将很多毗邻的地块集中起来。

　　毗邻性问题非常重要，并且可以解释土地市场的很多特征。这个问题的性质可以用第 1 章中所使用的相同案例进行简单表述。如果一个公司希望建造一条铁路，则可以为寻找劳动力刊登广告，将愿意前来的劳动力集中起来，并且可以与银行和投资者进行接触来获得资本，从而以可能的最低成本获得所需的总金额，而不用关心提供这些资金的具体人员。但是，它们却不能简单地为土地刊登广告，而不关注从哪些人员那里购买土地并寻求以最低价格获得这些土地。如果按前面的方式买入土地，且不关心其位置，这种想法显然是非常荒唐的。

　　很明显，在两个城镇之间建造铁路，公司必须将一些毗邻的地块集中起来，在两个城镇之间形成一个连续的带状土地，然后才能在上面建造铁路，当然做到这一点非常困难。该公司可能在与很多土地所有者协商之后发现，虽然可以将大部分地块集中起来，但是可能完全不连续，因为一些土地所有者希望获得更高的价格。正如我们在第 10 章中讨论最低地租时所提到的，由于这个问题以及与很多土地所有者协商的困难性和成本，公司在一些情况下可能提供一个价格，并且希望所有人都可以接受，同时还不会遭到价格讹诈。然而，并不是所有情况下都会如此，一种选择是利用毗邻性产生的强制购买权令所有者被迫出售，在美国这种权力被称为"土地征用权"，允许政府和公共事业单位使用这种权力。

毗邻性问题还源自于开发中的规模经济，例如在建造购物中心或者房地产时。有时候可以利用强制购买权，我们将在下一章进行强制购买权的经济学分析，然而，更为常见的是开发商必须在没有这种帮助的情况下将地块集中起来。在这种情况下，开发商必须采取策略使土地总成本最小化，这是博弈论中的一个问题，本章的讨论就从这个问题开始。

一个博弈论方法

博弈论是数理经济学的一个分支，冯·诺依曼（Von Neumann）及摩根斯坦（Morgenstern）在1944年发表的著作《博弈论及经济行为》（*Theory of Games and Economic Behaviour*）一书中提出了博弈论的公式。博弈论试图分析以某种方式相互竞争的各方之间的行为，可以是试图获得更大市场份额或者确保更高利润的相互竞争的公司，也可以是我们正在分析的试图确保获得最好交易的买方和卖方。

沃尔夫冈·爱卡特（Wolfgang Eckart，1985）第一次在分析地块集中的过程中使用了博弈论，我们以他的分析作为讨论的基础。在他的研究中，假设只有单一的潜在开发商，并且开发商希望购买一定面积的土地，土地所有权分散在很多不同的人手中。为了模拟博弈过程，爱卡特假设第一个动作是由开发商做出，即给出以每公顷 p_o 的价格购买所有土地的初始报价，该报价必须至少等于土地的基本"市场"价格，也就是必须至少等于农用地的出售价格 p_a，并且还可能更高。因此，p_a 这个价格对于所有者来说就是未出售给开发商时每公顷的价值。

一旦开发商给出了初始报价，土地所有者就会采取行动。爱卡特假设在给出对价时所有者之间相互独立，不相互商量。对 n 个所有者来说，这个价格就是 p_i，其中 $i = 1, 2, \cdots, n$。如果每个土地所有者在总地块中占比为 k_i，则对于开发商来说隐含在土地所有者对价之中的平均价格就是：

$$p = \sum_{i=1}^{n} k_i \cdot p_i$$

假设对价被开发商拒绝的概率为 θ，很明显，如果 $p = p_o$，即等于开发商的初始报价，则对价就会被接受，并且 $\theta = 0$。若封顶价格为 p_{max}，很明显，高于这个价格开发商就会拒绝，即如果 $p = p_{max}$，则 $\theta = 1$。

每个土地所有者必须选择一个价格 p_i，即其对价，他们还必须记住如果土地所有者的对价被拒绝，他们就必须继续持有土地，且这些土地只值基本的"农用地"价值 $p_a \cdot k_i \cdot L$，其中 L 是参与竞价的土地总面积。很明显，如果其对价被接受，则每个人都会收到等于所要价格的金额，所以每个接受者收到的金额就是 $p_i \cdot k_i \cdot L$。

假设每个土地所有者都试图将其土地预期价值最大化，并且在数学上可以使用 $\theta \cdot p_a \cdot k_i \cdot L + (1-\theta) p_i \cdot k_i \cdot L$ 代表。很明显，每个土地所有者预期收到的金额都取决于其自身的对价 p_i 以及所有对价的总和，因为这个总和决定了对价被接受的可能性。

博弈论中一个常见的基本假设是不存在共谋，每个参与者（在这个案例中就是每个土地所有者）都假设其对价不会影响其他人的对价。根据这个假设，我们可以实现纳什均衡。

我们在这里不需要深究数学原理，因为根据该假设所得到的结果在某种程度上非常明显：小块土地的所有者在给出对价时比大块土地的所有者更加具有侵略性，这意味着对价的平均价格将随着土地所有者数量的增加而增加。其中的原因相当直观，在总土地面积中拥有很小比例的小块土地所有者往往认为他的要价实际上不会影响达成该交易的概率，因此会索要较高的价格。可以假设所有的小块土地所有者都以这种方式思考，那么土地所有者的数量越多，作为对价一部分的平均价格就会越高。

另一方面，大块土地所有者的地位有所不同，他非常清楚其所给出的对价会影响平均价格，其本身就会决定对价被接受的可能性。因此，大块土地所有者更有可能要求获得"合理"价格，即比小块土地所有者要价更低的价格。为了确保交易继续进行并且他们不会持有价值仅等于农用地的土地，开发商会更加关注大块土地所有者。

很明显，为了在数学上便于处理，爱卡特分析中的假设大大简化了问题的复杂性：假设单一的出价和对价实际上不太符合现实，假设所有者不会考虑其他人的要价也不符合现实。然而，该分析确实指出了土地集中的性质，对于了解土地所有者在给定情景中的行为非常有用。如果必要，可以根据事实对预测进行调整。

根据这些理论结果，我们可以知道，如果一片土地由两个人拥有，其中一个人拥有该地块中的大部分，而另外一个拥有小部分，则即使他们都考虑对方所采取的行动，与后者相比前者往往索要较低的价格。小块土地所有者往往倾向于索要更高的价格，因为如前文所述，他们认为地块中很小部分土地的要价不足以对交易成功的概率产生重大影响，这种人在英国被称为"不合群者"，美国则生动地称其为"价格黄牛"。

我们还可以看到，如果一块土地的几个所有者在给出对价时联合起来，即共谋，则可能导致平均价格低于不进行共谋时的价格。这几个共谋者若行动一致，可以视为一个大块土地所有者，那么他们就更加有动力给出能够确保交易进行下去的价格。当然，对于一个或者两个小块土地所有者来说，可能拒绝共谋，单独行动，并尽力坚持以获得较高价格。

最后，从开发商的角度考察这个过程，就可以看到开发商倾向于鼓励数个小块土地所有者联合起来并进行共谋，因为共同给出的对价可能低于几个人单独要价的平均价格。然而，事实并不总是这样。在所分析的情景中，假设每个土地所有者都知道开发商正在寻求购买很多地块，在这种情况下所有者可能会以任何方式讨论这个问题，并且矛盾之处在于他们可能认为开发商不会鼓励进行共谋，而是尽量单独对付每个所有者。

理论分析表明，如果开发商可以向所有者隐瞒其正在试图将每个所有者仅占一小部分的土地集中起来的意图，则这种观点可能是正确的。如果可以单独协商，则每个所有者都必须以自己是唯一土地所有者的方式进行思考，并且实际上他们就是这样考虑的。因此，每个所有者必须以"现实"的价格要价，以确保交易进行。他们不知道他们的土地只是全部土地中很小的部分，因此没有动机顶住交易以获得高价。

这种分析有助于解释开发商可以通过隐瞒其计划来获得优势的原因。在实践中，通过聘请很多不同"前台"公司和代理机构，在寻求购买整个土地的不同部分时表面上各自独立行事，开发商就可以隐瞒其计划。只有当完成所有土地的收购时，才能揭开实际上只有一个开发商正在集中土地开发一个单一的大型项目的事实。

开发商的这些行为没有必要广泛公开，因此虽然对这种策略有所谈及，但很少获得证实。奥利弗·马里奥特（Oliver Marriott，1967）在其描写20世纪50年代和60年代房地产行业繁荣的著作《房地产行业的繁荣》（*The Property Boom*，p.160，p.161）中对这个过程的实际运作进行了为数不多的描述。

> 下一步是尽可能悄悄地购买所有土地。这片土地在沃伦大街与大波特兰大街的地下站台之间沿着尤斯顿（Euston）路的北侧延伸了1/4英里……在路背后是很多已衰败的乔治王时期的联排房屋和不成样的小商店……同时，西德尼·卡亚（Sidney Kaye）发现了LCC许可的办公楼和商店的开发密度……乔·雷维（Joe Levy）正在组建一个不动产代理机构联盟。
>
> 他知道，如果他的企业试图直接与众多不同所有者、不动产所有权保有人、租赁者以及二房东协商购买事宜，他的意图就会变得非常明显，并且存在两种很大的风险：一是所有者可能梦想夸大不动产价值，二是一些小型不动产商可能与其竞争以进行勒索。不论哪种情况，再开发的最终利润都可能显著下降甚至完全消失。雷维召集了三个代理机构帮助他完成这个策略……
>
> 乔·雷维根本没有在地块上打出"D.E.及乔·雷维并购"的告示板，他指挥并掌控收购，而其他三家代理机构负责向他报告，并在收购时会打出各自的告示板。
>
> 大多数不动产在1956—1960年这四年内完成收购，并且独立交易的数量加总之后大约为315个……
>
> 为这些土地所支付的价格差别很大。在戴安娜广场两个毗邻的半废弃小房子，其本身的价格大约为每栋1 000英镑，其中一个收购价为1 800英镑，另外一个所有者是一名精明的塞浦路斯人，花费了乔·雷维4.5万英镑，属于一名焊接工人的小工厂则花费了36万英镑。

马里奥特的描述清晰地表明了土地收购的过程，并且说明了地块集中需要时间。对于开发商来说，将地块集中起来需要很大的耐心。博弈论模型将收购过程分解为基本上不受时间影响的一定数量的步骤。我们下面用另外一种方法讨论，这种方法强调了时间要素的重要性。

时间问题

在本书前面几章，我们认为由于许多不同原因，一块土地对于其当前所有者的价值往往高于其当前的市场价格。我们还指出，如果所有者同时还是占有者和使用者，会尤其如此。然而，所有者对于他们可接受的土地价格有不同的看法，一些人不愿意出售，一些人希望立即搬走。正如我们所述，这种结果就是在某个时点特定用途土地的供给，可以使用一条向上倾斜的供给曲线表示。

虽然这条供给曲线表示的是某个时点的情景，但是很明显这种状况会将随着所有者情景和观点的变化而不断地变化。因此，在某个时点没有进入市场的地块在稍后的时点便可能进入市场。下面给出一个极端的例子，即一对老年夫妇不会以任何价格出售其房屋，因为这里面有他们太多的记忆，他们最终将老死在这个房子中。但是他们的托管人则希望快速出售房屋并愿意接受可以获得的最好价格。因此，从长期来看每一块土地都会通过这种或者其他方式进入市场，但是这个时间在现实中可能非常长，正如凯恩斯的著名评论："从长远来看，我们难逃一死。"

图 14—1 非常示意性地表示了这种状况，其中横轴表示可开发用地的面积，纵轴表示价格或者成本。该图来自于芒奇（Munch，1976）对土地征用权进行经济分析时所使用的图示。开发项目对于开发商价值的增加来自于开发规模的扩大，即边际价值产品，在图中用曲线 MVP 表示，当开发规模很小时该曲线向上倾斜，表明存在规模经济；超过特定规模后该曲线向下倾斜，这是因为规模不经济会不可避免地出现。

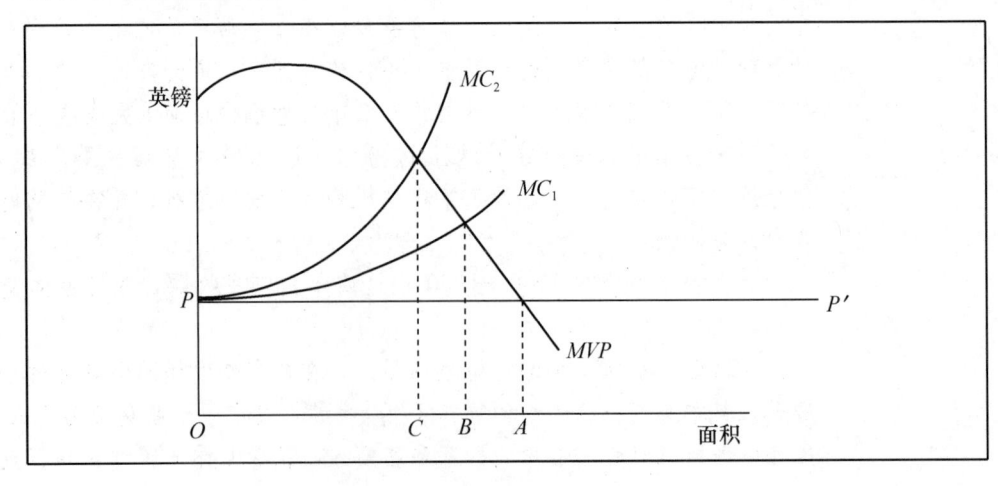

图 14—1 土地集中与开发进程

第 14 章 毗邻性：地块集中

水平直线 PP' 表示该位置土地的市场价格，开发商希望在这个位置为开发项目获取的一些土地可以在这个价格获得，而在其他位置的其他地块能以这个价格获得，但不能在该时间、该地、以这个价格购买开发项目需要的所有土地。然而，如果开发商足够耐心并且可以等待，则所有土地最终都会按此市场价格收购。"最优"开发规模在曲线 MVP 与水平直线 PP' 的交点处，所以开发的土地面积为 OA。

当然，没有一个开发商愿意永远等待，并且很少有开发商可以长期等待，上面的分析假设是基于等待没有成本。这不符合事实，很明显开发商会以比以上假设更激进的方式做事。由于开发速度或快或慢，土地获取越快必须支付的价格就越高，因此很难提出一个可能的土地获取速度。假设存在一个"正常"的土地获取速度，则可以绘制表示土地支付价格明细的曲线 MC_1。部分土地可以市场价格购买，随着时间的推移，一些土地可以市场价或稍高于市场价的价格水平获得，但是开发商继续购买的价格越来越高。因此，曲线 MC_1 向上倾斜。该曲线表示的是每增加一块土地所需的边际成本，则对于开发商来说利润最大的开发规模就是 OB，它稍低于全部土地均以市场价格购买时的规模 OA。最后，如果开发商没有耐心而是急于实施开发项目，就必须支付更高的价格，如曲线 MC_2 所示，此时利润最大的开发规模仍然是在较小规模的 OC 点。

总结及结论

在本章，我们使用了两种不同的方法考察了地块集中问题。第一种方法是博弈论法，这种方法假设不存在时间问题，而是集中讨论土地所有者为应对潜在开发商的收购而采取的策略；第二种方法很明显是更为普遍的图示方法，这种方法主要讨论地块集中需要时间的事实，以及开发规模可能受开发商等待意愿的影响。

开发商的一个策略问题由博弈论给予了揭示，但因其无时限性而掩盖了问题。在获取土地的过程中，开发商必须在开发之前投入一定量的资金，如果开发被推迟很长时间造成地块在购买之后闲置，这会产生很高的成本。另一方面，如果将地块出租，在其他地块已经收购后开发商可能难以清除租户。因此，土地收购速度对于开发商来说是一个策略问题。收购速度越快，则为后期购买土地所支付的价格就会越高，但是会降低前期已购土地投资的机会成本。

开发商的另一个策略问题在图示法和博弈论法中都进行了讨论。开发商可以进行价格歧视，还是向所有卖方支付相同的价格？图 14—1 根据开发商与卖方议价时可以实施价格歧视的假设绘制了购买价格曲线。该图假设对一些地块支付市场价格，而对另外一些地块支付较高的价格，对其余地块支付更高的价格，这能做到吗？如果所有者发现正在进行的收购并且试图联合起来，会发生什么呢？很明显，这可能导致必须支付更高的价格。

在下一章，我们将重新讨论为获得开发用地所必需的时间长度，并且说明强制购买为什么能够以及如何用来确保大规模项目的实现。

第15章

毗邻性：强制购买与开发规模

"我需要你"

简　介

　　由于毗邻性问题，政府和公共事业单位会使用强制购买权或者土地征用权。而在民主社会，对于土地强制购买权的普遍认可很不寻常，而权力对于劳动力或者资本利用的支配却不能被接受。对资本和劳动力而言，这种权力仅限于在战争期间使用，或者在和平年代强制年轻人服兵役，在民主社会这种权力就会被认为是专制的并且不为政府所用。

　　毗邻性问题产生于铁路或者公路以及类似公共事务的建设，还产生于开发项目所具有的规模经济，例如在建造购物中心或者住宅项目时。强制购买权有时可在如下情况中使用，例如由地方政府建造的住宅或者由开发商与地方政府合作建造的购物中心。运用这种权力的意图是这样做可以实现开发的规模经济，但是如果通过市场购买土地的速度很慢，需要与每个所有者协商并且必须解决上一章提到的"不合群者"的问题，就不能实现这一点。

　　虽然强制购买权的使用被广泛接受，但是仍然有必要确定使用这种权力所产生的社会收益是否大于社会成本，本章的第二部分我们将试图解决这个问题。我们的结论是，强制购买权被接受程度主要取决于时间尺度，快速实施可能产生成本，但更有规则的方法却不会。

　　时间尺度问题将在本章第三部分以不同的方式进行分析，此处我们以住宅开发为例，说明为什么大规模开发对于开发商来说不仅有利可图，而且与大量小规模开发有所不同。然而，如果两者盈利水平之间的差异不是很大，开发商就不愿在地块集中方面花费资源。开发模式将取决于土地的所有权，历史也会影响开发模式。由单一个人或者企业拥有所有权的土地可以以同一种模式开发，而所有权分散的土地以另外一种模式开发。

强制购买与购买速度

上文中所提问题的性质在图 15—1 中进行了阐释，芒奇（Munch，1976）不仅使用该图表明了希望购买大量毗邻地块的开发商所面临的问题，而且表明了中央和地方政府可能用强制购买权或征用权的原因。

图 15—1 与图 14—1 相似，其中横轴表示可能进行开发的土地面积，纵轴表示成本和价格，边际价值产品使用起点为纵轴上 Z 点的曲线 MVP 表示，土地价格是纵轴上的 OX。如果开发所需的所有土地可以以市场价格收购，则表明每增加一单位土地的边际成本就等于市场价格。但是，只有当开发商在购买土地时准备无限期（我们上面已经讨论过这个问题）等待或者开发商可以使用强制购买权和征用权时才会发生上述情况。如果开发商可以使用这种权力或者可以代表开发商使用，则可以强制地以市场价格购买土地，且无须等待。因此，起点为纵轴上 X 点的水平直线就标记为 MC_{CP}。如果可以使用强制购买权，则开发的最优规模就是横轴上的 OQ_{CP}，它是由 MVP 与 MC_{CP} 的交点 U 决定的。在该点之外，扩大开发规模的边际成本就会大于从这片土地上所获得的边际收入。

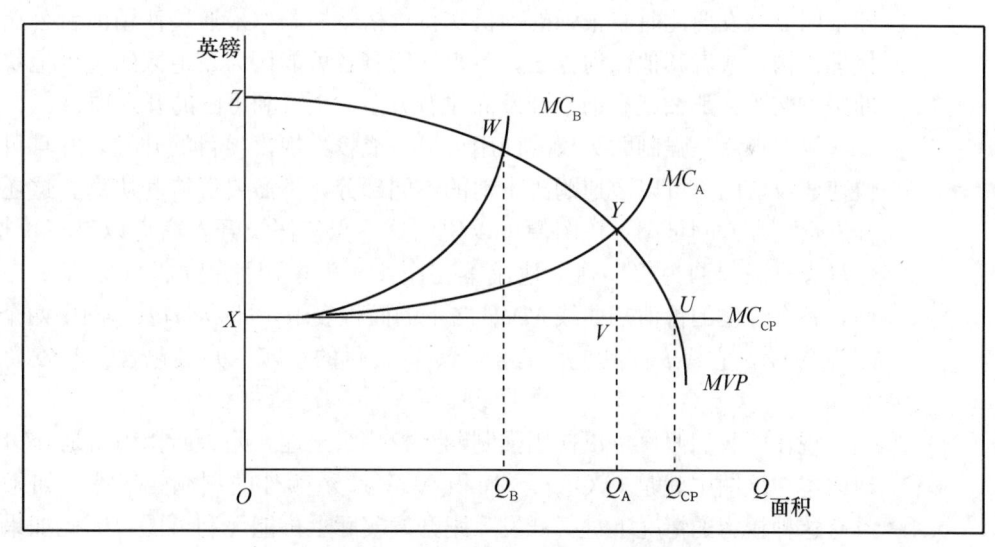

图 15—1　强制购买与土地开发

如前所述，对于不能使用强制购买权的开发商来说，他们必须支付的价格往往会随着购买数量的增加而上升。假设必须支付的价格用曲线 MC_A 表示，如图 14—1 所述，该曲线假设开发商可以实行价格歧视，此时一些土地可以以市场价格 OX 购买，并且每增加一单位土地的价格用 MC_A 表示。由于开发商必须以高于市场价格的价格水平购买大部分另外的土地，开发的最优规模就可能较小。在图中，该最优规模是用 MVP 与 MC_A 的交点 Y 表示，开发利润最大的规模为

OQ_A，它小于使用强制购买权时的规模 OQ_{CP}。

现在，我们假设开发商发现不能进行价格歧视，并且土地所有者意识到了有人正在试图集中一片土地并且通过各自传递的出价信息而进行共谋。那么，向任何一个土地所有者支付的价格必须相等。在这种情况下，曲线 MC_A 就不能表示边际成本，因为它不能表示为该片土地中不同地块所必须支付的价格，该曲线任何点上的价格都不同，因此需要使用不同的价格明细曲线来表示向该片土地中每块土地必须支付的价格。因此，如果该片土地的开发规模是横轴上的 OQ_A，则 Y 点就表示必须为所有地块支付的价格。然而，如果可以进行价格歧视，则 X 和 Y 之间曲线上的点就表示价格明细，Y 点表示必须为地块支付的最高价格。

此时，开发商的问题就是若对某一单一土地所有者支付了较高价格，那么就必须提高支付给其他人的价格。增加开发规模的额外成本现在高于必须为额外、边际土地支付的成本，因为必须向所有其他边际土地支付更高的价格，因此开发商所面对的边际成本曲线就不是 MC_A，而是一条可以从该曲线推导出来并位于该曲线之上的曲线 MC_B。由于位于 MC_A 之上，因此增加开发规模的额外成本较高，其利润最大化的最优开发规模就较小。在图 15—1 中的 W 点即 MC_B 与 MVP 的交点，边际成本等于边际价值，并且利润最大化的开发规模为横轴上的 OQ_B，OQ_B 小于 OQ_A，而 OQ_A 又小于 OQ_{CP}。

对于图 15—1 的分析表明了两点，第一点我们已经在上一章中进行了讨论，即很明显开发商此时有很强的动机实行价格歧视。如果通过使用前台公司或几个代理机构，或者其他任何方法，各土地所有者可能认为该地区的每个地块由不同的买方购买，那么就有助于开发商建造大型、更有利可图的开发项目。

第二点就是强制购买权的使用可以完成较大规模项目的开发，并且可以实现快速建设，因为可以快速购买土地的不同部分，不需要等待和协商。这还意味着开发会更加有利可图，该图便可以说明这一点。假设开发商可以进行价格歧视，但是没有强制购买权，则土地成本在图 15—1 中用面积 $OXYQ_A$ 表示，另一方面，整个开发的价值用曲线 MVP 之下的面积表示，即 $OZYQ_A$。图中两个面积的差为 XYZ，它代表向其他所有生产要素支付的金额，并且包含了开发商一定的利润。

现在，我们假设可以使用强制购买权购买土地，购买面积仍然是 OQ_A，则土地成本在该图中就是 $OXVQ_A$。面积 XYV 表示额外的利润。当然，如果必须在没有这种权力的情况下进行开发，则开发实际上可能无利可图，因此如果希望有利可图就必须具有强制购买权。这也是英国地方政府签订合作开发协议的原因，尤其是地方政府希望重振经济而在城市中心区域建造大型购物中心时。因此，分析表明了强制购买权如何将潜在损失的项目转变为可以盈利的项目，或者使得已经可以盈利的项目变得更加有利可图。分析还表明开发规模可以扩大，因为 OQ_{CP} 大于 OQ_A。而且，开发规模从 QA 到 Q_{CP} 的这种潜在增长进一步增强了其潜在盈利能力。当然，额外的收入必须能够抵消规模增加的额外成本，在该图中用 YUV 表示。

第15章 毗邻性：强制购买与开发规模

虽然通过强制购买权进行的开发可能更加有利可图，然而必须提出，这种盈利能力的增强是以原来所有者的损失为代价的。行使强制购买权的社会成本（及收益）是什么？一种极端情况是，对于公路扩宽等一些公共项目来说，一些地块对于该项目非常重要，不购买这些地块，开发就无法进行，大部分人会认为赋予所有者随意要价的权力是错误的，因为这实际上是赋予他们"垄断权"（然而，并不是所有人都同意这一点。很多自由主义者可能认为，任何类型的政府强制事件即便是这样的强制购买权都是错误的，在一次自由主义经济协会开展的关于城镇规划的经济问题讨论时，我由于为该观点辩护而遭到喝止）。

我们在之前的几章中已经使用很长的篇幅说明一块土地对于其所有者的利用价值实际上可能高于其交换价值或者市场价值。也就是说，图中两条边际成本曲线 MC_A 与 MC_{CP} 之间的差可以表示对于所有者的真实价值，因此征用会产生社会成本。对于居住在该地块并且其房屋被征用的人来说这一点尤其正确，而且对于那些经营活动被打断以及由于搬迁而被迫停止营业的小企业来说也存在这种情况。

在确定这些社会成本时，时间要素看起来是一个非常重要的因素，伊姆里和托马斯（Emrie & Thomas，1997）调查了加的夫一处开发项目的土地收购，这个项目从提出概念到实施非常快，实际上这个过程是在两年之内完成的。被收购土地的小企业主对这个过程以及获得的价格普遍不满。另外一种极端情况是，林（Lin，1999b）对西伦敦地区道路改进项目的土地收购过程进行了考察，该项目于1958年第一次提出。当他在1997年进行调查时发现英国高速公路管理局（UK Highways Agency）（及其前身）花费了很长时间购买入市的土地，而剩余的大部分土地所有者都预期其土地最终会被强制购买，这种预期大多都考虑了不动产的价格以及所有者的估值。因此，为了降低社会成本，社会成员以及市场必须有时间进行调整。

在这种情况下，英国的机制有助于进行调整，即自用所有者会得到其房屋市场价格外加10%的搬家补偿，企业还可以得到业务中断的补偿。当然，如果地方政府已经公布收购土地计划，而所有者未在公开市场出售土地，政府可以在既定的强制购买日期之前实施强制购买。在其他一些国家，为强制购买不动产所支付的价格可能大大低于市场价格水平，强制购买就成为支持以市场价格购买的一种威胁。在中国台湾，强制购买价格按税收目的评估价执行，低于市场价值。在意大利，强制购买价格的计算公式非常复杂，其结果是法定强制购买价格通常大大低于市场价值（Ave，1996）。美国的机制是允许通过法院设定价格。芒奇（Munch，1976）对征用权进行了经济学分析并提供了为数不多的一些实证证据，她发现上诉至法院的成本会影响所支付的价格。与她所评估的真实市场价值相比，小块土地所有者收到的价格一般来说较低，而大块土地所有者收到的价格往往较高。她将这种差异归因于：与小块土地所有者相比，大块土地所有者有能力为更多、更好的建议埋单。

撇开由于法律机制所导致的差异，返回之前我们提出的问题，即强制购买的社会成本与收益之间的差额,我的评价是这种差额取决于地块购买的速度。如果购买速度相对较慢,则收益往往会超过成本;购买速度越快,则人们被迫在一定时间、以一定价格卖出土地的可能性越大,因此会产生一些真实成本。购买速度越慢,一些人希望在该期间内出售就越有可能,而其他人必须有时间进行调整。

针对强制购买的经济学分析进行的实证调查很少,而理论方面的讨论很多,我怀疑这主要是因为经济与法律之间有趣的相互影响。一个曾经讨论过的福利问题就是,以完全市场价格强制购买不动产对市场传递了误导信号。布鲁姆等人(Blume et al., 1984)认为,虽然以市场价值进行全额补偿在道义上看起来是正确的,但是从全国来看会导致所有者进行过度投资。

该观点的逻辑如下所述:拥有一处不动产并且计划将其在数年内销毁再开发的企业不会在该不动产上进行投资,因为不能在剩余期限内收回这些投资。另一方面,企业如果知道不动产将在数年内被强制收购,并且会为此支付全额补偿,则该企业就很有可能进行大型投资以改善和维持该不动产,因为它知道可以收回这些投资。于是,这种观点认为当强制购买与地块的当前用途相互独立时,如在道路扩宽方面,全额补偿就不具有(社会)效率。但是,如果考虑了地块的当前用途,就能兼顾公平与效率。这是因为当确定一条新公路的线路时会有目的地选择地块,以将政府的成本最小化并避免销毁更多的昂贵建筑物。

然而我认为,理论上的公平和效率问题在实践中并不重要。政府在制定开发计划时至少部分上是要考虑成本,并尽力避免购买昂贵建筑物后又将其销毁。所有者看起来也不会对将被强制购买的建筑物进行过度投资。但问题很可能是,一旦地方政府公布了某个区域未来的开发规划,该地区将逐渐衰败,因为所有者对其不动产不继续投资或者不进行充分维护。这就是英国修改法律以允许所有者要求政府当局在实际强制购买之前购买其不动产的原因。

最后,我也很难理解为什么过度投资被认为是由强制购买导致的。开发商每天都会以完全市场价格购买不动产,并且销毁这些不动产为新的开发项目让路。由于在开发商公布收购与建筑物的出售和销毁之间会有一些时间差,因此从社会角度来看过度投资很可能已经发生。如果在有大量买卖交易的私营部门这不是一个问题,那么也没有理由认为在公共部门收购时这是一个比较大的问题,况且公共部门进行的交易数量实际上非常少。这可以作为一个理论上的案例,但在实践中这并不是问题。

规模经济、收购成本与历史

规模问题以及因此而带来的开发面积问题可以以不同的方式进行解释,本章前半部分以及上一章的分析表明,与通过耐心地与大量小块土地所有者进行协商才能集中一大片土地相比,如果土地购买相对容易,开发规模往往较大。但是,可用于开发的土地往往会成为一个历史问题。在一些地方,单一土地所有者可能拥有大片土地（实际上是数个大片的土地）；在另外一些地区，土地所有权可能非常分散，并且没有大面积地块可买。后一种情况下，集中大片土地是否值得就不仅仅取决于收购成本，还取决于可能的规模经济。如果从大面积地块的开发中获得的规模经济不是很大，就不值得花费时间和资源集中形成大片土地。因此，如果土地由单一所有者控制，则与所有权非常分散相比，该地区的开发模式就有可能不同：在第一种情况下，可能进行大规模综合开发；在第二种情况下，综合开发在经济上就不可行。

可以从开发商的角度考虑住宅开发的最佳模式，与高密度住宅相比，自用所有者倾向于较低的住宅密度，对影响房价各种要素进行的计量经济学实证研究表明，对于任何给定套数的住宅，周围地区的住宅密度越大，其价格越低；否则，价格差异不大。

这种情况如图 15—2 所示，纵轴表示价格和成本，横轴表示住宅密度。我们假设开始时开发面积非常大并且开发由同一个企业实施，AR 是平均收入曲线，该曲线表示的是该片土地房屋的平均价格与该地区住宅密度之间的关系，呈向下倾斜状，因为开发密度越高，价格越低。假设住房的平均建造成本随着密度增加而上升，在图中用 AC 曲线表示。

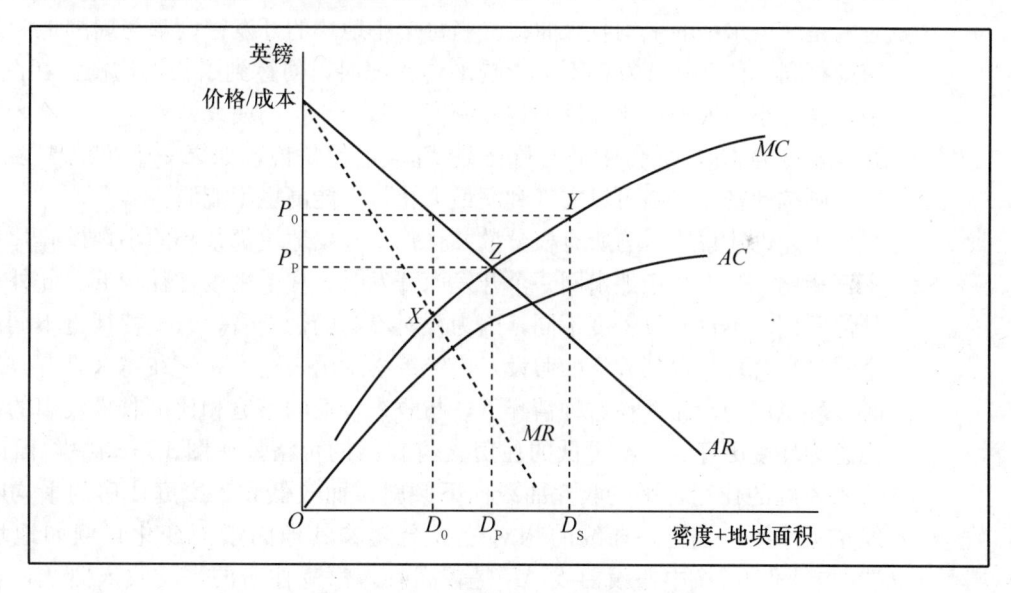

图 15—2 开发规模、密度与开发模式

然而，开发商并非根据 AR 和 AC 确定利润最大化时的最优开发密度，而是根据每增加一套住房的边际成本与边际收入之间的对比来确定，这两个因素在图中用曲线 MR 和 MC 表示。MR 曲线表示每增加一套住房的边际收入；MR 位于 AR 之下是因为每增加一套住房时开发商虽然可以从该住房获得收入，但是由于开发密度加大，住房价格降低，造成从其他住房中获得的收入减少。MC 位于 AC 之上，是因为边际成本是每多建造一套住房的成本加上所有其他住房由于密度加大而增加的成本。

当边际收入等于边际成本时，即在图中表示为 MR 和 MC 的交点 X，开发商实现利润最大化，在该点之前，不断加大开发密度有利可图，超过该点每多增加一套住房的成本大于所收到的边际收入，这两条曲线的交点 X 表示最优密度为 D_0。如果该地区以这个密度开发，则每套住房可以获得的价格为 P_0。

现在，我们假设开发的是该地区的一小部分单一地块。开发密度对可以获得的价格的影响实际上非常小，因为价格主要是受到周围地区开发密度的影响。为证明这一点，假设该地区已经以密度 D_0 开发，且所有的房子已经售出，但是其中一套住房不久之后被大火烧毁，因此该地块必须进行再开发。周围地区的开发密度已经定为 D_0，这意味着在小地块上建造房屋可以获得的价格为 P_0，且无论该单一地块的开发密度是多少都会获得这个价格。实际上，小地块开发商在 P_0 点面对的是（几乎）水平的平均收入曲线。为了实现利润最大化，开发商此时必须加大开发密度，直到每增加一套住房的成本正好等于可以获得的价格，即图 15—2 中由 P_0 出发的水平直线与 MC 的交点 Y，此时开发密度为横轴上的 D_s。

当然，非常明显的是，如果这种小规模碎片化开发足够多，平均密度上升，环境恶化，可得的平均价格就会下降。虽然不同地块的结合确实会影响平均密度以及可得价格，但是对于每个进行小规模碎片化开发的开发商来说，他们往往面对的是一条水平的平均收入曲线。当每个小地块的开发密度都与周围地区的平均密度相同，任何新开发都不会影响平均密度时，便达到了长期均衡。在图 15—2 中，这种小规模碎片化开发的均衡密度由曲线 MC 与曲线 AR 的交点 Z 表示，即开发密度为 D_P，每套住房的价格是 P_P。也就是说，如果一个小地块必须再开发，则按此密度实施可以实现利润最大化，不能高也不能低。

上述论述说明，与所有权分散并且每个开发地块都很小的小规模碎片化开发密度相比，当大片土地由同一个开发商开发时，住宅密度往往较低。此外，还有其他差别。不仅开发密度不同，因为针对不同的消费者，开发特征也不同。有一个看来很合理且得到验证的假设，用经济学术语表述就是，在需求具有收入弹性时，环境成为商品。在这种情况下，与收入较低的家庭相比，收入较高的家庭更愿意为环境更好、密度更低的住房支付较高的价格。在图 15—2 中，面向较高收入家庭的住房，平均收入曲线向下倾斜；而较低收入家庭住房的平均收入曲线接近水平。当然，曲线的相对位置会随着其他因素而变化，例如地块的位置，在图 15—2 中假设曲线 AR 是较高收入家庭住房的平均收入曲线，较低收入家庭住房的平均收入曲线是一条位于 P_P 之上的水平直线。可以看到任何开发项目的特征都取决于土地所有权。如果可以购买大片土地，则面向较高收入家庭进行相对低密度的开发可以获取最大利润；另一方面，如果所有权非常分散，由大量开发商进行小规模碎片化开发，就可能以较高的密度开发成适合较低收入家庭的住房。

当然，这种观点是基于不存在规划控制的假设，而进行住房密度控制的一个原因是防止密度过高（Evans，1985，pp. 28—31）。然而，这种观点确实有助于解释过去一些开发模式之间的历史差异，从而证实这种理论观点的正确性。下面给出一个非常明显并且大家都熟知的例子，即伦敦西部被开发为高收入家庭住宅区，由相对较少的大型家族企业进行开发，即由贝德福德房地产公司（Bedford Estate）开发布隆博瑞地区（Bloomsbury）的大部分，波特曼房地产公司（Portman Estate）开发马瑞伯恩地区（Marylebone）的大部分，格罗夫纳房地产公司（Grosvenor Estate）开发五月花（Mayfair）和贝尔格维亚（Belgravia）地区的大部分。在每个开发区域，都安排了公共空间、绿地、停车场等，最有名的例子就是以这些开发商名字命名的广场，例如贝德福德广场、波特曼广场、格罗夫纳广场。很明显，如果土地所有权非常分散，占有这些广场的所有者就不会让这些广场闲置，闲置不会使他们受益，而只会让周围地区住房的占有者受益。达雅思（Dyos，1961）讲述了一个鲜为人知的与伦敦南部前坎波维尔镇历史有关的例子。在该地区北部的博克汉姆（Peckham），土地所有权非常分散，并且开发密度相对较大，居住的都是低收入家庭。然而，该地区南部的杜威奇（Dulwich）的土地由单一的土地所有者杜威奇学院（Dulwich College）拥有，并且土地开发密度相对较低，居住的都是高收入家庭。这两个地区之间的差异存在了100多年，撒切尔在退休后购买了杜威奇地产的一栋住房就可说明这一点。

这些案例表明，土地所有权格局将影响其上建设何种房屋，由于建筑物的耐久性，过去的土地所有权格局将影响数百年之后这片土地上会存在什么样的建筑。

这是因为，只有在获得足够大的土地面积非常容易时，才可以实现开发的规模经济。如果土地所有权非常分散，土地收购成本通常会使开发总是以很小规模分散地进行。理论分析以及上面给出的实证证据是关于住房开发的，但是同样的分析也适用于其他类型的房地产开发。如我们上一节所分析的，地方政府在与私人开发商合作购买土地以建造大型购物中心时会使用强制购买权。很明显，此时存在规模经济效应，而试图通过谈判集中足够大地块的做法不可行。我推测，这个结论也适用于工业地产的开发。据我所知，规划为工业不动产的大片土地的开发需要20年以上的时间，这个时间大于地方规划控制的时间跨度。开发商缓慢开发，以实现环境的高标准和凝聚性。如果恰好附近另外一个区域也有规划许可的工业地产开发，开发商关心的是可能到来的非常激烈的竞争。如果后一种情况是碎片化且没有总体控制的开发，就环境质量而言两种情况不存在竞争。因此，即使有些人认为不重要，在工业地产开发中开发规模还是会影响环境质量，并因此影响其如何利用以及什么建筑物将定位于此。

总结及结论

本章的讨论是对上一章内容的延伸。上一章我们关注了地块的购买问题，与较小的开发规模相比，大规模开发更加有利可图。只有在通过地块集中形成足够大的开发用地时，大规模开发才能够实现，而地块集中需要与很多的单个土地所有者进行谈判。这些谈判的成本可能非常高，而且需要大量的时间。本章我们说明了解决这个问题的一种方式是对土地进行强制购买。为了提供公共住房，尤其是在第二次世界大战结束后的 25 年里，政府需要实施城市更新或者综合再开发，而强制购买是这些计划的一部分。近年来，在与私人开发商合作建设大型商业项目时（主要是在中心城区建设带有停车场的购物中心），强制购买权已经被地方政府广泛使用。本章还分析了为什么在这些情况以及如道路的拓宽和建设等更为明显的情况下使用强制购买。我们还考察了使用强制购买权的社会成本，如果规划许可和购买过程非常长，这种成本就会很小；但是，如果规划制定时很少公示并且迅速实施，这种成本可能很高。

在确认存在规模经济时，就会使用强制购买权。本章的最后一节，我们阐明了如果可能的规模经济不是很大，并且土地所有权非常分散，那么土地获得成本可能大于能够获得的规模经济效益。另一方面，如果土地由单一的土地所有者拥有，那么谈判和土地获得成本可能很低，大规模开发将变得可行。因此，土地所有权格局会影响如何开发：所有权非常分散的土地将进行空间不连续的小规模开发；统一的土地所有权则更有可能进行大规模的统一开发。

在下一章，我们将考察一些国家在不使用强制购买权的情况下解决土地所有权分散问题的方式，即自愿重新分配土地所有权的方式。此外，我们还将关注土地价格，这两章的分析是，较大地块的价值大于较小地块的价值，相对于小地块的价格因素，大地块在基础设施上的投入成本是主导因素。

第16章

毗邻性：土地重划和土地价格

"一起来"

简　介

当土地所有权归个人所有，且土地面积小又不规则时，毗邻性问题就非常突出，一些国家也因此出台了一些有关重划或再调整地块边界的政策。在小农经济的肥沃土地中，每块土地可能都非常小而不规则。如果要将土地用于城市开发，那么该地块应该是矩形，而且正面或多或少要面向公路。土地重划最终会使每个土地拥有者获得与先前相等比例的土地，但此时每块土地形状规则，并且位于适合开发的位置。

在本章我们将讨论土地重划和有关土地面积与土地价格的关系等问题。在其他条件一致的情况下，我们认为面积大的地块应以较高的单位面积价格出售，因为面积越大，所引发的土地收购问题越少。然而，实证证据却与此矛盾。我们通过说明大型地块由于基础设施投入较大而导致其开发成本更大这一事实，来试图调解该矛盾。

土地重划或土地调整

很多国家都有关于所有权重划的法律和政策。所有权重划方案或类似方案不会给人一种反自由主义的强制购买印象，因为原先的所有者仍然拥有几乎与先前面积大致相同的土地，且也能够从中获益。如果主要考虑农村土地的话，这种方案最好用在农民拥有的土地面积较小且形状不规则，或者单个农民所拥有的土地被分成若干部分或其土地位于不同地点的情况下。我们提到过，包括建造房屋在内的城市用地开发通常需要地块形状规则，至少有点接近长方形，且面向公路。如果现有土地非常不规则，那么要实现这一目标，要么单个开发商将大量的土地全部买下并按此调整布局，要么同时调整所有地块的边界。

关于允许土地重划的政策，主要有赫伯特和中井（Hebbert & Nakai，1988）对日本政策的描述、迪特里奇等人（Dieterich et al.，1993）对德国政策的描述，中国台湾的林（Lin，1993）以及林和埃文斯（Lin & Evans，2000）对台湾地区政策的描述等。我们将图16—1所示的台北外围区域（Lin，1999a）的土地所有权的简化形式作为一个典型的重划方案的初始状态。最终的结果是拥有如图16—2所示的土地持有模式。土地所有者必须联合起来，他们可以自发地这么做或是由政府部门充当催化剂。在某些情况下，强制购买的威胁将会用于"鼓励"土地所有者参与并最终达成协议。

图16—1 一个典型的土地重划方案：重划前土地持有和道路规划情况
资料来源：Lin，1999。

为了要建造公路，每位土地所有者会损失先前一定比例的土地。通常，他们还将损失一部分土地，因为要通过出售部分土地来支付基础设施的建设成本。因此，如果预计公路将占用10%左右的土地，再加上出售5%的土地用以支付公路的建设成本，那么对于一位先前拥有1 000平方米土地的所有者来说，在重划结束后他最终拥有约850平方米的土地。拥有两处及以上土地的所有者最终将获得一处单一地块，每个地块都为矩形且面临公路。因此，某块土地的所有者若在分

第16章 毗邻性：土地重划和土地价格

配之前拥有如图 16—1 阴影部分所示的土地，在重划结束之后，他则拥有如图 16—2 阴影部分所示的一块面积类似的土地。正如林（Lin，1999a，Ch.7）所述，那些知道将有土地重划的精明的开发商提前采取行动，买下零散地块以期在重划之后获得统一的可开发用地。这与坐等重划完成然后再试图买下毗邻地块的做法相比要容易得多。

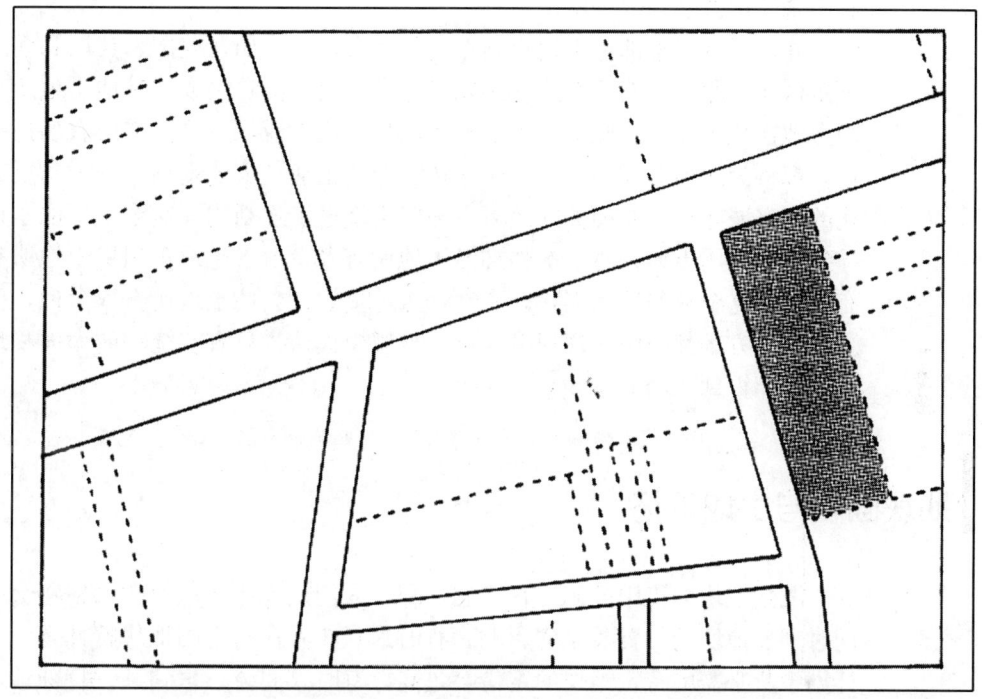

图 16—2　一个典型的土地重划方案：重划后土地分配方案〔图中阴影部分所示土地的所有者就是拥有图 16—1 阴影部分所示土地（更大）的所有者〕

资料来源：Lin，1999。

土地重划的主要劣势在我们分析开发商可能采取的策略时已有所显现。土地重划调整了地块边界并且允许建设基础设施，但这并不代表一定会（甚至常常不会）产生大规模的可开发用地。此外，由于最终的土地所有权又回到了农民手中，他们能继续保有他们的土地，如果愿意的话也可以继续耕种直到他们因家庭环境或是受到价格诱惑而出售他们持有的地块。

赫伯特和中井（Hebbert & Nakai，1988）指出，在日本，农民土地所有者经常继续持有他们的土地，当他们需要资金时，比如女儿结婚等，便会出售部分土地。日本的制度允许所有者自行安排土地重划方案从而留出城市发展的空间，甚至在城市控制区域，即防止城市化的区域，这是唯一许可的城市发展方式，结果是土地重划似乎包容了甚至鼓励了城市蔓延。城市化区域随着土地重划方案的推行而扩张，公路以及其他基础设施不断被投入建设，某些土地只要支付基础设施费用就能进行开发。然而，大部分剩余土地仍然没有开发，因为，所有者预期或推测土地价格在将来仍将保持高位，甚至更高。

由于对城市土地的旺盛需求意味着在这个区域内几乎没有土地投放市场以供农民购买或迁移，这使问题变得更为复杂。对于农民而言，出售土地意味着退休，而不是其从一个地方迁移到另一个地方。在这种情况下，农民可能更不愿意出售土地，而是把他们的土地当作一种在退休后而不是退休前可以折现的投资。因此，小块的农田能够也确实存在于交织城市用地的结构中，尽管将其继续用作农田来使用似乎并不经济。

并非所有国家都把土地重划作为一项政策，比如在美国、英国和澳大利亚就不是这样。原因可能是在这些国家，通常情况下由农民或者其他土地所有者持有的土地往往很多。因此，一位所有者出售一块土地，不论是整个农场还是部分农场，都将为多种形式的开发提供一块适合的土地。土地重划是一项与所有权分散化的现有城区再开发相关的政策，当然它绕过了强制购买这个主要的争议，因其导致强制征用土地并将成本强加给土地所有者，由于土地重划后土地所有者仍保有土地，这个缺陷得以消除。当然，土地重划还会使土地所有权分散，而大多数强制购买方案都企图实现规模经济，该规模被认为只有在统一的大面积地块的情况下才能得到。

地块面积与土地价格

既然地块的集中的确存在问题，那么人们认为所售地块的价格将会受到其他同时开发地块的位置关系的影响。有时这意味着在给定的地块特性下，对于开发计划中所必需的特定地块的定价会过高。有时人们会意识到某一特殊地块的重要位置，或者有时其实是人为的安排。土地所有者可能会出售大部分土地但是保有所谓的价格讹诈地块，即对于其他土地的开发必不可少的地块的所有权，以此称谓该地块，是因为该地块所有者能够让其他土地所有者为此支付"赎金"。

想要系统性地发现因为与其他地块的空间和位置关系而产生土地价格变化非常困难，因为价格变化取决于当地的具体情况。然而，我们可以对其中的一种变化进行分析，即单位面积地价因地块面积不同而发生的变化。如果土地市场非常完美并且毗邻性不是问题，那么我们会认为不论所售土地面积多大，其单位价格相同。然而，由于市场存在瑕疵，并且集中地块较难，土地价格会随着地块面积扩大而增长。

在这方面有大量的实证研究，其中，大多数研究都与北美的土地市场有关，并且得出了相反的结论，即土地面积越大单位价格越低。这种情况基于如下事实，即这些研究中地块面积的变化在大多数情况下确实非常大。在大规模土地开发过程中，很显然必须提供基础设施。此外，土地面积中的很大一部分将用于道路建设和通行空间而不能于出售。另一方面，面对既有公路的一小块土地可以作为整体进行开发或出售，而不必支付基础设施成本。

尼达姆（Needham，1992）在有关荷兰公共土地储备的经济学报告中清楚地

第16章 毗邻性：土地重划和土地价格

阐述了基础设施成本对土地价格的影响。他发现农用地价格（1980年左右）约为5荷兰盾每平方米，为未来开发之需，当地政府从农民手中购入的价格约10荷兰盾每平方米，基础设施建设成本约40荷兰盾每平方米。当地政府为收回成本，需以每平方米50荷兰盾左右的价格出售所有土地。然而可售的开发用地面积却由于部分土地用于道路、自行车道、人行道、公园和其他开放空间而大量减少。最后，在当地政府当初购买的土地中，只有约一半的土地可供出售用以开发之用。因此，为了收回成本，土地的出售价格至少是每平方米100荷兰盾。

荷兰人的证据表明如果大面积土地以某个单价被买下用作开发之用，比它小很多的地块的出售价格可能是这个价格的10倍，因此，在布朗斯通和凡尼（Brownstone & De Vany, 1991）的一项研究中，地块面积从1英亩到19 000英亩不等，价格变动也从每英亩不到10 000美元到超过1 480 000美元，他们对价格差异的解释之一是不同面积规模的土地具有不同的基础设施要求。这种解释是必要的，因为其他解释忽略了土地可以分割并分开出售的事实。此外布朗斯通和凡尼将持有大面积土地时会承担更大的风险作为一种可能的解释。但如果大面积土地的所有者认为将土地分割成两块或更多块，价格会上升，他们就没有理由不这么做。之后土地将被分割成若干块，以使总收益最大化。由于这种做法从前没有，现在也没有，所以大面积土地的低价格不能进行这样的解释。

另一方面，虽然地块可以相对容易地进行分割，但是集中起来却没那么容易。因此，如前所述，如果基础设施需求相同，所有地块面积相对较小并且靠近道路，则与较小的地块相比，较大地块的销售单价较高。两个关于较小地块的价格研究发现了单位面积土地价格与其面积之间的这种正向关系。其中一个是对日本大阪土地价格的研究（Tabuchi, 1996），在该研究中，土地零星分布在城市中；另外一个是对中国台湾地区台北市外围土地价格的研究（Lin & Evans, 2000），在该研究中，为了收回土地重划中的基础设施建设成本，由政府出售部分地块，这些地块基本上在同一区位，并且几乎是在同一时间进行拍卖。因此，除了面积及其在该地区具体位置的差异外，这些地块的其他方面都相同。两位学者发现，单位面积土地价格很明显地随着土地面积的扩大而增长。

如上所述，北美研究与两个远东研究之间的差异可以一般性地解释为，与后者相比，前者通常考虑的是较大的地块，并且不同地块面积之间的差别较大。这个结论的意义在于，单位面积土地价格与地块面积之间的真实的、基本的关系是：开始时价格随着面积的扩大而增长，然后会随着面积的扩大而下降。然而，克洛维尔和瑟曼斯（Colwell & Sirmans, 1988）进行的一项美国研究对类似于塔布池及林和埃文斯研究的那种小型地块进行了分析，但却发现价格随着面积的扩大而下降，这个结果与美国其他研究的结论不一致，这可能是一个"不断变化"的结果，不能为据。林及埃文斯（2000, p.393）提出了另外一种可能性，即由于美国的地块通常较大，因此基础设施在确定整体价格水平时起到了主导作用，而且在地块相对较小时也会如此。也就是说，由地块竞争决定的总体市场结构导致了价格的变化，即单位价格随着地块面积的增加而下降。另一方面，在如中国台湾地区和日本等，即使是在城市边缘区，农民拥有的土地面积很小，正如我们在本章前半部分所述，为了解决这个问题，出现了如土地重划的土地政策。因此，大型地块非常稀缺，从而带来一定的溢价，进而导致单位面积价格随着地块面积的扩大而增长。很明显，我们对这种关系的理解还不全面。

总结及结论

为了在开发时有利可图并且经济合理，对于特定面积和形状地块的需求非常明显。然而，城市经济学的大部分著作都是关注区位问题。自从20世纪60年代城市经济学成为经济学的一个公认分支以来，土地价格如何随着与城区其他地块的相对位置关系而变化一直是现代城市经济学的一个基本问题。

然而，从开发商的观点来看，最重要的问题不是位置，而是在有利可图的开发区位将不同的地块集中起来。在以上三章中，我们已经从不同的角度考察了这个问题，如果开发商必须与很多不同地块的所有者谈判才能将开发所需面积和形状规则的地块集中起来，那么这将如何影响其支付的价格？为了不暴露其实只有一家开发商在寻求购买所有的地块，使用"前台公司"是否有利？

在我们对较长时期的土地购买情况进行考察时，后一个问题就会出现。很明显，在较长期间内完成土地购买可以使这种收购更为便宜并且争议更少。当需要在相对较短的时间内获得大量地块用于一些公共设施或者其他用途时，强制购买就非常必要，为了说明这一点，时间因素就显得非常重要。

强制购买权的使用可能使得那些被迫离开的人产生成本，如果给予足够长的通知时间，则在长期内土地所有者会主动出售这些地块，而不会产生这种成本，因为所有者以及（或者）占有者会自愿搬迁。

在本章的前半部分，我们指出，在一些国家和地区通过土地重划或土地再调整可以避免使用强制购买权。在解决城市边缘区土地所有权分散的问题时，尤其是地块的边界非常不规则时这种方法非常有用，虽然土地重划后土地所有权可能仍然非常分散并且由于预期未来可以获得更高的价格所有者依然不愿意出售土地，但是可以调整土地持有模式，建设道路及基础设施。

在本章的后半部分，我们指出，为了形成足够大的开发地块使开发在经济上可行，需要将一些小地块进行合并，这种做法形成的价格结构是小地块单位地价低于大地块。关于日本和中国台湾地区小地块的实证研究说明了这种观点。但是在美国进行的大量研究却表明，当地块很大并且面积差异较大时，单位面积的价格随着地块面积的扩大而下降，这可能是由于这些较大地块必须具备基础设施，且部分地块用于道路、休闲场所以及其他公共设施而不能出售。

第 17 章

土地税与开发利润

"税务员"

简 介

在本书开始时我们提到,自从李嘉图之后,大家都认为土地税收是最有效的税收形式之一,甚至可能就是最有效的。基于古典主义理论的分析,土地税收既不会影响土地价格也不会影响土地供给已经为大家所接受。因此,土地税收不会扭曲经济运行,这与所得税影响劳动力供给、或者资本利得税影响储蓄水平并进而影响投资资本的可利用性不同。而且,人们可以移民,资本可以转移到国外,但是土地是永远固定在那里的。

土地税收具有经济优势这种观点一直延续至今,并且具有很大的政治影响力。然而,本书所述的理论表明,虽然上述观点深入人心并且具有很大的影响力,但是古典主义的这种土地税收效应观点实际上是错误的。我们将会指出,土地税收可以以较高地租的形式传导,并且影响土地利用。因此,土地税收可能与其他生产要素税收一样扭曲经济。

在本章,我们将讨论关于土地税收的不同观点,这些观点在过去曾经非常流行,并且将解释为什么严格的土地开发税会扭曲市场,甚至会使得市场发展停滞,例如根据《1947年城乡规划法案》英国征收的100%土地增值税。这种停滞在当时已有所察觉,但却用政治术语加以解释。

无所作为的土地所有者

19世纪土地税收价值观看起来主要是受到公平及效率的影响,很多经济学家认为经济增长和人口增长将导致土地价值增长，因此土地所有者可以无所作为。劳动者在工作中投入时间和努力，新工业企业主节约资本，不为享受生活而支出，并且在投资时承担风险。而另一方面土地所有者则可以什么都不做，仅仅是继续拥有可能是祖先传下来的土地就足以丰衣足食。因此，正如J.S.穆勒所说，"地主在睡觉时，土地的价值都在增加"。

图17—1（a）和图17—1（b）描述了他们所描写的情景。图17—1（a）是李嘉图模型，其中横轴表示土地，纵轴表示地租，土地数量设定为OQ，使用垂直直线QQ'表示供给固定的土地。土地需求用向下倾斜的需求曲线DD'表示。供需相等时确定了地租水平，在图中为OP。如果土地需求由于经济增长或者人口增长而增长，则需求曲线就会向上移动至D_1D_1'，那么地租变为OP_1。土地供给不会随着需求的增加而增加，因为根据假设，土地的数量是固定的。因此，这种观点及其假设的结果就是，土地所有者不需要做任何事情。

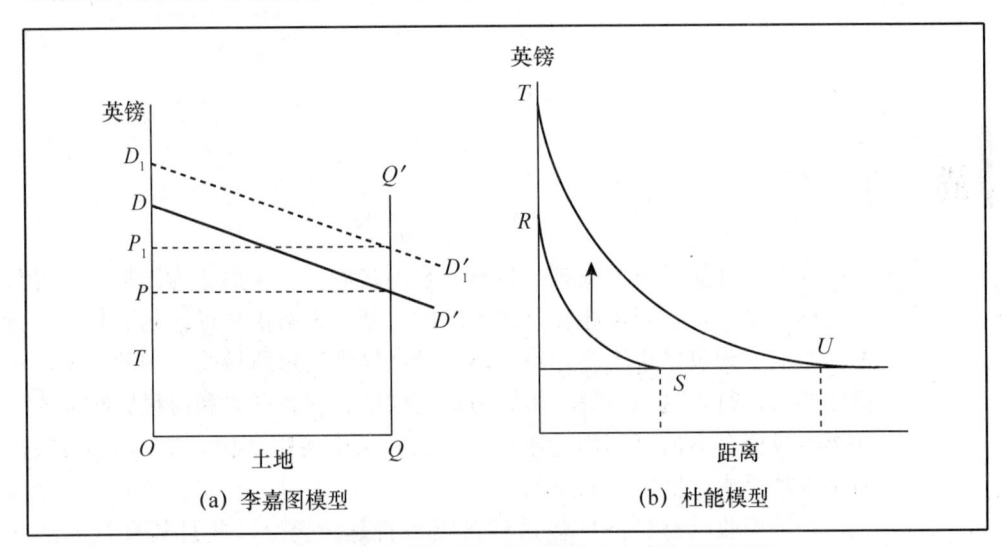

图17—1　李嘉图模型与杜能模型对地租增长的解释

如果根据图17—1（b）的杜能模型对这种情况进行考察，则结果几乎完全相同。此时，横轴表示距离市场的远近，纵轴表示地租，既有的地租梯度使用向下倾斜的曲线RS表示，随着距离城市越来越远，租金将以递减的速度下降，在接近农用地时降至零。城市经济发展水平或者人口增加将导致对土地需求的上升，并且土地梯度会向上移动至新的均衡水平TU。此前用作耕地的土地耕种将更为集约，并且耕地边缘会向外扩展，在图中就是从S移至U，该环状范围之内的土地是新增耕地，即图中的SU。由于需求增加，地主更加富有，但是看起来他什么都没做，因此似乎不应该获得这些财富。

事实上，与李嘉图模型相比，使用杜能模型不容易证明这种观点。根据杜能模型，很明显在大部分情况下，将土地作为耕地需要在清理土地和修筑围墙方面进行大量投资，而且即使是在原来的耕种范围之内，当价格上升时也会进行更为集约化的耕种并且必须进行改变，也就是说将可耕地变为牧场和养殖场。很明显，这种变化需要地主和租户进行大量的工作和投资。实际上，马克思本人深入探讨了"级差地租Ⅱ"，即与土地集约利用有关的地租增长（Marx，1894/1962；Ball，1977；Evans，1992）。

然而，这种分析，尤其是以李嘉图模型为基础的分析，可以证明以下两点的合理性：从政治上看，与获得的地租比，地主做的事情很少；从经济上来说，地租不会扭曲经济。因此，土地税收看起来是唯一合理的税收。亨利·乔治（Henry George）在其著作《进步与贫穷》（*Progress and Poverty*）中非常推崇应该对土地进行征税的观点，并支持"单一税收运动"。

乔治及其追随者的观点实际上是基于图17—1（a）的李嘉图模型。给定需求曲线 DD 和供给曲线 QQ'，则土地价格为 OP。现在，假设按地租的一定比例征税，即 PT，税率为30%，如我们在第2章所述，土地供给数量保持不变，地租也将保持不变。因此，土地税收不会影响土地资源分配，也不会扭曲经济。此外，很明显税收可以设定任何比例，直至100%，并且根据这种分析，税收比例看起来依然不会影响地租或者供给，以及其用途。

基于这个前提，我们可以讨论土地高税收对"地主在睡觉时也会越来越富有"的影响。高税率税收将夺取增加的土地价值，因为大部分增加的租金会被征税。注意，我们必须区分土地价值、出售价格以及地租收入。如果对地租征收差别税，即使地租不变，土地价值也会降低。

乔治还认为，实际上，考虑到19世纪末美国政府的支出水平，以适当的高税率对土地征税所产生的收入足以补偿政府的所有支出。因此，由于能够产生与其他税种相同的收入，就可以将其他所有税种都取消。于是，对土地收入征收高税收并取消所有其他税种就为政治家提供了一个舞台，这就是所谓的"单一税收运动"。

亨利·乔治是少数发起政治活动的经济学家之一，一部分原因是由于他不是一位学术经济学家，而是一位工会组织者，因此他对实施观点同对观点本身一样非常感兴趣。当时应对土地差别征税的观点看起来非常流行，乔治的著作《进步与贫穷》（1879）当时是一部畅销书，而且乔治有很多追随者，他的理论在《土地与自由》（*Land and Liberty*）杂志或者弗雷德·哈瑞森（Fred Harrison，1983）的著作《土地的权力》（*The Power in the Land*）中都有所继承，哈瑞森是一名记者（曾经还是自由党的议会候选人），同时也是《土地与自由》杂志的编辑。

我们已经暗示即使根据其本身的观点分析，乔治致力推动的活动也存在问题。高税率不会影响所支付的地租，但是会影响不动产的资本价值。税率越高，土地价值就越低。如果税率为100%，即所有收入都纳入税收，地主不会从土地获得收入；如果税收具有永久性，地主在未来也不会有任何收获，从而土地价值降为零。对于仇恨地主的人来说，这可能是一件好事，如果经济是静态的，也不会成为一个问题。但是，没有任何经济是静态的，并且土地最有利可图的用途也会随着时间而改变。然而，如果所有收入都被纳入税收，土地所有者就没有动力对价格变化做出任何反应。一块与正在扩张的城市边缘相邻的农用地的所有者没有理由对想将其地块开发为住宅的开发商给出的报价给予回应。因为地主的收入与以前一样都是零，因而100%税率的"单一税"将"冻结"土地利用。税率不具有这种影响的假设是基于地主无所作为的观点，但是这种假设在不断变化的经济而不是静态经济中脱离了现实，即使只是对价格的变化做出反应，土地所有者也确实发挥了一些作用。

当然，从逻辑上来说，通过将所有土地国有化并由政府承担原土地所有者的职责，就可以解决这个问题。由于100%的税率将导致土地没有任何价值，那么很明显土地很容易被国有化，因为私有土地所有者没有兴趣维持其价值。这种符合逻辑的步骤看起来并没有被乔治及其追随者采纳，这一点非常奇怪。从某种意义上来说，这只能是一种想象。虽然资本主义税收具有一致性，但是国有化就意味着社会主义，因此至少对于大部分美国人来说这是一个不可能实施的行为。当然，主要还是因为以这个目的将土地国有化就必须接受以下观点，即在应对经济变化时，土地所有者在尽力确保土地有效利用方面发挥了作用。但是，持有这种观点，并同时认为土地所有者除了持有土地什么都不用做，"在睡觉时，土地价值也会增加"是不太可能的，因为后者意味着土地所有者没有发挥任何经济作用，显然这两种观点相互矛盾。

增 值

土地税收差异化的一个关键主题就是基础设施的公共投资使相关土地所有者受益，因此这些土地所有者应该为这些基础设施的成本回收作出贡献。这种理论已经付诸实施，并且有许多历史案例可供参考。艾伦·普雷斯特（Alan Prest，1981）在其关于城市土地税收的专著中对此进行了评述。英格兰东南部海岸的罗姆尼湿地排水系统（至少一部分）就是通过这种方式筹资。为了保护土地不受洪灾和侵蚀，所修建的海堤通常也是通过这种方式融资。在这种情况下很明显捐资的人应当是修建海堤的受益人，因为其不动产将由于海防能力的提高而增值，所以对局部土地所有者征税非常有效，也很公平。在这些情况中，政府负责协调土地所有者为其自己进行投资。然而，其他方面暂且不说，单是政府的介入就可以通过巧妙地解决投资中的"搭便车"行为（每个土地所有者都会尽力避免捐款，因为该计划具有公共品属性，必然使得他们受益，而且这个计划对个人来说是零成本）而使得这项投资更有可能实现。

如果公共投资的收益变得更为广泛并且不是很容易确定受益人，就会出现一些困难。在19世纪末20世纪初，英国试图通过对附近的土地所有者征收土地增值税为修建伦敦中部地区的塔桥和Aldwych/Kingsway道路改建进行融资（Prest，1981），实际上获得的收入非常低，并且大部分都用在了关于应该向谁征税以及征收多少的辩论之中。这个问题与上一节中的问题相似：如果认定的受益人支付了土地增值税，就会降低他们获得的收益，甚至可能完全抵消这种收益；如果税率很高，土地所有者的状况实际上是恶化了。如果土地所有者的收益额不确定且不易度量，不像修建海堤那样，那么关于收益程度及税收金额的法律争论就不可避免。

然而，土地所有者从公共投资中受益以及应对公共投资就这种收益进行相称的补偿的观点获得了感情和理智的支持。这种观点是英国《1947年城乡规划法案》中规定征收100%土地增值税的基础。与"单一税收运动"所提议的税收不同，这种税收不是对土地收入征税，而是对土地资本价值的变化征税。因此，假若一个地块出售给开发商用于住房开发，则根据该法案其"当前用途价值"（即仅仅作为农用地的价值）与作为住宅开发用途价值之间的差额应该全部以税收形式征走。这种差额是由于经济及人口的增长（这是前一节中的基本观点）以及对于道路和其他基础设施进行公共投资产生的，这种投资使得开发更加有利可图。不管什么情况，都没有理由使土地所有者受益，土地所有者也没有做任何事情，不应该获得这些收益，因此全部差额可以也应该全被征走。

1948年实施土地增值税的后果是"冻结"了土地市场，这一点都不奇怪。如果不能从中获得任何好处，土地所有者没有任何理由出售他们的土地，因此他们选择不出售直到必须出售时。由于当时在野的保守党的态度，这种情况更加复杂。保守党公布的政策是如果当选，则在组阁后取消这种税收，并在1951年当选后也确实这样做了。因此，可能有人认为土地市场不是因为征税本身陷入停滞，而是因为对保守党当选进行投机的土地所有者。毕竟，如果他们继续更长时间地持有土地，他们就可能不必缴纳任何税收，更不用说被征收100%的税收，因为英国在20世纪60年代之前还没有资本利得税。保守党的政策从本质上来说属于自由主义，并且不基于任何土地市场理论。为什么对土地增值征收重税将冻结土地市场？即使不存在对于未来进行任何投机的情况时也是如此，当时没有人了解其中的原因，我们现在可以解释这一点。

经济理论与开发税

通过图17—2可以说明土地税收影响土地用途及其价格的方式，图中分析的是土地增值税，或者对土地开发利润进行征税的任何其他征税方法。与该图此前在本书中使用时一样，横轴上的 OQ 表示位于城市建成边缘未开发农用地数量，纵轴表示土地价格，农业用地价格为 OP，因此水平直线 PP' 表示当前用途的价值，即该土地可以以当前用途购买和出售的价格。向上倾斜的直线 SXS' 表示土地当前所有者愿意出售的价格，实际上就是供给曲线。由于第6章和第7章中已指出，一些所有者愿意以当前用途的价值甚至更低的价值出售，即以低于或者等于农用地的价格出售，这大部分是由于生命周期的缘故。当然，大部分所有者还是不愿意以这个价格出售的,他们要求获得更高的价格,有时候甚至是非常高的价格,因此这条曲线向上倾斜。

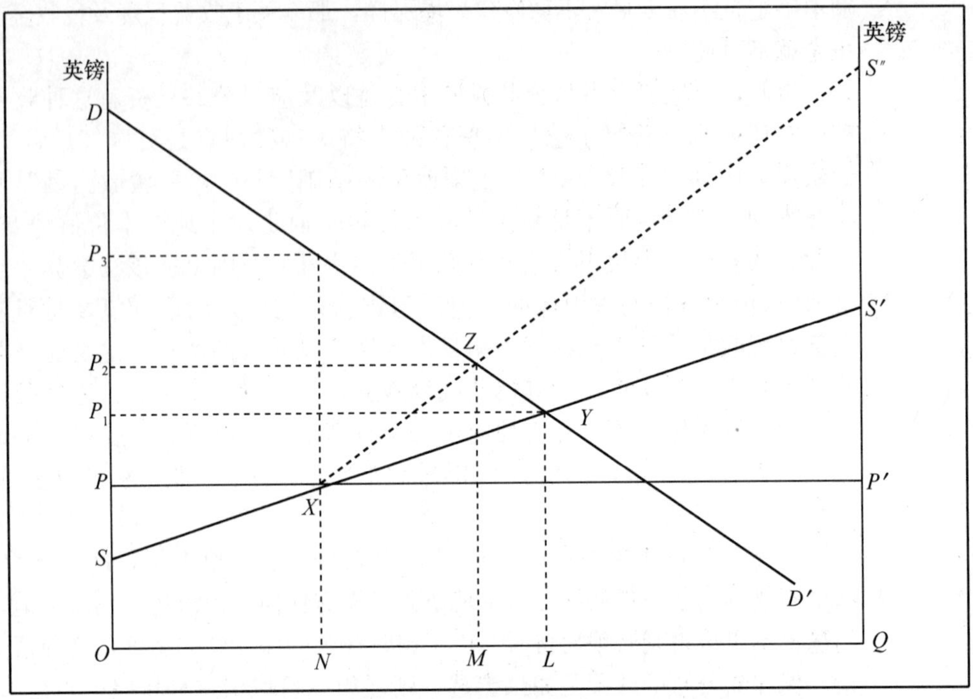

图 17—2　土地税收对土地利用及地价的影响

为了对所有者离开住所及出售土地的行为进行补偿,开发商需要支付较高的价格,因为土地所有者已经非常熟悉该地区并且对这片土地产生了归属感。在一些情况下,出售土地可能意味着永久退休,因为附近没有可以以农业用地价格出售的合适土地供他们购买和继续耕种。此外,向上倾斜的供给曲线还是土地所有者对未来及土地未来价格预期不确定的结果。

对于该地区城市开发用地的需求可以使用向下倾斜的直线 DD' 表示,即在考虑该地区、该期间内可利用土地数量后开发商愿意支付的价格。该图表明,在需求给定时,为开发用地所支付的价格为 OP_1,且将会以开发用途出售的土地量为 OL。在该图中,土地当前用途的价值用 OP 表示,该用途与市场价格 OP_1 之间的差额表示所有者在将土地出售给开发商时可以获得的利润。因此,纵轴上的 PP_1 表示市场价格与当前用途价值之间的差额。

现在,我们假设征收 100% 的土地增值税,则土地所有者在出售土地时所获得的金额不会大于 OP,因为 PP_1 会被征走,从而只有愿意以这个价格出售的人才会卖出自己的土地。在该图中,只有 ON 而没有更多的土地被出售,因此开发土地的供给是使用通过 N 点的垂直直线表示。由于开发土地的供给有限,则价格会上升,该期间内的均衡价格将会是 OP_2。

实际上,这种状况非常糟糕。在将土地作为开发用途出售给另外一个希望购买更多耕地的农民时,卖方所收到的金额完全相同。在这些情况下,现有的农场主就会将土地向其朋友或者农民出售，而不是向建筑商和开发商出售。因此，由于很少有土地被出售为开发用途，市场价格会高于 OP_2，那么事实上这种税收的征收可能使得市场陷入停滞，即使不存在对于税收在近期取消可能性的投机时也是如此。

奇怪的是，当时可能存在一个问题，英国内政大臣赫伯特·莫里森（Herbert Morrison）在写信给负责该法案的部长时说：

> 我们实际上是将土地所有权赋予了个人，但是现在却拿走了通过开发可以获得的增加值，从而不再具有激励作用，因此我们处于获得……没有激励的私人所有权的危险中，而这些激励是私人所有权机制在运作时所需要的。(Cullingworth，1975，p.212)。

因此，至少有一名政治家认识到了100%征税会消除激励而阻止市场功能正确发挥的风险，即使当时的经济学家没有做到。然而，较低税率的税收又会有什么效果呢？图17—2还显示了征收50%税收时的可能效果。没有任何税收时土地的市场价格为 PP_1，与上面一样，直线 XS' 表示所有者愿意出售的最低价格，因此也表示为搬迁而获得的补偿水平。如果征收50%的税收，并且市场价格仍然为 OP_1，则所有者收到的金额就是高出其当前用途价值 PP_1 的一半，而不是全部。很明显，很多人不愿以这个价格出售，则开发用地的供给就会下降，价格就会上升。新的供给曲线为虚线 XZS''，其斜率是 XYS' 的两倍，这意味着其上标明的任何价格在支付税收之后就等于其垂直下方 XYS' 上标准的金额。例如，在右边的纵轴上，$S''S'$ 等于 $S'P'$。因此，在出售时所有者在支付税收之后能获得该水平的补偿就可以诱使他们出售土地。

新的均衡点在图中的 Z 处。与不征税时出售的土地 OL 相比，此时出售的土地为相对较少的 OM，并且土地的价格为 OP_3 而不是 OP_2。因此，税收不是中性的，且会影响土地利用及其价格，税收会导致土地价格上升的事实意味着税收的影响至少部分上以更高价格的形式传导给最终消费者。这种分析及图示表明，税收的影响与基于李嘉图理论的观点和分析有很大的不同。乔治的观点是，这种类型的土地税收将会由土地所有者承担，并且不会影响土地的价格或者利用。相反，上述分析表明这种类型的税收并不是由土地所有者承担，并且会影响土地供给，此外还可能以更高的价格传导至最终使用者。

当然，传导的程度将取决于具体情况。我们之前指出，土地供给、供给曲线的斜率将取决于土地是由其所有者使用还是由地主占有并出租给租户。而且，自用所有者出售的价格不仅取决于他们对土地的归属感，还取决于其对未来价格的认识以及关于未来的不确定性，而征税将影响其关于未来的认识和看法。人们不能准确地确定征税的定量影响，然而其定性影响非常明显。20世纪40年代末100%的土地增值税就是支持该理论的证据，在该时代下，该理论还为英国的规划和税收历史提供了经济解释。

英国近代历史上的土地税收

根据《1947年城乡规划法案》所征收的土地增值税是英国最后一次试图获取由于经济和人口增长以及公共设施供给而产生的土地价值的增值部分,这一点不是非常明显,但却是事实。在此后,《1947年城乡规划法案》本身成为决定土地价值最重要的因素,这是因为对开发用地可利用性的限制以及对这种土地需求意外的增加导致已获得或可能获得城市开发规划许可的土地的价值急剧上涨,有时候甚至是飞速上涨。于是,非常明显的是土地价值的大部分重要决定因素已经与过去有所不同。正如我们在第2章所述,虽然一般不认为这些限制是导致价格上升的原因,但是有规划许可与无规划许可土地之间的价格差异很显然是由于需求而不是由供给引起的。土地所有者从获得规划许可中获取了不恰当的回报。以前认为土地价值由于基础设施供给或者经济和人口增长而增加是不公平的,现在认为土地价值由于得到规划许可而上升也是不公平的。

当有规划许可与无规划许可土地之间的价值差异第一次在20世纪50年代末60年代初彰显时,英国还不存在对资本利得进行征税的机制,而当时的所得税税率达到了80%。暂且不提对土地出售的利润进行征税的问题,因为当时的这种情况不能持久,并且在保守党20世纪60年代初第一次试图征收短期资本利得税之后,工党政府于1967年开始征收资本利得税。1967年,威尔逊(Wilson)政府还建立了土地委员会,其目的是购买用于实施地方和区域规划的土地并通过40%的土地增值税获得土地增值中的40%。但是,土地委员会存在的时间不是很长,1971年被希思(Heath)的保守党政府取消。而资本利得税仍然存在,虽然当时的税率低于40%,但是土地出售所获得的利润仍然需要纳税。

数年之后,土地及不动产价值上升,尤其是由于20世纪70年代初办公楼建造鼎盛而带来的投机利润的增加,导致希思政府提议对开发利润进行征税。这种税实际上在1974年工党当选之后才开始征收,但是很快就在1976年被土地开发税取代,当时的土地增值税税率为80%,但是预期最终会上升至100%。同时,《1975年社区土地法案》规定,地方政府进行开发时购买的土地不需要纳税,地方政府可以自己开发或者以市场价格出售给开发商。在第13章讨论的新西兰模式中,这是公共土地储备的一种形式。1979年,撒切尔政府在当选之后很快就废除了《1975年社区土地法案》,土地开发税仍然存在,但税率从80%降至70%,直至1985年取消。当时,该法案的废除是因为与财政部可以获得的收益相比征收该税的成本过高。土地在出售时仍然需要缴纳资本利得税,并且最低税率已经上升至40%,该比率与所得税及遗产税的上限相同。

有时候,人们会认为试图对土地征税是由工党引进并由保守党政府在当选后废除,包括一些粗心大意的记者也这样认为。这种观点有正确的成分,但是却具有误导性。开发利润税是由保守党在20世纪70年代工党执政前提出,并且工党的土地开发税在撒切尔政府当选之后仍然存在了六年。与工党相比，保守党实施该税的时间更长，并且将其最终废除不是意识形态方面的问题，而是因为征收过于麻烦，已经不值得（这可能是一种误判，在该法案被废除之后的20世纪80年代末土地及房屋价格高涨期间，如果征收，这种税收的总额将非常大）。

这种税收存在了很长时间，究其原因可能是：首先，其税率低于100%；其次，由于规划机制本身的运作，20世纪40年代末以来情况已经发生了根本性的变化。与以往相比，现在的情况与纯粹的李嘉图模型更为接近，尤其是在英格兰南部地区，图17—3中表明了这一点，其中横轴 OQ 仍然表示城市边缘的土地面积，纵轴 OP 仍然表示农用地的价格。然而，规划机制允许开发的土地（在该图中为 OA）与不允许开发的土地 AQ 不同。对于土地的需求使用需求曲线 DD' 表示，例如住宅开发，并且由于土地供给固定，这确定了住房开发用地的价格为 OP_1。在本书写作时，除了英格兰南部之外，英国其他地方的价格差额很小，在英格兰南部，住房开发用地的价格 OP_1 可能高达每公顷100万英镑以上，而农用地的价格 OP 为每公顷大约5 000英镑。在这种情况下，可以开发的土地肯定会被开发。与价格是否足以说服他们出售并是否足以补偿因搬迁而产生的损失相比，土地所有者的选择更有可能与开发的时机有关。

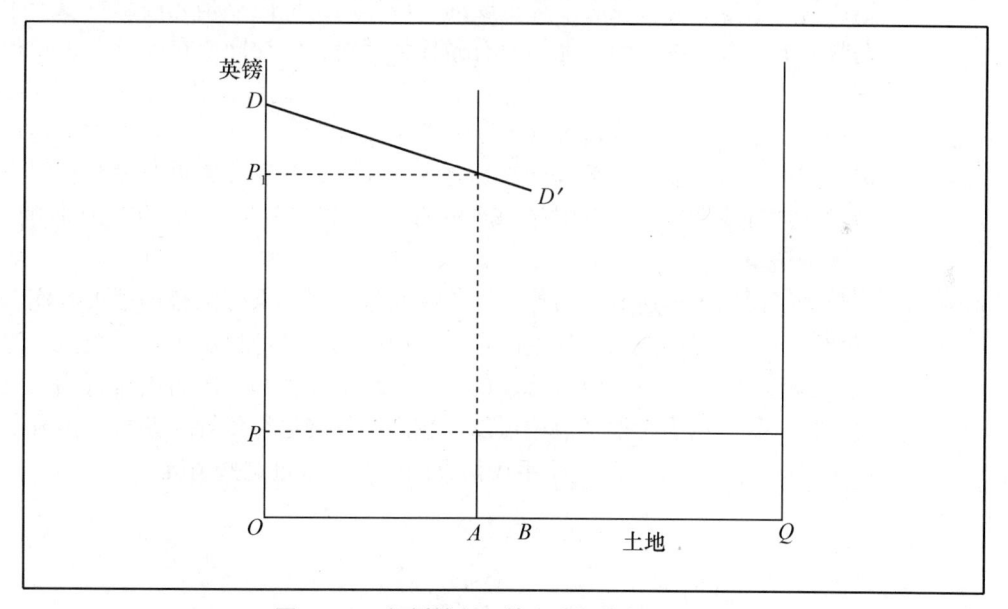

图17—3 规划控制下的土地税收与土地开发

假设在该时期地方政府将横轴上的一片面积为 AB 的土地指定为开发用地，以容纳预测增加的人口数量。由于土地的出售价格为 OP_1，或者每公顷为100万英镑，而当前用途的价值 OP 为每公顷5 000英镑，则很明显当税率接近或者等于100%时就会阻止开发，而40%或者60%甚至70%的税率都不会阻止开发。在支付税收之后，土地所有者剩余所得可能足以说服自己将土地出售为开发用途。

实际上，地方政府已经从发放规划许可中获得了一些好处。在过去几年中，尤其是废除土地开发税之后，已出现的做法是越来越多地要求开发商为基础设施付费以及进行其他捐赠，这些捐赠可能与正在寻求的开发许可有关，也可能无关。这些支付和捐赠被称为规划得益，近来被称为规划义务。与美国及加拿大的影响费用一样，这种规划义务可能是为了回收相关基础设施的成本，但是当政府和地方当局政府寻求回收其他成本时，它们已经开始征收土地增值税了。例如，1995年执政的保守党提出在兴建大型的住宅开发项目时，新建住房中必须有30%是可负担的。如果没有在该地块提供这种住房，则开发商就需要为在该地区其他地方提供的可负担住宅的建设成本进行捐款。该提议使得规划义务已经成为开发利润税收的一种形式，尽管税率可能通常是与地方政府进行协商确定，而不是由中央政府规定为固定税率。

总结及结论

本章，我们回顾了以前关于土地税收的各种观点。这些观点通常明确或隐含地认为，土地所有者没有发挥重要的经济作用，他们只是允许以可以产生最高当期收入的方式利用土地。他们没有做任何事情，但是即使在睡觉时也变得越来越富有，因为其土地价值将由于经济和人口的增长或者公共基础设施供给而上升。这种观点已经用来作为对各种不同土地税收计划的支持，并且其中一些计划已经付诸实施。很明显，大部分计划都是为了在土地开发或者再开发时获得土地增值中的一部分或者全部，其中最为严格的是英国在1948—1953年间征收的100%的土地增值税。

为了说明土地所有者为什么即使是在报价看起来可以获得很大利润时也希望保留其土地且不愿意出售的原因，本书前面几章已经提出了各种观点，这种不愿出售源于在开发时对增值进行征税（如土地增值税）将阻碍出售行为。与现有理论不同，我们认为土地增值税可以以较高的价格进行传导，并且可能降低土地供给量，20世纪40年代末50年代初英国曾经出现过这些情况。

第18章

年度税收与土地的国有化

"昨日"

简　介

我们上一章讨论的税收形式主要是在开发时对土地增值的部分征税，然而比任何开发税更为重要的是每年对土地及不动产征税，至少从实际获得的税收来看是这样。

本章我们将讨论土地年度税收、基于不动产（包括土地及建筑物）资本价值的税收等各种形式的税收，这种税收称为财产税，分为以对不动产每年可能获得的租金进行估价为基础征收，即房地产税；以及以对土地可能获得最高收入进行估价为基础征收，即地块价值税。

最后一种税种与"单一税收运动"有关，并且有时候有人提倡它应该适用很高的税率，即不仅应该是一种收入增加税种，还应该足够高以影响土地利用。高税率意味着所有者没有动力确保其土地被有效利用，因此土地高税率的提议很容易导致对土地国有化的提议，即政府拥有所有权并进行控制。遗憾的是，如果不存在土地市场，则不会存在价格信号，因此政府的效率可能小于被征以重税的土地所有者。

财产税与房地产税

不动产的年度税收可能有各种类型，其中在美国最为突出的一种是按全部不动产当前资本价值一定比例征收的税种，包括土地及建筑物。在英国，当前对住宅不动产征收的税种称为家庭税，它是财产税的一种，是一种故意倒退的税种，因为低价值不动产的税率高于高价值不动产，当然前一种类型的住房所支付的税金小于后一种类型。这种倒退反映了其设计是作为政治目的的事实，即作为清除征收人头税障碍的一种方式。人头税是一种在20世纪80年代末每个人都必须缴纳的税收，这种税收很不受欢迎，并导致撒切尔夫人在1990年辞职。因此，虽然这种税收不如人头税般倒退，但它既不与不动产价值成比例，也不与收入成比例。

在引进人头税之前，住宅税收是以价征收，基础是估计出租不动产每年可以获得的收入，这样做的问题是必须对课税价值定期估价，而这种估价成本很高。因此，政府倾向于推迟估值以降低支出，这意味着在进行重估时课税价值在此前10年或15年可能发生了很大的变化，而在过去5年间可能发生很小的变化。20世纪80年代中期，课税价值重估在苏格兰引发了政治危机，此后就引进了人头税，第一次执行这种税收的期限为15年。虽然重估的整体效应是中性的，但是不动产价值相对于一般水平来说下降的所有者会获利，他们往往保持沉默；而不动产价值相对于一般水平上升的所有者会失利，他们会表示不满。由于英格兰进行的相似重估引起了同样的政治危机，而且规模更大，因此人头税看起来是避免重估和政治上不满的一种方式。当然，疗伤之物最终比疾病更为糟糕。

非住宅不动产，即工业和商业不动产，在英国一直都在课税。这种不动产价值的重估争议明显很少，这可能是因为它们直接影响的投票人很少，还可能是因为这种税收与不动产的规模和价值成比例，这使得任何形式的人头税都不可能实施。在征收人头税时发生的唯一变化就是税率不是由每个地方政府决定，而是由中央政府作为统一商业税率制定。

值得注意的是，财产税及房地产税往往会稍微扭曲投资模式，这是因为它是根据对于建筑物投入的资本征收的税种，而不是根据对非建筑物部分投入的资本征收。因此，电梯等作为建筑物一部分的机器需要缴纳税收，但是放置在建筑物内的起重机就不需要。图18—1（a）和图18—1（b）阐释了这个问题。在18—1（a）中，横轴表示的是在工厂和机器上进行的投资，纵轴表示的是成本和价格。在18—1（b）中，纵轴表示的仍然是成本和价格，但横轴表示的是对建筑物进行的投资。在每个图中，边际价值产品（由于每增加一单位投资所增加的收入）都是用向下倾斜的直线 MVP 表示，资本成本都是用水平直线 CC' 表示。在边际产品价值超过资本成本之前，追求利润最大化的企业会一直进行投资，即在该点 MVP 与 CC' 相交。不存在财产税时，对于工厂和机器的最优投资是 Q_M，对于建筑物的最优投资是 Q_B，但是房地产税或者财产税将建筑物的资本成本提高至虚线 RR' 处，因此在 Q'_B 点，对于建筑物的投资成本更高，并且对建筑物投资将会更少。那么就不可能再为降低建筑物的运行成本而进行投资。

当然，在实践中，不动产估价不是非常精确。正如我们在第4章和第5章所述，不动产市场是无效率的，并且估价师估价结果的误差一般是出售价格的10%。而在英国与美国和其他国家不同，估价不是经常进行的，因此，不动产的小额资本改良与不动产税收水平之间的联系不是非常直接，实际上可能根本看不到。而且如果税率很低，例如在英国，那么财产税或房地产税的扭曲效应在实践中可以忽略。

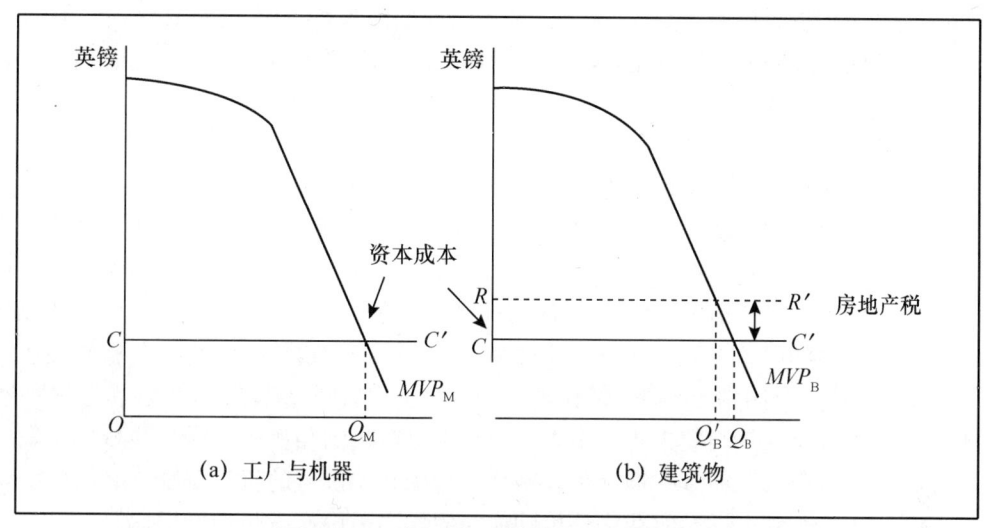

图 18—1　财产税与房地产税对投资的影响

地块价值税

由于仅仅是对土地价值征税，而不是对该地块上的建筑物进行征税，因此地块价值税（SVT）避免了扭曲投资问题，它对土地价值单独征税，且与财产税有所不同。它是一种基于将土地用于"最高最佳使用"价值的税收，并且这种用途可能不是其当前用途。财产税被广泛使用，而地块价值税的使用不是非常广泛，这令人非常奇怪，因为很多人提倡使用这个税种。例如，在 19 世纪的大部分时间内，在大部分陈述中，地块价值税一直都是自由党的核心宗旨之一。

在古老的"单一税收运动"中，地块价值税的雏形就已出现。如上所述，这种税收的好处是不会像财产税那样扭曲资本市场，而且不鼓励投机，这是因为它是基于将土地用于可以产生最高当期收入用途所获得收入的税收，而不是基于其当前用途收入的税收。因此，对于那些无效使用土地的所有者来说，地块价值税会增加其额外的成本，从而使其可以有效地利用可以利用的土地。尤其是，这种税收将使得空置或者闲置土地非常昂贵。

当然，这些支持地块价值税的观点目前来看是正确的，然而读者可能记得，在之前各章中对土地供给理论进行讨论时，我们提出了各种理由说明为什么土地没有用于可以产生最高当期收入的用途，这些原因看起来具有社会性。下面考虑一个最极端的例子：拥有花园平房的老年所有者对其房屋有归属感，我们对房子征税并迫使他们搬家就是希望在该地块建造两排或者三排房屋，或者仅仅是为有钱人建造一处更大的房子吗？而且，为什么抑制投机也不是非常清晰。假设一块土地被闲置的原因是预期未来的用途更加有利可图，但是以建造住房等形式进行开发并在不久之后摧毁且代之以商店的做法可能就会无利可图，那么为什么鼓励后一种用途呢？后一种做法非但无利可图，还会造成无效率社会。如果是这样，那么税收机制为什么要为了非常短期的效率而牺牲长期效率呢？最后，如前所述，如果未来不确定，在情况明朗之前什么都不做可能是最好的选择。看起来没有任何理由认为抵制推迟而鼓励尽早开发（但可能是错误的开发）会为社会带来好处。

还有一些观点与地块价值税具有优势的乐观看法不一致。为了使得这种税收发挥应有的功能，对地块进行估价的估价师必须知道每个地块的最佳用途。然而，正如我们在第4章中所述，估价师在对现有不动产进行估价时的平均误差大约为市场价值的10%，而预期有更好用途、并且在其上建有很多建筑物的土地估价时的误差更大。而且，这种观点与有关分散定价机制有利于整体经济的理论不相符。与中央计划经济不同，市场经济中各种参与者的知识具有累积性和分散性，这使其与集中化的中央计划经济决策机制相比可以做出更好的决策。估价办公室不太可能具有准确估计城市中每个地块价值的资源和能力。很明显，为了避免争论和上诉，实践中估价师往往假设当前用途就是最好用途。

之所以发生这种情况，不仅是因为缺乏知识，还因为缺乏时间和资源。例如，当英国的估价师对新家庭税所涉及的所有住宅不动产进行估价时，他们往往会取一个均值。因此，将实际售价与估价结果进行对比，某个街道上较贵的不动产往往会被低估，而较便宜的不动产往往会被高估（Stabler，1996）。

最后，无论在不受控制的不动产市场上使用地块价值税会有什么优势，都很难理解在受规划控制影响的土地市场上地块价值税是如何运作的，尤其是在像美国那样不具有"分区"机制的情况下。如果在改变用途时必须获得规划许可，并且是否能获取许可不能确定，则估价师所认为的当前"最高最佳使用"与规划机制的许可之间可能就会存在冲突。因此，估价师通常必须假设"最高最佳使用"是当前许可的用途，因为不能想当然地认为可以获得改变用途的许可。

为了理解这个问题的性质，值得注意的是在英国的很多地方，1/3的新房子是在所谓的"意外"之地提供，以前规划者认为这些地块不适合进行住宅开发，但是所有者或开发商发现适合而申请许可并获得批准。这些地块事先不会因为其很高的地块价值而以高税率课税，这是因为：首先，如果规划者不知道这些地块的存在，也就没有任何理由假设地区估价师能够做得更好；其次，由于没有发放规划许可，如果估价师认为这些地块应该用作住宅开发，他们事后不得不对规划人员以及当选的规划委员会进行质疑。

但是，如果地块的价值仅仅是当前许可用途的价值，那么该地块在当前用途中的价值与其"最高最佳使用"价值就不能区分，从而地块价值税不能实现其预定目标，即确保土地最有效利用。由于控制土地用途的主要是规划机制，而不是土地所有者，此时，地块价值税就不能发挥作用，关于其用途的唯一论点就是作为土地税而不是土地及建筑物税收，不会像上一节讨论的那样扭曲建筑物、工厂以及机器的资本投资模式。

最后，我们注意到，很少有证据表明地块价值税在实际应用中会对土地利用产生重大影响。普雷斯特（Prest，1981）报告说，地块价值税已经在新西兰的奥克兰与其他类型的财产税一起实施，并且看起来与土地利用之间的关系很小。还有一种观点认为，这种税收可以为政府带来大量收入，这就是"单一税收运动"使用的观点。地块价值税在中国台湾地区曾经被用作对土地及不动产征税的主要方式，但是税收收入相对很少，仅占政府税收中的2%～3%。因此，虽然声称这种税种具有相应的作用，但是看起来既不会对开发模式产生任何重大影响，在实践中也不会成为政府收入的重要来源。

土地国有化

地块价值税的提倡者可能认为，地块价值税没有成为政府收入重要来源的原因是税率设定得不够高，这很明显是"单一税收运动"追随者的观点。实际上，如果税率提高至更高的水平，就会产生两个显著的效果。首先，正如其意图一样，高税率的地块价值税往往可以确保土地所有者获得可能的最高收入；其次，与其他形式的资本投资的税后净额相比，对于所有者来说，土地的价值将随着税后净额的下降而下降（在税率达到100%时，土地的资本价值降为零）。在税率接近这个比例时，所有者面临来自两方面的矛盾：一方面是最大化不动产收益；另一方面是增加的收益很少归所有者所有。莫里森关于英国100%土地增值税的观点也适用于税率非常高的年度税收，即"我们处于获得……没有激励的私人所有权的危险中，而这些激励是私人所有权机制在运作时所需要的"。

同样，如果对地租征收的税率为100%，则土地价值只能寄希望于未来可能会放松税率，并且所有者将限制土地的使用者和利用方式。越南就曾经出现过这种令人难以置信的情况，这种情况的出现是由于地租控制而不是明确的税收。在20世纪的后25年中，越南的房租仍然固定在1919年的水平。1970年，我认识的某人继承了一栋公寓楼1/3的产权，该楼位于接近城市中心的第二区。由于所收租金不能补偿这些不动产的运行成本，因此这些不动产的所有权不会产生任何收入。如果房屋需要维护，所有者就必须代表租户向法院提出获取贷款和提高租金的申请以获得贷款用以支付维护费用，提高后的租金只在一个给定期限内执行用以偿还贷款。在这个期限结束后，房租又会回到1919年的水平。

实际上，不动产的征用有利于租户，因为租金没有提高至任何预期的市场水平。不动产所有权的价值在于，如果房屋空置，所有者就可以决定租给谁。在拥有没有产生收入的所有权18年之后，该所有者将其出售，仅获得了微不足道的收入。

当征收100%的地块价值税时，从征收不动产中获益的是政府，而不是租户，因此与高税率相比，考虑土地国有化的可能性更加符合逻辑，在英国一个包括著名经济学家尼古拉斯·卡尔多（Nicholas Kaldor）在内的委员会经常提出这样的建议，最近一次是在20世纪70年代。土地国有化的主张反映和扩展了土地差别化税收的观点（Brocklebank et al., 1974）。地租及土地价值的任何增加都归社区所有，因此公平问题即"在睡觉时土地所有者都会变得更加富有"这一问题就可以完全解决了，由于土地现在由政府拥有，那么政府或者其代理人或管理者就要负责确保土地被有效利用。

还有第三个与规划机制有关的优势。资本主义经济体制下的规划机制尊重土地所有者的所有权，因此往往在运行时非常消极。土地所有者或者开发商提出的开发项目可能被拒绝发放许可，但当社会大众都认为某块土地有开发需求时，土地所有者也有权拒绝开发，土地所有者不可能以对其无利可图的方式利用其土地。另一方面，如果实施了土地国有化，那么积极规划就取代消极规划而变得切实可行，政府或其官员可以规划并确保该规划得到实施。

最后，土地国有化的一些提倡者看到了一个好处，即对地方政府和中央政府而言，土地价格可以降至市场价格以下，实际上可以降至零。因此，政府作为开发商会更加积极，因为其土地成本即使没有消除也会大大降低。

土地国有化的劣势与其优势息息相关。首先，价格的作用是确保生产要素有效利用，如果对于政府来说土地价格非常低，那么土地就有可能低效利用，实际上这几乎是肯定的。与原来相比，可能会导致使用更多的土地，或者在错误的地方实施开发。例如，关于苏联解体前莫斯科土地利用情况的研究表明，城市边缘区修建了很多高密度公寓，而接近城市中心地带的土地利用密度却很低，尤其是一些低密度住宅及制造业用地。结果就是，前往工作地点的平均距离远大于资本主义社会的城市（Bertaud, Renaud, 1997）。当然，在苏联时代，由于受到马克思主义劳动价值论的影响，土地被认为不具有价值，因为它不是人工生产的。

第二个有争议的观点是，所有租金都收归社会所有，也可能令负责分配土地用途的官员不能理解需要他们做出反应的价格激励行为。如果所有土地被国有化，则不存在土地市场，因此也就没有了市场价格，只存在必须根据土地利用所需支付的地租猜测的"影子"价格。作为土地的新所有者，政府及其官员不会面临与私人所有者相同的激励，并且不能对"影子"价格的激励做出反应。因此，如上所述，在前苏联等共产主义国家，位置并不是地块间价格差异与集约利用程度差异的因素。接近城市中心的土地集约利用程度可能小于资本主义制度下的城市，而城市边缘区土地的集约化程度反而更高。

即使不进行完全的土地国有化，政府也不能对其所拥有的土地价格激励做出反应，我们不必为了找出问题本质的证据而对以前的共产主义国家进行研究。在20世纪80年代的英国，很多人已经表达了对城市中心闲置土地的关注，并且左派人士也认为这是资本主义的失败。但是，实证证据表明地方政府及公共事业机构是这些土地最有可能的所有者。基沃（Kivell, 1993）指出，"1988年对英格兰废弃土地（Derelict Land in England）的调查表明，60%以上的城市废弃土地所有者都是公共部门"（p.163）。由于没有激励，它们看起来不会积极开发这些土地，并且仍会在修建道路或者住房时提前购买地块，又由于同样的原因让这些地块闲置，这样做的成本就是机会成本（即所放弃的收入），政府没有意识到也不会承认其中的原因，很明显它们不会将放弃的收入作为成本。

最后，反对土地国有化是标准的支持市场机制而反对计划经济的论点。一个经济体非常复杂，尤其是现代化的经济体，并且信息分散在各个参与者中间。在参与者认识到变化并且做出反应时，市场经济作为一个整体就可以做出反应。实际上，变化的出现不可预测，也不能预测，因为企业和个人会产生并实施导致竞争和模仿的新主意。如果一个经济体没有价格信号也不能对价格信号做出反应，就会存在双重缺陷。首先，与市场相比，负责土地利用的人员在制定决策时信息很少，这一点可以为大家所接受。实际上，在规划者不能对价格信号做出反应的市场经济中，普遍存在的土地利用规划被认为是一个优点，如英格兰南部，这已经被广泛接受。在缺乏信息与外部环境混乱之间，前者看起来优于后者。然而，价格信号的缺失可能揭示了第二个同样非常重要的缺陷：如果负责土地利用的人员接收不到表明土地利用变化更加有效的信号，那么那些变化就不会出现。

以上观点不仅说明了土地市场引入东欧前共产主义国家的原因，而且也说明了在中国引入土地市场更为困难的原因。这些国家存在一个问题，即在成立土地市场时，如何确定土地的交易价格。没有证据表明这个过程会非常困难，但是有必要尽力将买方的不当得利最小化，而这看起来正是私有化不可避免的结果。

总结及结论

我们在本章开始时回顾了以年为基础对土地进行征税的方式。我们表明，对不动产整体进行征税可能扭曲资本投资的方式，因为它只对建筑物的投资资本进行征税，而不对可移动的工厂和机器设备征税。避免这一点的一种方式是仅对土地征税，这种税收可能以土地当前用途的评估收入为基础，也可能以土地"最高最佳使用"的评估收入为基础，这两种方法有所不同。地块价值税的提倡者通常也支持乔治发起的"单一税收运动"。后者认为，应该以较高的不同税率对土地进行征税。但是如果这得以实施，那么高税收会消解土地所有者努力使其收入最大化的积极性。

地块价值税将重新确立这种激励。因为土地所有者为了抵消必须支付的税收而最大化其收入，并且必须支付的税收是基于对最高收入的评估。然而，在以下方面会出现一些问题：与土地所有者相比，各地的估价师是否能够更准确地评估土地最有利可图的用途；土地利用由规划机制控制时产生的问题。因此，估价师、所有者以及规划者这三方看起来都需要表达关于土地当前用途最优化的确定性看法。如果估价师仅仅采纳规划者的观点（这一点似乎不可避免），则地块价值税的引入对土地利用的影响便微乎其微。

如果没有对土地所有者给予必要的激励，对土地收入课以重税就非常困难。

另外一种政策立场就是对土地实施国有化。实际上，如果土地被课以重税，其价值就会很小，国有化就显得非常必要。然而，虽然国有化可以解决分配或者公平问题，但看起来没有理由假设政府作为土地所有者可以比失去激励的土地所有者更加有效地利用土地。实际上，理论及实证证据都表明，在实践中政府对土地的利用更加没有效率。从长期来看，为了防止"土地所有者在睡觉时都会变得更为富有"而进行土地国有化的代价似乎过高。

第 19 章

结论：主题与认识变化

"太阳出来了"

概括总结

在本书中，我尝试去建立土地市场的经济学理论。在此过程当中，我将过去几年发表的许多与该理论有关的分散的研究综合起来。这意味着我必须理清它们之间的相互联系，从而将其清晰完整地呈现出来。各种联系组成了主题，也就是贯穿本书的主旨，一共有四点。

首先是将土地市场理论从李嘉图理论所探讨的不完整观点中区分出来，因为经济学家们只了解该理论的一部分。这一理论就像是沉重的回忆，延缓了该领域的发展。

李嘉图的理论通常不能够完全被认知甚至会产生误解，此外，该理论的设想也导致了一种让人误解和错误的思维模式与方法。不论是劳动力还是资本，其他的要素供给理论认为其供给均是在一个时期内面对一家或多家企业。我们不从下面的推论开始，即就劳动力而言，一个经济体中劳动力供应在短中期是固定的，即使这是真的，即使我们很愿意在土地供应方面做出同样的假设。

思维模式的转变对于更好地理解土地市场非常重要。我们关注其他生产要素在一个时期内的供应使用。在土地供应方面，我们应当关注在一个指定时间段或时期特定用途的土地供应，例如开发用地。所以，我们不应再把土地看作固定的存货，而应看作流动的。我认识到这并不容易，甚至很奇怪，因为土地是不可移动的，所以不会"流向"哪里。但是，不论土地的物理实体如何，从经济学角度来看，确实有一块块的土地从一种用途"流向"另一种用途。

这就引出了第二个主题。一旦放弃了土地是固定存货这一禁锢思维的模式，便开启了全新的理解土地经济理论的途径。尤其是，一旦从一种用途的土地供应考虑，土地所有者便发挥了作用。李嘉图理论与杜能、阿朗索的理论同样，都假设土地利用完全由需求决定。土地供给是固定的，用途由支付最高地租的活动决定。这些是需求方面的理论。但是一旦从土地供应的角度考虑，土地所有者必须决定土地是否该用于这一用途、是否开发、是否租赁，所以，业主必须做出选择。总是会有其他选择存在，业主必须决定该采取怎样的措施。本书的六章内容探讨的就是这些选择。

这就引出了第三个主题。一旦要做出决定，土地所有者不是只对最高当前收入做出回应，那么市场的角色就转变了。因为一旦认识到事情不是很简单，土地所有者有选择的权利，那么问题就上升至哪些信息是必要的，以及做出这些选择的方式。我们讨论过土地市场及不动产市场的一个明显特征是信息并非免费可得，获取信息的成本很高。从信息的角度来说，土地市场效率非常低。这意味着选择可能是在缺乏整体信息的情况下做出的。缺乏信息意味着价格并非完全由市场决定，而只是在确定一个较大的范围，也就是说，其他因素也可以在每次交易当中决定价格，如参与者的讨价位势以及能力、是否雇用中介等。

这引出了本书的第四个主题，即可利用不动产的异质性。导致这种情况的原因之一是每块土地的位置固定性。从市场有效性的角度来看，这意味着每块土地不能被带到市场交易、比较。相反地，这意味着在收购土地进行开发中，拟获得土地的相对位置关系，尤其是毗邻地段的重要性就凸显出来。正是该特征使得土地市场区别于其他市场：在其他生产要素市场上，人们可以直接给劳动力或资本做广告，不同的人提供的资本可以集合成一股资本，可以给工人培训形成新的劳动力，而不损失他们的原始利益……但是如果需要较大面积的土地，则必须由好几块毗邻的土地组成。

土地市场的特征解释了看上去可能奇怪的政策，解释了强制购买或土地征用权力的普遍存在，同时也解释了各个国家土地重划政策的存在，并且与我们在上面总结的市场特征、土地所有权以及市场的不完善性相互影响。因为土地所有者可能会利用其需要的毗邻土地而获得准垄断的优势。另一方面，隐瞒大型开发的信息可能是开发商的用意，为的是在潜在卖者之间实行价格歧视，从而以最低总价购买土地。

结　语

本书确立的土地市场理论带来了人们对市场认知方式的改变、一种范式改变以及两个重要含义。

第一个已在前两章阐述过。需求导向的土地市场理论暗示着土地的多种税收形式与其他税收不同。土地价格以及利用目的并未受到影响，税收由土地所有者单独支付。但是本书讨论的供应导向理论不具有这一含义。事实上，相反的情况才是正确的：大多数形式的土地税收可以以更高的土地价格进行传导，土地利用

第 19 章 结论：主题与认识变化

必然受到影响，土地税收可能并且确实扭曲了土地利用。

该理论的第二个含义与土地利用规划体系的运作方式有关，也是贯穿本书的一个主题。大多数土地利用规划体系的运作都非常消极：开发可能允许在一个地区进行，却不允许在另一个地区进行；一种开发方式能允许在一个地区进行，另一种方式却不可以。需求导向理论暗示由于土地所有者将土地用于能产生最高当期收入的用途，所以，任何规划许可的开发都会发生，因而，对于规划控制，没有选择的余地。

本书供应导向理论的含义是，土地所有者确实有选择权，可以选择不开发他们的土地。出于各种原因，即使出售土地可以获得利润，他们仍然将其用于之前相同的目的。我们已经证明过，已获规划许可的开发用地其价格要比曾经更高，而且开发过程要比理论设想的持续时间更长。

根据英国规划体系，布拉姆利称为"实施差距"的存在可证实这一点。当地政府可以根据规划分配更多的土地用于开发，但是在土地开发前，以及在住房、办公室或工厂投入市场前，会有一段不可预测的时间迟滞，这意味着控制开发用地的可利用性可对市场价格以及房地产供应产生快速影响。关于土地利用规划体系运作方式的讨论超出了本书的主题。关于土地利用规划的经济学分析我在另一本书中进行了讨论（Evans，2004）。

参考文献

Adams, David (1994/2001) *Urban Planning and the Development Process*. Routledge, London.

Alonso, William (1960) A theory of the urban land market, *Papers and Proceedings of the Regional Science Association*, 6.

Alonso, William (1964) *Location and Land Use*. Harvard UP, Cambridge, MA.

Ave, G. (1996) *Urban Land and Property Markets in Italy*. UCL Press, London.

Ball, Michael (1977) Differential rent and the role of landed property, *International Journal of Urban and Regional Research*, 1: 380-403.

Ball, Michael (1983) *Housing Policy and Economic Power*. Methuen, London.

Barrett, S., M. Stewart & J. Underwood (1978) *The Land Market and the Development Process*. Occasional Paper No. 2, School of Advanced Urban Studies, Bristol University.

Bertaud, A. & B. Renaud (1997) Socialist cities without land markets, *Journal of Urban Economics*, 41: 137-151.

Black, Fisher & Myron Scholes (1973) The pricing of options and corporate liabilities, *Journal of Political Economy*, 81, (May/June): 637-659.

Blaug, M. (1997) *Economic Theory in Retrospect*, 5th edn. Cambridge University Press, Cambridge.

Blume, Lawrence, Daniel L. Rubinfeld & Perry Shapiro (1984) The taking of land: when should compensation be paid? *Quarterly journal of Economics*, 99(1): 71-92.

Bristow, Roger (1984) *Land-use Planning in Hong Kong: History, Policies and Procedures*. Oxford University Press, Hong Kong.

Bramley, G. (1993a) The impact of land use planning and tax subsidies on the supply and price of housing in Britain, *Urban Studies*, 30: 5-30.

Bramley, G. (1993b) Land use planning and the housing market in Britain: the impact on housebuilding and house prices, *Environment and Planning* A, 25:1021—1051.

Briggs, Asa (1999) *England in the Age of Improvement 1783—1867*. Folio Society, London.

Brocklebank, J., N. Kaldor, J. Maynard & O. Stutchbury (1974) *The Case for Nationalising Land*. Campaign for Nationalising Land, London.

Brown, James H., Robyn S. Phillips & Neal A. Roberts (1981) Land markets at the urban fringe. *Journal of the American Planning Association*, 47(2) (April): 131-144.

Brownstone, David & Arthur De Vany (1991) Zoning, returns to scale and the value of undeveloped land, *The Review of Economics and Statistics*, 73(4): 699-704.

Buchanan, Daniel H. (1929) The Historical Approach to Rent and Price Theory, *Economica*, Vol. 9, 123-155. Reprinted in *Readings in the Theory of Income Distribution*, pp. 599-637, (eds) W. Fellner & B. F. Haley (1950). Allen & Unwin, London.

Capozza, D. R. & Helsley, R. W. (1990) The stochastic city, *Journal of Urban Economics*, 28: 187-203.

Case, K. E. & Shiller, R. J. (1989) The efficiency of the market for single family homes, *American Economic Review*, 79(1): 125-137.

Chamberlin, E. H. (1933) *The Theory of Monopolistic Competition*. Harvard University Press, Cambridge, MA.

Cheung, Steven N. S. (1969) Transaction costs, risk aversion, and the choice of contractual arrangements, *Journal of Law and Economics*, 12(1) (April): 23-42.

Chisholm, Michael (1968) *Rural Settlement and Land Use*. 2nd edn., Hutchinson, London.

Cobin, John M. (1997) *Building Regulation, Market Alternatives, and Allodial Policy*. Avebury, Aldershot.

Colwell, Peter F. & C. F. Sirmans (1978) Area, time, centrality and the value of urban land, *Land Economics*, 54 (Nov.): 514-519.

Cullingworth, J. B. (1975) *Environmental Planning 1939—1969, Vol. 1. Reconstruction and Land use Planning 1939—1947*. HMSO, London.

Department of the Environment (1987) Report of the Inspector-Appeals by Consortium Development Ltd, Application Nos (A) THU/370/85, (B) THU/583/85 and (C) pp. 1789—1785. DoE, London.

Department of the Environment (1992) *The Relationship between House Prices and Land Supply*, London.

Dieterich, Hartmut, Egbert Dransfield & Winrich Voss (1993) *Urban Land and Property Markets in Germany*. UCL Press, London.

Duncan, S. (1985) Land policy in Sweden: separating ownership from development, in: S. Barrett & P. Healey (eds) *Land Policy: Problems and Alternatives*, Chapter 15, pp. 308-344. Gower, Aldershot.

Dynarski, Mark (1986) Residential attachment and housing demand, *Urban Studies*

23(1) (February): 11-20.

Dyos, H. J. (1961) *Victorian Suburb: a study of the growth of Camberwell*. Leicester UP, Leicester.

Eckart, W. (1985) On the land assembly problem, *Journal of Urban Economics*, 18: 364-378.

Evans, Alan W. (1973) *The Economics of Residential Location*. Macmillan, London.

Evans, Alan W. (1975) Rent and housing in the theory of urban growth, *Journal of Regional Science*, 15: 113-125.

Evans, Alan W. (1983) The determination of the price of land, *Urban Studies* 20: 119-129.

Evans, Alan W. (1985) *Urban Economics*. Blackwell Publishing, Oxford.

Evans, Alan W. (1986) The supply of land: A pedagogic comment, *Urban Studies*, 23: 527-530.

Evans, Alan W. (1991) On monopoly rent, *Land Economics*, 67(1): 1-14.

Evans, Alan W. (1992) On differential rent and landed property, *International Journal of Urban and Regional Research*, 16(1): 81-96.

Evans, Alan W. (1995) The property market: ninety per cent efficient? *Urban Studies*, 32: 5-29.

Evans, Alan W. (2000a) On minimum rents: Part I, Marx and absolute rent, *Urban Studies*, 36(12), 2111-2120.

Evans, Alan W. (2000b) On minimum rents: Part II, a modem interpretation, *Urban Studies*, 36(13): 2305-2315.

Evans, Alan W. (2004) *Economics and Land Use Planning*. Blackwell, Oxford.

Evans, A. W. & C. Beed (1986) Transport costs and urban property values in the 1970s, *Urban Studies*, 23: 105-117.

Eversley, David E. C. (1986) Tillingham Hall Inquiry: Proof of Evidence on behalf of the Council for the Protection of Rural England. CPRE, London.

Fama, Eugene (1970) Efficient capital markets: a review of theory and empirical work, *Journal of Finance*, 25: 383-417.

Festinger, Leon (1957) *A Theory of Cognitive Dissonance*. Stanford UP, Stanford, CA.

Frayn, Michael (1999) *Headlong*. Faber and Faber, London.

Froot, K. A. & E. Dabora (1999) How are stock prices affected by the location of trade? *Journal of Financial Economics*, 53: 189-216.

Gatzlaff, Deon H. & Dogan Tirtiroglu (1995) Real estate market efficiency: issues and evidence, *Journal of Real Estate Literature*, 3: 157-189.

GB Commission on the Third London Airport (1970) *Papers and Proceedings*, Vol.

VII. HMSO, London.

George, Henry (1879) *Progress and Poverty*. Centenary edition (1979). Robert Schalkenbach Foundation, New York.

Gerald Eve, with Department of Land Economy, Cambridge (1992) *The Relationship between House Prices and Land Supply*. Department of the Environment Planning Research Programme, HMSO, London.

Glaser, R., P. Haberzettl & R. P. D. Walsh (1991) Land reclamation in Singapore, Hong Kong and Macau, *Geo Journal*, 24(4): 365-373.

Goodchild, R. & R. Munton (1985) *Development and the Landowner*. George Allen and Unwin, London.

Gosling, J. A., Geoffrey Keogh & Michael J. Stabler (1993) House extensions and housing market adjustment: a case-study of Wokingham, *Urban Studies*, 30(9): 1561-1576.

Grigson, W. S. (1986) House Prices in Perspective: A Review of South East Evidence. SERPLAN, London.

Grossman, S. & J. Stiglitz (1980) On the impossibility of informationally efficient markets, *American Economic Review*, 70: 393-408.

Hager, D. P. & Lord, D. J. (1985) *The Property Market, Property Valuations and Property Performance Measurement*. Institute of Actuaries, London.

Hardin, Garrett (1968) The tragedy of the commons, *Science*, vol. 162 (December 13): 1243-1248.

Harrison, Fred (1983) *The Power in the Land*. Shepheard Walwyn, London.

Harvey, David (1973) *Social Justice and the City*. Edward Arnold, London.

Haurin, D. (1988) The duration of marketing time of residential housing, *AREUEA Journal*, 16: 396-410.

Hebbert, M. & N. Nakai (1988) How Tokyo grows: land development and planning on the metropolitan fringe. Suntory-Toyota International Centre for Economics and Related Disciplines. Occasional Paper No. 11. London School of Economics, London.

Hibbert, Christopher (1969/1980) *London: The Biography of a City*. Penguin Books, London.

Hoskins, W. G. (1955) *The Making of the English Landscape*. Hodder and Stoughton, London.

Imrie, Rob & Huw Thomas (1997) Law, legal struggles and urban regeneration: rethinking the relationships, *Urban Studies* 34(9) (August): 1401-1418.

Jevons, W. S. (1911) *Theory of Political Economy*, 4th edn. Macmillan, London.

Jones, T. (2003) *The Dark Heart of Italy*. Faber and Faber, London.

Jud, G. D. & J. Frew (1986) Real estate brokers, housing prices, and the demand for housing, *Urban Studies*, 23: 21-31.

Kaucz, J. (1976) Residential location: the application of the social physics model and the behavioural model to Edinburgh. Unpublished MSc dissertation, Edinburgh College of Art.

Kim, K-H. (1993) Housing policies, affordability and government policy: Korea, *Journal of Real Estate Finance and Economics*, 6: 55−71.

Kim, K-H. (1994) Controlled development and densification: the case of Seoul, Korea. Discussion Paper, *Department of Economics*. Sogang University, CPO Box 1142, Korea.

Kivell, Philip (1993) *Land and the City*. Routledge, London.

Knaap, Gerrit, J. (1985) The price effects of urban growth boundaries in Metropolitan Portland, Oregon, *Land Economics*, 61: 28−35.

Lin, Robert (1993) Urban Land Policy Issues in Taiwan, in: B. Koppel & D. Y. Kim (eds) *Land Policy Problems in East Asia-Toward New Choices, A Comparative Study of Japan, Korea and Taiwan*. East West Center and Korea Research Institute for Human Settlements, Hawaii and Seoul.

Lin, Tzu-Chin (1999a) Empirical and Theoretical Aspects of Land Supply. PhD Thesis, Centre for Spatial and Real Estate Economics, The University of Reading.

Lin, Tzu-Chin (1999b) Land Owners' Decision Making in the Face of Compulsory Purchase. *Discussion Papers in Urban and Regional Economics*, No. 137, Centre for Spatial and Real Estate Economics, The University of Reading.

Lin, Tzu-Chin & Alan Evans (2000) The relationship between the price of land and size of plot when plots are small, *Land Economics*, 76(3) (August): 386−394.

Lipsey, R. G. (1975) *An Introduction to Positive Economics*, 4th edn. Weidenfeld & Nicolson, London.

Loyat, J. (1988) Rente foncière et métayage, *Revue d'Economie Régionale et Urbaine*, 5: 733−750.

Maclennan, Duncan & Gavin Wood (1982) Information acquisition: patterns and strategies. *Modelling Housing Market Search*, ed. W. A. V. Clark, Ch. 6. Groom Helm, London.

Marriott, Oliver (1967) *The Property Boom*. Hamish Hamilton, London.

Marshall, Alfred (1890) *Principles of Economics*. Macmillan, London.

Marx, Karl (1894/1962) *Capital: Volume III*. Foreign Languages Publishing House, Moscow.

McAllister, P. (1995) Valuation accuracy: a contribution to the debate, *Journal of Property Research*, 12: 203−216.

McCarthy, Kevin (1982) An analytical model of housing search. *Modelling Housing Market Search*, ed. W. A. V. Clark, Ch. 2. Groom Helm, London.

Meacham, A. (1988) Applying regression analysis to real estate appraisals, *Real Es-

tate Appraiser and Analyst, 54(2): 23-27.

Mills, E. S. (1970) Urban density functions, *Urban Studies*, 17: 5-20.

Munch, P. (1976) An economic analysis of eminent domain, *Journal of Political Economy*, 84: 473-497.

Muth, Richard F. (1969) *Cities and Housing*. University of Chicago Press, Chicago.

Needham, B. (1992) A theory of land prices when land is supplied publicly: the case of the Netherlands, *Urban Studies*, 29(5): 669-686.

Nelson, Arthur, C. (1985) Demand, segmentation, and timing effects of an urban containment programme on urban fringe land values, *Urban Studies*, 22(5): 439-443.

Nelson, Arthur C. (1988) An empirical note of how regional urban containment policy influences an interaction between greenbelt and ex-urban land markets, *Land Economics*, 54: 78-184.

Neutze, Max (1973) *The price of land and land use planning*. OECD, Paris (mimeographed). Also in Bendixson, T. (ed.) (1977) *The Management of Urban Growth*. Environment Directorate, OECD, Paris. The relevant part is reprinted in McMaster, J. C. & Webb, G. R. (eds) (1976) *Australian Urban Economics: A Reader*. Australia and New Zealand Book Co., Brookvale NSW.

Neutze, Max (1987) The supply of land for a particular use, *Urban Studies*, 24(5) (October): 379-388.

Newburger, Harriet (1995) Sources of difference in information used by black and white housing seekers: an exploratory analysis. *Urban Studies*, 32(3): 445-470.

Perry, Gregory M. & Lindon J. Robison (2001) Evaluating the influence of personal relationships on land sale prices, *Land Economics*, 77(3): 385-398.

Piccinato, G. (2000) Intervista/Interview. Section 4, *Acquarello Italiano*, 9(3): 4-6.

Pissarides, C. A. (1985) Job search and the functioning of labour markets, in D. Carline, C. A. Pissarides, W. S. Siebert & P. J. Sloane (eds) Surveys *in Economics: Labour Economics*, Chapter 4. Longman, London.

Pissarides, C. A. (2000) *Equilibrium Unemployment Theory*. MIT Press, Cambridge, MA.

Porter, W. G. (1982/1998) *England in the Eighteenth Century*. Folio Society, London.

Prebble, John (1963) *The Highland Clearances*. Secker and Warburg, London.

Prest, A. R. (1981) *The Taxation of Urban Land*. Manchester UP, Manchester.

Rayburn, W., Devaney, M. & Evans, R. (1987) A test of weak form efficiency in residential real estate returns, *AREUEA Journal*, 15: 220-233.

Riganti, Patrizia (1997) *Valuing Cultural Heritage*. University of Reading, Centre for Spatial and Real Estate Economics, Discussion Paper in Urban and Regional Economics, No. 124.

Rosen, S. (1974) Hedonic prices and implicit markets, *Journal of Political Economy*, 82: 35−55.

Rydin, Y. (1998) *Urban and Environmental Planning in the UK*. Macmillan, London.

Shleifer, Andrei (2000) *Inefficient Markets*. Oxford University Press, Oxford.

Simon, H. A. (1959) Theories of decision making: economics and behavioural science, *American Economic Review*, 49(3), June: 253−283.

Smith, Adam (1776/1910) *An Inquiry into the Nature and Causes of the Wealth of Nations*, Vol. 1. Everyman Edition, Dent/Dutton, London/New York.

Stabler, M. J. (1996) Time to review Council Tax valuations: A case study investigation of their accuracy and the implications of the housing market recession, *Journal of Property Tax Assessment and Administration*, 2(1): 41−70.

Staley, Samuel R. (1994) *Planning Rules and Urban Economic Performance*. The Chinese University Press, Hong Kong.

Stevenson, Glenn G. (1991) *Common Property Economics: A General Theory and Land Use Applications*. Cambridge University Press, Cambridge.

Stigler, G. J. (1961) The economics of information, *Journal of Political Economy*, 69(3): 213−225.

Stigler, G. J. (1962) Information in the labour market, *Journal of Political Economy*, 70(5), October: 94−105.

Tabuchi, Takatoshi (1996) Quantity premia in real property markets, *Land Economics*, 72 (May): 206−217.

Titman, S. (1985) Urban land price under uncertainty, *American Economic Review*, 75: 505−514.

Valuation Office (2002) *Property Market Report*, Autumn 2002. Valuation Office Agency/Estates Gazette, London.

Von Neumann, John & Oskar Morgenstern (1944) *Theory of Games and Economic Behaviour*. Princeton University Press, Princeton.

West, D. S., Von Hohenbalken, B. & Kroner, K. (1985) Tests of intraurban Central Place theories, *Economic Journal*, 95 (March): 101−117.

White, Paul (1986) Land availability, land banking and the price of land for housing, Land *Development Studies*, 3: 101−111.

Wilcox, J. P. (1979) Implementation of a computer-assisted appraisal system: Multnomah County, Oregon, *Assessor's Journal*, 14: 179−192.

Wilde, Oscar (1899/1961) *The Importance of Being Earnest*, in *Five Plays by Oscar Wilde*. Bantam Books, New York.

Willis, K. G. & M. C. Whitby (1985) The value of green belt land. *Journal of Rural Studies*, 1(2): 146−162.

参考文献

Willis, K. G., N. Beale, N. Calder & D. Freer (1993) *Paying for Heritage. What Price for Durham Cathedral?* Countryside Change Unit, Working Paper 43, Department of Agricultural Economics and Food Marketing, University of Newcastleupon-Tyne.

Wiltshaw, D. G. (1985) The supply of land, *Urban Studies* 22: 49-56.

Wiltshaw, D. G. (1988) Pedagogic comment and the supply of land for a particular use, *Urban Studies* Vol. 25, No. 5 (October): 439-447. Witte, Ann D. & James E. Bachman (1978) Vacant urban land holdings: portfolio considerations and owner characteristics, *Southern Economic Journal*, 45(2) (October): 543-558.

Wingo, Lowdon (1961) *Transportation and Urban Land*. Resources for the Future, Inc., Washington DC.

Witte, Ann D. & James E. Bachman (1978) Vacant urban land holdings: portfolio considerations and owner characteristics. *Southern Economic Journal*, 45(2) (October), 543-558.

索 引

A

absolute rent,（参见 minimum rent）绝对地租
Adams, David, 大卫·亚当斯, 6
agent, role of, 代理的角色, 72~75
Alonso, William, 威廉·阿朗索, 2, 5, 6, 25, 33, 49, 50
anchor stores, 旗舰店, 134
Appellation Controlee, 原产地区管理证明, 128
asymmetry of change, 变化不对称, 38~39
attachment, 附件, 8, 89~97, 101
Auckland, 奥克兰, 238
Australia, 澳大利亚, 122

B

Bachman, James E., 詹姆斯·E·布克曼, 109~110
Ball, Michael, 迈克尔·鲍尔, 17
Baltimore, MD., 马里兰州, 巴尔的摩, 123
Beed, Clive, 克莱夫·比德, 64
betterment levies, 土地增值税, 219, 223~228
Black, Fisher, 菲舍尔·布莱克, 85
Blaug, Mark, 马克·布劳格, 138
Blume, Lawrence, 劳伦斯·布鲁姆, 203
Boston, Mass., 马萨诸塞州, 波士顿, 158, 160
Bramley, Glen, 格兰·布拉姆利, 172, 248
Bridgewater, Duke of, 布里奇沃特公爵, 116
Britain, 英国, 111, 224, 228~231

British Rail, 英国铁路, 144
British Telecommunications plc, 英国电信, 144
Brown, James, 詹姆斯·布朗, 105~107, 110
Brownstone, David, 戴维·布朗斯通, 216
Buchanan, Daniel H., 丹尼尔·H·布坎南, 13, 31
building regulations, 建筑规定, 123~125

C

Calgary, 卡尔加里, 110
capital gains tax, 资本收入税收, 229
Capozza, D. R., 卡布沙, 146
Cardiff, 加的夫, 90, 201
Centrepoint, 中央点, 144
Chamberlin, E. H., 爱德华·哈斯丁·张伯伦, 127~128
characteristics of properties, 不动产的特征, 50~52
Cheung, Steven N. S., 张五常, 117
China, 中国, 242
Cobin, John P., 约翰·P·科宾, 122~124
Colwell, Peter F., 彼得·科尔韦尔, 217
common ownership, 共同所有制, 118~122
Community Charge, 人头税, 234
Community Land Act 1975, 《1975 年社区土地法案》, 182, 229
comparison shopping, 比较购物, 131~133
compulsory purchase, 强制性购买, 188, 197~204, 214

索引

contiguity, 毗邻性, 2, 10
contingent valuation methods, 附加价值评估法, 100
Consumers' Association, 消费者协会, 73~74
core, theory, 核心理论, 64~67
Corn Laws, 《谷物法》, 13
Council Tax, 议会税, 237
Country Landowners' Association, 国家业主协会, 143~144

D

Dabora, E., E. 达波拉, 57~58
De Vany, Arthur, 阿瑟·凡尼, 216
demand, 需求, 4, 5, 31~46
Derelict Land Survey 1988, 废弃土地调查, 1988, 241
developers, search, 开发商搜索, 165~166
Development Land Tax, 开发土地税, 229~231
development pressure, 开发压力, 105~109
Department of the Environment, 环境部门, 27
Dieterich, Hartmut, 哈特穆特·迪特里奇, 212
Dulwich, 杜威奇, 207
Dutch auction, 荷兰式拍卖, 68
Dynarski, Mark, 马克·戴纳斯基, 89, 97

E

Eckart, Wolfgang, 沃尔夫冈·爱卡特, 188~190
economic rent, 经济地租, 25~28
economies of scale, 规模经济, 197~208
Edinburgh, 爱丁堡, 6
Edmonton, Alberta, 艾伯塔省首府, 埃德蒙顿, 133
efficiency, 效率, 7, 47~59
eminent domain, 参见 compulsory purchase
England, 英格兰, 1, 16~21, 24, 27, 34, 39~45, 68, 116, 122~123, 170
Estates Gazette, 《不动产报》, 72, 165
Euston Road development, 尤斯顿路的发展, 191
Eversley, David, 戴维·埃弗斯利, 16, 19
executors, 执行者, 70
Exeter, Marquess of, 埃克赛特侯爵, 39, 116
explicit markets, 清晰市场, 49

extensions to homes, 买房分期, 44

F

Froot, K. A., K. A. 弗朗特, 57, 58

G

Gatzlaff, Deon, 狄安·格札夫, 55
George, Henry, 亨利·乔治, 13, 221~213, 228, 242
G. B. Commission on the Third London Airport, 伦敦第三机场 GB 委员会
Glasgow, 格拉斯哥, 70, 158
Goodchild, R., R. 古德柴尔德, 111
green belts, 绿带, 182, 184
Grigson, W. S., W. S. 格里格森, 16, 19, 27
Grossman, S., S. 格罗斯曼, 55

H

Hardin, Garrett, 加瑞特·哈丁, 122
Harrison, Fred, 弗雷德·哈瑞森, 222
Harvey, David, 大卫·哈维, 90, 128
Hebbert, M., M. 赫伯特, 212, 214
Helsley, R. W., R. W. 赫斯利, 146
heterogeneity, 异质性, 62~64, 247
hierarchical planning, 分级规划, 21
Highland Clearances, 高地清理, 104, 116
Highways Agency, 高速公路代办处, 202
Hong Kong, 香港, 1, 34, 185
house builders, 建房者, 170, 175, 176
housing market, search, 住房市场搜索, 162~164

I

implementation gap, 实施差距, 172, 248
implicit markets, 隐含市场, 50~52
Imrie, Rob, 罗布·伊姆里, 90, 201
inefficiency, 低效率, 62~67, 246
infrequency, trading, 交易稀少, 63
intensive, 强度, 31、34~38
investors, 投资者, 8, 105~112
Italy, 意大利, 124~125, 202

J

Japan, 日本, 214, 216~217

K

Kaldor, Nicholas, 尼古拉斯·卡尔多, 240
Kaucz, 库兹, 6
Keynes, Maynard, 梅纳德·凯恩斯, 193
Kivell, Philip, 菲利普·基沃, 241
Korea, 韩国, 174, 182

L

Land and Liberty,《土地与自由》, 222
Land as a flow, 土地用途的"流动", 246
landlords, 地主, 8, 100~105, 116~117, 138~145
Levy, Joe, 乔·雷维, 192
libertarianism, 自由意志论, 122~125
Lin, Robert, 罗伯特·林, 212
Lin, Tzu-Chin, 林子钦, 202, 212~113, 217
Lipsey, Richard, 理查德·利普西, 19
London, 伦敦, 34, 45
local authority housing, 地方政府住房, 174
Los Angeles, 洛杉矶, 84

M

Macao, 澳门, 1, 34
Maclennan, Duncan, 邓肯·麦克伦南, 158
margin, 边际
Marriott, Oliver, 奥利弗·马里奥特, 76, 191~192
Marshall, Alfred, 阿尔弗雷德·马歇尔, 91
Marx, Karl, 卡尔·马克思, 4, 9, 16, 90, 120, 127, 137~138, 141~142
Melbourne, 墨尔本, 64
Mercury, 水星网络, 144
Mill, John Stuart, 约翰·斯图亚特·穆勒, 4, 220
Mills, Edwin S., 埃德温·S·米尔斯, 64
minimum rent, 最低地租, 9, 137~148
monitoring costs, 监管成本, 139
monopoly rent, 垄断地租, 9, 127~134

Morgenstern, O., 摩根斯坦, 188
Morrison, Herbert, 赫伯特·莫里森, 227, 239
Moscow, 莫斯科, 240
Munch, Patricia, 帕翠西娅·芒奇, 193, 198, 202
Munton, R., R.穆顿, 111

N

Nakai, N., 中井, 212, 214
National Farmers' Union, 全国农民大联合, 143~144
Needham, Barry, 巴里·尼达姆, 182, 215
neoclassical rent theory, 新古典主义租赁理论, 13~16, 22
Netherlands, 荷兰, 182, 215
Neutze, Max, 迈克斯·纽兹, 6, 78, 84
Newburger, Harriet, 哈利特·纽伯格, 158, 160

O

Oldham Estates, 欧汉姆地产, 145
options, 期权, 111~112
Oregon, 俄勒冈, 150, 166, 182
owner occupiers, 业主占有者, 8, 83, 89~97, 100, 105 117
owners, 业主, 7, 101, 105~112, 220, 246

P

Perry, Gregory M., 格里高利·M·佩里, 70
Phillips, A.W, A.W.菲利普斯, 164
planning, land use, 土地利用规划, 6, 17~23, 83, 111~112, 165~167, 170~175, 178~180, 184
Port of London Authority, 伦敦港口管理局, 147
positive planning, 积极规划, 174, 181~185
Prebble, John, 约翰·普瑞贝尔, 105
Prest, Alan, 艾伦·普雷斯特, 223, 238
property companies, 房地产公司, 57
property taxes, 房地产税收, 234~236
psychology, 心理, 69~70

R

Rachmanism, 拉克曼式剥削, 104

rates，支出，234～236

rate of development，开发支出，8

Reading，雷丁，110～111，124

residential density，居住人口密度，204～208

Ricardo, David，大卫·李嘉图，1，4～6，11，13，16，50

Ricardian rent theory，李嘉图地租理论，11～13，16～21，26～28，245

Robison, Linden J.，林登·罗宾逊，70

Rosen, Sherwin，宣威·罗森，50

Roskill，罗斯基尔，62，89，95～96

S

Scholes, Myron，迈伦·斯科尔斯，85

Scotland，苏格兰，68，70，116

search，搜索，9，67～69，150～167

Senior, Nassau，纳索·西尼尔，4

Seoul，首尔，124

sharecropping，租佃分成制，117

Shell/Royal Dutch，英荷壳牌集团，57～59

Shleifer, Andrei，安德烈·施莱弗，58

shopping centres，购物中心，130～134

Silkin, Lewis，西尔金·路易斯，227

Simon, H. A.，H. A. 西蒙，151

Singapore，新加坡，1

Single Tax Movement，"单一税收运动"，222，224，234

Sirmans, C. F.，C. F. 瑟曼斯，217

site assembly，地块集中，187～201

Site Value Taxation，地块价值税，236～238

size of site，地块面积，215～217

Smith, Adam，亚当·斯密，4，90，127

speculation，投机，7，78～84，174

Stamford, Lincs.，林柯斯·斯坦福，39，117

statistics，统计，52～53

Stevenson, Glenn G.，格伦·史蒂文森，121～122

Stigler, George J.，乔治·斯蒂格勒，151～152

Stiglitz, J.，J. 斯蒂格利茨，55

Sweden，瑞典，182，184

Switzerland，瑞士，121～122

T

Taiwan，台湾，83，202，212，216～217，238

taxation，税收，10，219～243，247

taxes on development，开发税收，225～231

telecommunications，电信，143～144

tenants，佃户，8，83，100～105，116～117，138～143

Thames，泰晤士，34

Thatcher, Margaret，玛格丽特·撒切尔，117，207，229，234

Thomas, Huw，休·托马斯，90，201

Tillingham Hall inquiry，吉林厄姆大会堂调查，16～19，21，27

time and site acquisition，时间与土地收购，179，192～194，201～202

time on the market，市场成交时间，71

Tirtiroglu, Pogan，泊根·底柯格路，55

Titman, S.，S·蒂特曼，84～87

Tokyo，东京，95

Toronto，多伦多，110

Town and Country Planning Act 1947，《1947 年城乡规划法案》，13，182，219，224

transaction costs，交易成本，138～139

U

uncertainty，不确定性，7，84～87，139～141，146～148，150

Uniform Business Rate，统一商业税率，235

United Kingdom，英国，174～175，202

United States of America，美国，1，24，105～110，181，202，215～217

urban growth boundaries，城市增长边界，150，166～167，182，184

users，用户，8，105～109

V

valuation accuracy，估价准确性，53～54

Valuation Office，估价办公室，17

Von Hohenbalken, B.，范·洪亨巴根，132～133

Von Neumann, J.，J·冯·诺依曼，188

Von Thunen, J.，杜能，2，4～6，23，25，33，

50，93 2，4～6，23，25，33，50，93

W

West End，London，伦敦西区，207
West，D. S.，D. S. 韦斯特，132
Which?,《哪一个?》，73
White，Paul，保罗·怀特，180
Wilde，Oscar，奥斯卡·王尔德，3

Wilson，Harold，哈罗德·威尔逊，229
Wiltshaw，D. G.，D. G. 威尔索，95
Wingo，Lowdon，洛登·温戈，5
Witte，Ann D.，D·安·威特，109～110
Wood，Gavin，盖文·伍德 158

Y

Yellow Pages，黄页，152

Economics, Real Estate and the Supply of Land, 1st edition by Alan W. Evans
ISBN: 9781405118620
Copyright © 2004 Alan W. Evans
Simplified Chinese version © 2013 by China Renmin University Press
All Rights Reserved.

This edition is published by arrangement with **Blackwell Publishing Ltd**, Oxford.
Translated by **China Renmin University Press** from the original English language version.
Responsibility of the accuracy of the translation rests solely with the **China Renmin University Press** and is not the responsibility of **Blackwell Publishing Ltd**.

图书在版编目(CIP)数据

经济、房地产与土地供应/(英)埃文斯著;徐青译. —北京:中国人民大学出版社,2013.3
(房地产经典译丛)
ISBN 978-7-300-17179-1

Ⅰ.①经… Ⅱ.①埃…②徐… Ⅲ.①房地产经济学 Ⅳ.①F293.30

中国版本图书馆 CIP 数据核字(2013)第 046984 号

房地产经典译丛
经济、房地产与土地供应
[英] 艾伦·W·埃文斯(Alan W. Evans) 著
徐 青 译
Jingji Fangdichan yu Tudigongying

出版发行	中国人民大学出版社		
社 址	北京中关村大街 31 号	邮政编码	100080
电 话	010-62511242(总编室)		010-62511398(质管部)
	010-82501766(邮购部)		010-62514148(门市部)
	010-62515195(发行公司)		010-62515275(盗版举报)
网 址	http://www.crup.com.cn		
	http://www.ttrnet.com(人大教研网)		
经 销	新华书店		
印 刷	北京鑫丰华彩印有限公司		
规 格	185 mm×260 mm 16 开本	版 次	2013 年 8 月第 1 版
印 张	12.5 插页 1	印 次	2013 年 8 月第 1 次印刷
字 数	250 000	定 价	42.00 元

版权所有　侵权必究　印装差错　负责调换